Inhalt

Inhalt

Inhalt

Vorwort

»Fort denn eile, nach Osten gewandt!«
Richard Wagner, Die Walküre

Verglichen mit Reiseländern wie Spanien liegt die Slowakei fast um die Ecke, und außer Strandurlaubern und Luxustouristen werden alle auf ihre Kosten kommen. Die Slowakei bietet attraktive Gebirge mit Gipfelhöhen um 2000 Meter, die oberhalb der Baumgrenze mit weiten Ausblicken locken, aber noch grün und nicht allzu schroff sind. Quirlige Städte und verträumte Städtchen, interessante Holzbauten, lebendige Folklore, Burgen, rustikale Restaurants, vielfältige Sportmöglichkeiten und nicht zuletzt moderate Preise machen die Slowakei zu einem idealen Urlaubsziel.

Nahe der slowakischen Stadt Kremnica liegt der Mittelpunkt Europas, ebenso wie er in Litauen und in der Westukraine liegt, denn es gibt verschiedene Herangehensweisen, diesen Mittelpunkt zu bestimmen. Europas Mitte befindet sich im ehemaligen Ostblock, soweit herrscht Einigkeit.

Aufgrund vieler historischer Parallelen und starker slawischer Prägung ist noch jetzt gelegentlich eine umgangssprachliche Sammelbezeichnung für die ehemaligen Ostblockländer sinnvoll, der Begriff Osteuropa trifft die Situation aber nicht korrekt. Der Begriff Mittelosteuropa ist kaum besser, liegen doch einige dieser Staaten noch westlich aller Mittelpunkte. Wer bei Gebieten wie Litauen oder der Westukraine korrekterweise von Zentraleuropa spricht, provoziert Rückfragen oder gar Unverständnis. Dieses Problem der Wortwahl veranschaulicht, wie weit entfernt sich das geographische Zentrum Europas im Bewußtsein der ›alten‹ EU-Europäer befindet. Unzählig sind inzwischen Anekdoten über die Verwechslung von Slowakei und Slowenien. Dabei beginnt Osteuropa (um bei dieser Bezeichnung zu bleiben) von Wien aus bereits nach 50 Minuten Bahnfahrt, von Berlin aus nach 80 Minuten. Es geht viel friedlicher zu, als es in Medienberichten oft beschrieben wird. Wer hier Animation sucht, ist allerdings fehl am Platz. Reisende finden unverbrauchte Landschaften, herzliche Gastfreundschaft und lebendige Kultur.

Seit der ersten Auflage dieses Buches hat sich die Infrastruktur für Touristen in der Slowakei weiter verbessert, allerdings wird der EU-Beitritt sicherlich mit manchen Preiserhöhungen verbunden sein.

Hinweise zur Benutzung dieses Reiseführers

Die offizielle Bezeichnung geographischer Objekte ist natürlich der Name in der Landessprache. Aber wer im deutschsprachigen Raum sagt schon Venecia zu Venedig oder Moskva zu Moskau? Im vorliegenden Buch werden teilweise geläufige deutsche Bezeichnungen statt der slowakischen verwendet. Überwiegend jedoch stehen traditionelle deutsche Namen (soweit vorhanden) in Klammern hinter der erstmaligen slowakischen Erwähnung. Gelegentlich entstehen deutsche Bezeichnungen noch heute durch wörtliche Übersetzung.

Obwohl neben Kururlauben das Tatragebiet und Bratislava die drei mit Abstand wichtigsten touristischen Schwerpunkte der Slowakei darstellen, wurde doch eine weitgehend flächendeckende Betrachtung angestrebt. Die Gliederung berücksichtigt neben landschaftlichen und kulturhistorischen Zusammenhängen auch die praktische Erreichbarkeit von bestimmten Verkehrsadern aus, die offizielle Einteilung des Landes in Verwaltungsbezirke ist für touristische Belange eher bedeutungslos.

Alle für Touristen relevanten slowakischen Dienstleister aufzulisten, würde eine vielbändige Buchserie ergeben. Als ergänzendes Medium zu einem Reisehandbuch bietet sich heutzutage das Internet an, einige Hinweise dazu finden sich am Ende des Buches. Allerdings ist es eine Eigenschaft des Internets, daß sich Inhalt und Verfügbarkeit einer Adresse stündlich ändern können. Normalerweise gilt jedoch, daß bei gut gestalteten Internet-Auftritten Qualität und Umfang weiter zunehmen.

Hier Bild Scans Slowakei 01/17

Zeichenlegende

 Informationsbüros
für Touristen

 Thermalbäder

 Zugverbindungen

 Einkaufsmöglichkeiten

 Busverbindungen

 Restaurants, Cafés

 Flugplätze

 Hotels, Pensionen

 Schiffausflugs- und
Fährverkehr

 Campingplätze

 Naturlehrpfade

 Mountain-Bike-Routen

 Skilifte

 Reiterhof mit Restaurant und
Übernachtungsmöglichkeit

 Museen

Häufig auf Stadtplänen vorkommende Begriffe (siehe auch Sprachführer)

námestie (nam.)	Platz
ulica (ul.)	Straße
hrad	Burg
zámok	Schloß
braná	Tor
radnica	Rathaus
kostol	Kirche
staré mesto	Altstadt
SNP	Slovenské národné povstanie (Slowakischer Nationalaufstand)
mestsky urad	Stadtverwaltung
stanica	Bahnhof

»Über der Tatra blitzt es,
dröhnt des Donners
Krachen!
Doch der Stürme
Wehen wird gar bald
vergehen.
Brüder, wir erwachen.«

*Slowakische
Nationalhymne*

Land und Leute

Geographie und Natur

Lage und Klima

Die Landesfläche beträgt 49 035 Quadratkilometer. Das entspricht etwa der Größe von Niedersachsen, Dänemark oder Estland. Die längsten Grenzen existieren zu Ungarn und Polen. Höchste Erhebung ist der Gerlachovský štít (2655 Meter). Der tiefste Punkt liegt am Fluß Bodrog (94 Meter).

Das Klima ist subkontinental, die Temperaturunterschiede zwischen Tag und Nacht sowie zwischen Sommer und Winter sind ausgeprägter als in vergleichbaren Höhenlagen des deutschsprachigen Raumes. Der kälteste Punkt befindet sich auf dem Lomnický štít (Jahresdurchschnittstemperatur −3,7 °C), der wärmste bei Štúrovo (10,4 °C).

Gebirge

Die vielen wunderschönen Berglandschaften sind eine Hauptattraktion der Slowakei. Sie bedecken 71 Prozent der Landesfläche. Im wesentlichen wird das Relief durch den Karpatenbogen (früher ›Karpathen‹ geschrieben) geprägt. Dieses Faltengebirge aus dem Tertiär beginnt bei Bratislava und zieht sich halbkreisförmig entlang der slowakisch-polnischen Grenze über die West-Ukraine bis an die rumänisch-serbische Grenze hin. In den betreffenden Ländern stellen die Karpatenberge jeweils die höchsten Erhebungen dar.

Es folgt eine Auflistung der schönsten Aussichtspunkte in der Slowakei fern von Industrieanlagen und Verkehrsgeräuschen. Auf den ersten Blick mag die geringe Präsenz des bekanntesten Gebirges verwundern. Aber die wunderschönen Wanderwege der Hohen Tatra führen zum großen Teil durch die Täler. Keiner der in Wanderwege eingebundenen Berge ist höher als 2500 Meter. Eine weitere Besonderheit der Hohen Tatra sind die vielen hochgelegenen Bergseen. Durch Austrocknungs- und Moorbildungsprozesse nimmt ihre Zahl aber allmählich ab.

Gebirge	schönste Aussichtspunkte
Malé Karpaty (Kleine Karpaten)	Vápenná (748 Meter)
Štiavnické vrchy (Schemnitzer Berge)	Sitno (1009 Meter)
Javorníky	Veľký Javorník (1071 Meter)
Malá Fatra (Kleine Fatra)	Veľký Rozsutec (1610 Meter)
Veľká Fatra (Große Fatra)	Ostredok (1592 Meter), Ploská (1532 Meter),
Horná Orava (Arwa-Bergland)	Babia hora (1725 Meter)
Západné Tatry (Westliche Tatra, Rohače-Massiv)	Osobitá (1687 Meter), Volovec (2063 Meter), Ostrý Roháč (2084 Meter), Plačlivé (2126 Meter),
Západné Tatry (Westliche Tatra, Liptauer Alpen)	Bystrá (2248 Meter), Jakubiná (2193 Meter)
Nízke Tatry (Niedere Tatra)	Salatín (1634 Meter), Chabenec (1955 Meter), Ďumbier (2043 Meter), Homôľka (1660 Meter)
Vysoké Tatry (Hohe Tatra)	Kriváň (2494 Meter), Rysy (2499 Meter), Východná Vysoká (2428 Meter)
Belianské Tatry (Belaer Kalkalpen)	Ždiarska vidla (2148 Meter)
Muránska planina	Kľak (1409 Meter)
Slovenský raj (Slowakisches Paradies)	Havrania skala (1153 Meter)
Slovenské Rudohorie (Slowakisches Erzgebirge)	Kojšovská holá (1246 Meter), Veľká Knôla (1266 Meter)
Čergov	Minčol (1157 Meter), Veľká Javorina (1098 Meter)
Poloniny	Kremenec (1221 Meter)
Vihorlat	Sninský kameň (1005 Meter)

Karstlandschaften, Höhlen, Gesteine

Die Freiheitshöhle in der Niederen Tatra

Besonders schöne Höhlen liegen in Karstlandschaften. Bestandteile von Karstgesteinen (Kalke, Dolomite) lösen sich in saurem Wasser und setzen sich bei der Bewegung der Tropfen wieder ab. Von der Decke wachsen die nadelförmigen Stalaktiten und vom Boden die kegelförmigen Stalagmiten. Mitunter bilden sich richtige Steingardinen. In anderen Höhlen sind unterirdische Seen und Wasserläufe oder ganzjährige Eisgebilde zu bewundern. Weitere beherbergen bunte oder filigrane Kristalle. Auch Skelettreste inzwischen ausgestorbener Tiere wurden gefunden. Alte Knochen sowie prähistorische Keramikscherben sind mitunter bereits von Tropfsteinablagerungen eingeschlossen.

Insgesamt gibt es hunderte Höhlen. Prospekte nennen verschiedene Zahlen. Sicherlich kann der Begriff Höhle unterschiedlich interpretiert werden. Aber auch die tiefsten Werte bewegen sich im vierstelligen Bereich. Zwölf der berühmtesten Höhlen können bei Führungen besucht werden. Zwei weitere sind mit Anmeldung zugänglich. Kleinere Höhlen liegen teilweise völlig unbeschildert und ungesichert an Felswänden. Auch gibt es an Karstfelsen torartige Gebilde (brána) und andere malerische Formen. Eine zentrale Höhlenverwaltung existiert seit 1970 in Liptovský Mikuláš.

Mitunter haben sich Flüsse regelrecht in Gebirge eingesägt. Die beiden größten dieser Flußdurchbrüche (prielom) an Dunajec und Hornád ziehen große Touristenströme an. Die kleineren sind kaum bekannt. Auch das Tal der Waag im Bereich der Kleinen Fatra kann man als Flußdurchbruch bezeichnen. Die stark frequentierten Verkehrswege an dieser Stelle beeinträchtigen aber die Romantik.

Das Grundgestein der Tatra ist stark zerklüfteter Granit. Südlich des Karpatenbogens befinden sich mehrere Vulkangebirge. Im Cerover Gebirge zeugen gut sichtbare Basaltsäulen von ehemaligen Ausbrüchen.

Schauhöhle	Führung
Kleine Karpaten	
Driny	450 m, 35 min
Tatra und Umgebung	
Izbica Harmanec	1020 m, 80 min
Bystrá	545 m, 45 min
Höhle der toten Fledermäuse	nach Anmeldung
Friedenshöhle Demänová	in Vorbereitung
Freiheitshöhle Demänová	A: 1145 m, 60 min,
	B: 2150 m, 100 min
Eishöhle Demänová	850 m, 45 min
Važec	325 m, 35 min
Belá	1275 m, 70 min
Slowakisches Erzgebirge und Slowakischer Karst	
Eishöhle Dobšiná	515 m, 40 min
Aragonithöhle Ochtiná	585 m, 45 min
Krásna Hôrka	nach Anmeldung
Gombasek	539 m, 35 min
Domica (längere Variante mit	A: 780 m, 45 min,
unterirdischer Bootsfahrt)	B: 1560 m, 85 min
Jasov	720 m, 45 min

Gewässer, Heilquellen und Kurbäder

Die Slowakei ist ein Binnenstaat. Das Wasser gelangt zum größten Teil über die Nebenflüsse der Donau in das Schwarze Meer. Außer der Donau erreichen die Flüsse des Landes keine besonders eindrucksvolle Breite.

In den letzten Jahrzehnten wurden mehrere Stauseen angelegt. Teilweise erhielten sie die Namen der in den Fluten versunkenen Ortschaften. Die Stauseen sollen vor allem der Wasserstandsregulierung und der Energiegewinnung dienen. Im Binnenland Slowakei entwickeln sich größere Stauseen fast automatisch zu Wassersportgebieten und besitzen meistens Badestrände. Darüberhinaus gibt es im Übergangsbereich zwischen Gebirgen und Tieflandgebieten noch eine Reihe kleinerer Stauseen: Kráľová, Síňava, Nová Bystrica, Málinec, Ružín, Starina.

Es folgen je eine Liste der längsten Flüsse und der größten Staussen.

Fluß	Länge im Landesgebiet	Mündung
Donau (slowakisch Dunaj, ungarisch Duna)	170 km, größtenteils Grenzfluß	Schwarzes Meer
Morava (March)	100 km, nur Grenzfluß	Donau
Waag (slowakisch Váh)	405 km	Donau
Orava (Arwa)	60 km	Váh
Nitra (Neutra)	200 km, viele Industrieabwässer	Donau
Hron (Gran)	290 km	Donau
Ipeľ (Eipel)	230 km, größtenteils Grenzfluß	Donau
Theiß (slowakisch Tisa, ungarisch Tisza)	5 km	Donau
Hornád (Kundert oder Hernad)	210 km	Theiß
Laborec	130 km	(heißt Bodrog nach Zusammenfluß mit Ondava) Theiß
Ondava (Ondau)	150 km	(heißt Bodrog nach Zusammenfluß mit Laborec) Theiß
Dunajec (Dunajetz)	17 km, nur Grenzfluß	Weichsel – Ostsee
Poprad (Popper)	150 km, teilweise Grenzfluß	Dunajec

Stausee, Bauzeit	Fluß	Fläche, Bemerkungen
Liptovská Mara, 1970 – 75	Waag (Váh)	22 qkm, 43 m tief
Orava, 1941 – 54	Orava	35 qkm, 38 m tief, mit Inselkirche
Veľká Domaša, 1962 – 66	Ondava	14 qkm, 23 Fischarten
Zemplinská šírava, 1961 – 65	mehrere Bäche aus dem Vihorlat	33 qkm, 14 m tief, flache Ufer

Bemerkenswert ist der Reichtum der Slowakei an Thermalquellen. Zum größten Teil entstanden sie durch Vulkanaktivitäten im Tertiär. Es gibt über 1300 Quellen mit Temperaturen bis zu 92 °C. Die Verwendung natürlicher Heilwasser stellt eine uralte Therapieform dar, ihre medizinische Wirksamkeit ist wissenschaftlich erwiesen. Auf dieser Grundlage entwickelten sich zahlreiche spezialisierte Kureinrichtungen. Badekuren in der Slowakei sind ab dem 14. Jahrhundert belegt.

Die mit Abstand bekanntesten Kurbäder sind Piešťany (2400 Betten), Trenčianske Teplice (1150 Betten) und Bardejovské Kúpele (1250 Betten). In diesen gibt es besonders schöne Kurhäuser aus dem 19. Jahrhundert. Es folgen Sliač (800 Betten) und Dudince (700 Betten). Auch die Hohe Tatra verfügt über Kureinrichtungen. Die Kur-

Kurgelände mit Travertinquellen in Vyšne Ružbachy

anlagen befinden sich überwiegend in einem autofreien Stadtviertel mit zentralem Parkplatz davor. Zahlreiche Reiseveranstalter organisieren Kur-Komplettpakete, welche Behandlungen, Übernachtungen, Mahlzeiten, Ausflüge sowie eventuell An- und Abreise umfassen. Die Therapieeinrichtungen können aber auch stunden- oder tageweise genutzt werden.

34 große Bäder werden von Thermalquellen gespeist. Am schönsten gelegen sind die ganzjährig geöffneten Thermalfreibäder in Trenčianske Teplice und Bešeňova. Größte Heilwirkung wird dem Wasser in Vrbov zugesprochen. Manche Badestellen mit Thermalwasser sind sogar gratis nutzbar. An einigen Mineralquellen haben sich Parkplätze mit frei zugänglichen ›Abfüllpunkten‹ entwickelt, an denen Einheimische ihr Auto mit mehreren Kanistern beladen. Die bekannteste derartige Stelle befindet sich bei Spišské Podhradie.

Vegetation

Knapp 40 Prozent der Landesfläche sind bewaldet. In den höheren Gebirgslagen dominiert die Fichte. Sonst sind Buchen- und Eichenwälder häufig. Westlich der Kleinen Karpaten existiert ein größeres Territorium mit Kiefern. Einige Wälder werden übrigens nicht bewirtschaftet und sollen als Urwälder bestehen bleiben: Badín südwestlich von Banská Bystrica, Dobroč südlich von Brezno, im Vihorlat nördlich vom Zemplinská šírava.

Auch botanisch eher uninteressierten Touristen werden die prächtigen Bergwiesen auffallen. Nach der Schneeschmelze sind viele Hänge mit Krokussen übersät. Viele Wiesen weisen eine hohe Arten- und Exemplarzahl von Heilkräutern auf.

In den Tieflandgebieten fühlt man sich mitunter in Klischeebilder von Ungarn versetzt. Es gibt endlose Mais- und Sonnenblumenfelder. Ungenutzte Flächen weisen oft Trockenrasen-Charakter auf oder sind in Flußnähe sumpfig. Schöne Auwälder gibt es an der Donau und an der Morava.

Ein besuchenswerter Park mit alten Bäumen befindet sich bei Tesárske Mlyňany. Weitere Gehölzgärten besitzen Banská Štiavnica (Kysihýbel) und Zvolen (Borová hora). Schönster Schloßpark ist der von Betliar. Dickster Baum der Slowakei ist eine etwa 700 Jahre alte Linde im Kurpark von Bojnice.

Nicht unerwähnt soll der Pilz- und Beerenreichtum der Wälder bleiben. Schon zur Sommerferienzeit kommen Urlauber mit mehreren Säckchen getrockneter Steinpilze zurück. Als besonders ergiebig gilt die Umgebung von Važec. Hobbyköche können in der Slowakei ihren Vorrat an Wacholderbeeren und Schlehen aufstocken.

Hochwachsende Enzianart in der Niederen Tatra

Nationalparks und Landschaftsschutzgebiete

Im Pieniny-Nationalpark

Acht Nationalparks (národný park) und weitere Landschaftsschutzgebiete (chráněná krajinná oblasť) bedecken 20 Prozent der Landesfläche, das ist im europäischen Vergleich ein guter Wert. Eine Aufwertung vom Slowakischen Karst zum Nationalpark ist vorgesehen, nächste Anwärter für Großschutzgebiete sind der Bergrücken Čergov und das Gebiet Choč. Außerdem gibt es zwölf Feuchtgebiete, die die Kriterien der internationalen Ramsar-Konvention erfüllen.

Nationalpark (NP) oder Landschaftsschutzgebiet, eventuell geläufige Abkürzung	Fläche
Malé Karpaty (Kleine Karpaten), CHKOMK	655 qkm
Záhorie (zweigeteilt)	275 qkm
Biele Karpaty (Weiße Karpaten, zweigeteilt, grenzt an einen NP in Tschechien)	628 qkm
Kysuce (Kischütz, zweigeteilt, grenzt an einen NP in Tschechien), CHKOK	654 qkm
Strážovské vrchy (Rajetzer Berge)	310 qkm
Ponitrie, CHKOPO	377 qkm
Štiavnické vrchy (Schemnitzer Berge), CHKOŠV	770 qkm
Poľana (auch Biospärenreservat), CHKOP	201 qkm
Malá Fatra (NP Kleine Fatra, Sitz in Varin), NAPAMF	198 qkm
Veľká Fatra (NP Große Fatra, Sitz in Belá-Dulice), NPVF	606 qkm
Horná Orava (Arwa-Bergland, grenzt an einen NP in Polen), CHKOHO	703 qkm
Muránska planina (NP, Sitz in Revuca), NAPAMP	219 qkm
Slovenský raj (NP Slowakisches Paradies, Sitz in Spišská Nová Ves), NAPASR	198 qkm
Nízke Tatry (NP Niedere Tatra, Sitz in Banská Bystrica, zweigeteilt), NAPANT	811 qkm
Tatry (NP Westliche und Hohe Tatra mit Belaer Kalkalpen, Sitz in Tatranska Lomnica, grenzt an einen NP in Polen), TANAP	759 qkm
Pieniny (NP Pieninen, auch Biospärenreservat, Sitz in Červený Kláštor, geht in einen NP in Polen über), PIENAP	21 qkm
Cerová vrchovina (Cerover Gebirge)	163 qkm
Slovenský kras (Slowakischer Karst, auch Biosphärenreservat, grenzt an einen NP in Ungarn), CHKOSK	362 qkm
Východné Karpaty und Poloniny (NP Östliche Karpaten, Sitz in Nová Sedlica, gehört zu einem trilateralen NP mit Polen und der Ukraine)	669 qkm
Vihorlat, CHKOV	48 qkm
Latorica	156 qkm
Dunajské luhy (Donausumpfwiesen, mit Abstand größte Schutzfläche nach den Kriterien der Ramsar-Konvention)	143 qkm

Bevölkerung

Verwaltungsbezirke

Klassische Gebietsbezeichnungen der Slowakei wie Spiš spiegeln sich schon lange nicht mehr bei den Verwaltungsbezirken wider. In der Tschechoslowakei gab es eine Dreiteilung (West-, Mittel-, Ostslowakei). Einige Informationsschriften für Touristen sind noch heute so gegliedert.

Nach der Selbstständigkeit wurden die administrativen Einheiten der Slowakei neu gebildet. Die Grenzen der Dreiteilung sind nicht komplett in den Grenzen der jetzigen acht Verwaltungsbezirke wiederzufinden. Ebenso wurden 79 Kreise neu zugeschnitten.

2001 wurde vom Parlament eine weitere Verwaltungsreform beschlossen. Die Dezentralisierungsmaßnahmen bringen mehr Selbstverwaltung und Bürgernähe. Das war auch von der EU als Beitrittsbedingung vorgegeben worden.

Die Bevölkerung konzentriert sich in den Flußtälern und Tieflandgebieten. Einige Städte wie Nitra und Prešov sind in den letzten Jahren schnell gewachsen.

Slowaken und Minderheiten

Das Land stellt in der erweiterten EU etwa 1,5 Prozent der Bevölkerung. 85,7 Prozent der 5,3 Millionen Einwohner sind Slowaken. Bis zur Industrialisierung waren sie traditionellerweise vor allem in der Landwirtschaft und im Baugewerbe tätig. In anderen Teilen des Habsburger Reiches errichteten sie beispielsweise die Wiener Oper und das Budapester Parlament. Während der Existenz der Tschechoslowakei gab es viele Mischehen, ihre Zahl nimmt in letzter Zeit ab.

Die größte Minderheit auf dem Staatsgebiet der Slowakei stellen die 10,8 Prozent Ungarn dar. Ihre Siedlungsgebiete erstrecken sich entlang der gesamten slowakisch-ungarischen Grenze. In vielen dieser Städte und Dörfer dominiert die ungarische Sprache. Große ungarisch geprägte Städte sind Komárno und Fiľakovo. Es gibt spezielle Kindergärten und Schulen sowie eine Tageszeitung, zweisprachige Orts- und Ladenschilder sind üblich. Die Beziehung zwischen Ungarn und Slowaken ist seit Jahrhunderten konfliktreich.

Die Gebiete unmittelbar an der nordöstlichen Landesgrenze sind Siedlungsschwerpunkt der Ruthenen (lateinisch Ruthenia = Rußland). Sie selbst nennen sich Rusini. Auch unter ihnen ist ihre Herkunft seit langem umstritten. Sie stehen den ukrainischen Volksgruppen der Lemken und Bojken nahe. Mitunter werden

Zweisprachiges Ortsschild im Osten
der Slowakei

sie als eigenes Volk angesehen. Ihre Sprache weist einige Unterschiede zur ukrainischen auf. Erst in letzter Zeit wurde sie verstärkt aufgezeichnet. An ihrem Fortbestand muß gezweifelt werden. Kulturelles Zentrum der Ruthenen ist die Stadt Prešov. Ihr Bevölkerungsanteil einschließlich der ebenfalls im Land vorhandenen ›echten‹ Ukrainer beträgt 0,6 Prozent. Die abgelegenen Bergwaldsiedlungen im östlichen Landesteil zählten in den Anfangsjahren der Tschechoslowakei zu den rückständigsten Gebieten Europas. Für das angrenzende polnische Bieszczady gibt es seit 1998 wieder Stiftungen ›zum Überleben des Winters‹. Dortige Lehrer hatten anläßlich polnischer Lebensmitteltransporte für hungernde Kinder im Ausland auf die eigene kritische Lage hingewiesen.

Westlich und östlich der Tatra existieren einige von der polnischen Volksgruppe der Goralen (polnisch góra = Berg) geprägte Dörfer (Rabčice, Ždiar, Haligovce, auch Liptovská Teplička). Der polnische Bevölkerungsanteil in der Slowakei beträgt jedoch weniger als 0,1 Prozent.

Seit dem zweiten Weltkrieg fehlt auf dem Landesterritorium weitgehend die Volksgruppe der Juden. Etwa 60 000 Juden wurden ab 1942 deportiert. Die heutige Existenz von Synagogen sowie Kultureinrichtungen und Gedenkstätten kann die Bedeutung der Juden in der Landesgeschichte jedoch nur ansatzweise wiedergeben.

Die Roma

Zwei Einwanderungswellen brachten die Roma aus Indien seit dem 13. Jahrhundert über den Bosporus und über die Straße von Gibraltar nach Europa. Um 1400 erreichten sie den deutschsprachigen Raum, wo die ersten Gesetze zu ihrer Unterdrückung entstanden, in der Schweiz 1471, in Brandenburg 1482, danach in Spanien und weiteren Ländern. 1568 verbot der Papst den Roma sogar den Katholizismus. In vielen Ländern gab es Hinrichtungen nur wegen der Volkszugehörigkeit.

Zu den wichtigsten Einflüssen der Roma auf die Entwicklung Europas gehört ihre Folklore. Weder der Flamenco in Spanien noch die Romanzen in Rußland und erst recht nicht die Musik des Balkan sind ohne die Roma denkbar. Seit dem 17. Jahrhundert wurde kontinuierlich auch von den jeweils über die Slowakei Regierenden eine Politik der Seßhaftmachung betrieben. 1944 beteiligten sich Roma am Slowakischen Nationalaufstand. Im gleichen Jahr organisierten die Nazis mit der ›Zigeunernacht‹ – 4000 Roma wurden in wenigen Stunden in Auschwitz vergast – einen traurigen Höhepunkt der Völkervernichtung. Noch 1972 startete die Tschechoslowakei ein Sterilisierungsprogramm für Roma.

Die Zahl der in der Slowakei lebenden Roma wird inzwischen auch offiziell mit fast 400 000 angegeben. Weniger als 10 Prozent der Roma hat ein festes Arbeitsverhältnis. Von der Sozialhilfe sind dagegen 80 Prozent abhängig.

Bescheidene finanzielle Mittel führen sowohl zu slumartigen Siedlungsstrukturen als auch zu überdurchschnittlicher Kriminalität. Daraus folgt eine weitgehende Isolierung von der restlichen Bevölkerung. Ein Drittel der Slowaken befürwortet sogar eine stärkere Trennung beispielsweise durch Reservate. Journalisten gegenüber sind die Roma sehr mißtrauisch. Gefördert werden die ethnischen Spannungen von rechten Parteien wie der SNS, die Slowakische Nationalpartei, die nicht im Parlament vertreten ist. Amnesty International und andere Menschenrechtsorganisationen berichten von unangemessenen Polizeieinsätzen gegen Roma. Zudem hält sich die Polizei bei rassistischen Attacken angeblich oft zurück.

In vielen Wohnungen gibt es weder einen Trinkwasser- noch einen Stromanschluß, von einer Abfallentsorgung kann schon gar keine Rede sein. Wer von Roma persönlich eingeladen wird, steht unter ausdrücklichem Schutz des Gastgeber-Clans und kann sich in der Siedlung relativ sicher fühlen. Wer dann die bescheidenen Wohnungen betritt, ist oft von der Sauberkeit der Innenräume überrascht.

Eine Roma-Familie unterscheidet sich demographisch sehr stark vom Landesdurchschnitt. Die Roma leben traditionell in Großfamilien. Eine Frau bekommt durchschnittlich 4,2 Kinder. Die Scheidungsrate ist mit 3,7 Prozent sehr niedrig. Die durchschnittliche Lebenserwartung ist zehn Jahre geringer als bei den Slowaken. Bei gleichbleibenden Geburtenraten würden die Roma im Jahre 2060 die Bevölkerungsmehrheit stellen. Schon allein durch diesen wachsenden Anteil gewinnen ihre politische Interessenvertretungen zunehmend an Einfluß.

Besonders unter zwei Aspekten ist die Misere der Roma allerdings tatsächlich auf ihre Gewohnheiten zurückzuführen. Erstens genießt Bildung kein hohes Ansehen, ein Drittel der Roma gilt als Analphabeten. Viele Kinder besuchen die Schule unregelmäßig oder gar nicht. Mancher Familienvater würde seine Autorität durch eine solide Bildung sogar gefährdet sehen, außerdem kostet eine Ausbildung Geld. Zweitens verschärfen einige Roma ihre Lage zusätzlich durch Privatkredite zu Wucherzinsen von bis zu 100 Prozent. Derartiger Geldverleih ist verbreitet und führt oft zu ausweglosen Situationen. Viele der Bettler in Großstädten sind quasi Leibeigene dieser Wucherer. Von ihren Kreditgebern werden sie zum Betteln oft ins Ausland geschleust. Ganz am Ende der Kette der Geldverleiher stehen aber in einigen Fällen Slowaken.

Insgesamt existieren etwa 300 Roma-Siedlungen im Land, die größten davon im Osten. Jarovnice bei Sabinov gilt als zahlenstärkste Gemeinschaft, von den 4000 Bewohnern bezeichnen sich 3000 als Roma. Die Siedlung machte 1998 Schlagzeilen, als während einer Überschwemmung 53 Roma in ihren einstürzenden Bretterbuden starben. Die Hälfte der über den Bürgermeister verteilten Gelder zum Wiederaufbau landete jedoch bei den Slowaken, bei denen höchstens Keller oder Gärten betroffen waren. Auch von den EU-Sozialprojekten wird übrigens ein erheblicher Anteil für Seminare und Konferenzen in erstklassigen Hotels verwendet, während manche Roma-Familie tatsächlich hungert. Einen mindestens ebenso trostlosen Eindruck wie viele Roma-Quartiere im ländlichen Raum macht die Siedlung Lunik IX in Košice. Das nach 1970 billig errichtete Plattenbauviertel ist inzwischen Heimat von 5000 entwurzelten Roma verschiedener Clans. 2002 zogen die letzten Slowaken aus.

Starke Kürzungen der Sozialhilfe führten 2004 in der Ostslowakei bis zu Aufständen. Zur Verhinderung von Ladenplünderungen wurde sogar die Armee eingesetzt. Der Kinderreichtum hatte den Roma davor oftmals ein bescheidenes Auskommen gesichert. Nun beträgt die Sozialhilfe nur noch 80 Euro pro Familie plus 15 Euro für jedes Kind, dazu kommen eventuell ein ›Aktivierungszuschlag‹ für die Teilnahme an öffentlichen Arbeiten von 37 Euro bei Erwachsenen sowie Wohngeld.

1775 schrieb der evangelische Humanist Samuel Augustin ab Hortis einen langen, für die damalige Zeit erstaunlich modernen Aufsatz über die Roma. Seine genauen Beobachtungen führen zu der Schlußfolgerung, daß die Roma keineswegs eine geringwertige Rasse darstellen, sondern aufgrund verschiedener Benachteiligungen von Kindheit an ihr unangepaßtes Leben führen: »Eine ganz andere Frage ist es, ob die Zigeuner zu denen Wissenschaften von Natur ungeschickt und unangeleget sind und ob der Mangel an Gelehrsamkeit und Erkenntniß von ihrer Unfähigkeit, oder bloß von einer vermeidlichen Nachläßigkeit und Versäumniß herrühre? Diese Leute sind in ihrer Art sinnreich, in Anschlägen schnell und fertig, also daß sie sich in manchen bedenklichen und zweifelhaften Fällen bald Rath zu schaffen und auszuhelfen wissen. Man muß sich in der That verwundern, wenn man auf ihre Handgriffe Achtung giebt und dieselben genau betrachte, die sie sich zur Erlaichterung und Vollbringung ihrer gewöhnlichen Handarbeiten ersonnen.«

Überblick

Offizielle Bezeichnung: Slovenská republika (Slowakische Republik).
Größe: 5,4 Millionen Einwohner auf 49 036 Quadratkilometern.
Bedeutendste Städte: Bratislava, Košice, Prešov, Nitra, Banská Bystrica, Žilina, Trnava.
UNESCO-Welterbe: Spišský hrad und verbundene Kulturdenkmale (seit 1993), Banská Štiavnica mit den technischen Denkmälern der Umgebung (seit 1993), Vlkolínec bei Ružomberok (seit 1993), Höhlen des Slowakischen Karstes (länderübergreifend mit Ungarn, seit 1995, erweitert 2000), Bardejov (seit 2000), eine Eintragung von weiteren Kirchen mit alten Fresken in den Regionen Spiš und Gemer sowie der Waldeisenbahn am Skansen Vychylovka wird vorbereitet.

Münze aus der Zeit des Großmährischen Reiches

Touristenattraktionen: Gebirge mit ausgezeichnetem Wanderwegenetz, Burgen, Skansen (Freilichtmuseen), Tropfsteinhöhlen, Kurbäder, Thermalwasserschwimmbäder, Skipisten, Weinbaugebiete, Folklorefestivals.
Schönste Parkanlagen: Arborétum Tesárske Mlyňany, Schloßpark Betliar.
Größtes Freilichtmuseum: Skansen Martin.
Bodenschätze: Braunkohle, Antimon, Quecksilber, Eisenerz, Kupfer, Blei, Zink, Erdgas.
Landwirtschaft: Kartoffeln, Weizen, Roggen, Mais.
Industrie: Chemie, Stahl, Aluminium, Zement, Maschinenbau, Rüstung, Konsumgüter.
Größter Industriekomplex: Ostslowakische Eisenhüttenwerke VSŽ, gehört zum US-Steel-Konzern (26 000 Mitarbeiter).
Wichtigste Außenhandelspartner: Deutschland, Tschechien, Rußland, Österreich
Politisches System: Parlamentarische Demokratie.
Internationale Verbindungen: Mitglied in über 50 Organisationen, EU-Mitglied seit 1. Mai 2004.
Internationales Kennzeichen für Fahrzeuge: SK
Nationalwappen: rotes frühgotisches Schild, drei blaue Hügel, auf dem mittleren ein silbernes Doppelkreuz.
Nationalhymne: Nad Tatrou sa blýska (Über der Tatra blitzt es).

Karpatendeutsche

En Balt, oof an schön Biesfleckl
scheint herrlich de Sonn doa,
boo schleicht se henta a Bölkl,
boo tschielt se bidra afoa …

Julius Gedeon
(Metzenseifener Mundart, unter anderem wird w grundsätzlich durch b ersetzt)

Den Begriff Karpatendeutsche prägte vor etwa 100 Jahren der Historiker Raimund Friedrich Kaindl. Heute stellen sie in der Slowakei nur noch einen Bevölkerungsanteil von ziemlich genau einem Tausendstel. Sie waren von ungarischen Königen seit dem 12. Jahrhundert angeworben worden. Forschungen über das Mittelalter schätzen ihren damaligen Bevölkerungsanteil auf etwa 25 Prozent.

Es gibt drei Siedlungsschwerpunkte in der Slowakei. In das Zipser Gebiet kamen vorwiegend Handwerker und Händler. Im 14. Jahrhundert gab es Zusammenschlüsse zu Städtebündnissen mit weitreichenden Privilegien. Zeitweise lebten in Zipser Städten etwa 80 Prozent Deutsche. Das sogenannte Hauerland in der Mittelslowakei war besonders für Bergleute attraktiv. Auch Bratislava hatte bis in das 20. Jahrhundert hinein eine deutsche Bevölkerungsmehrheit und mehrere Dörfer und Städtchen des Hauptstadt-Umlandes waren ebenfalls deutsch geprägt.

Die Tschechoslowakische Republik brachte den Minderheiten zunächst eine Verbesserung ihrer Lebensumstände. Nach 1945 wurden die deutsche Nationalität und die verbrecherische Nazipolitik im öffentlichen Leben der wiederentstandenen Tschechoslowakei jedoch weitgehend gleichgesetzt. Viele traf das ungerechtfertigt. Manche Quellen rechnen mit mehr Deutschen im Slowakischen Nationalaufstand als in der an den Nazis orientierten Karpatendeutschen Partei. Trotzdem kam es noch nach Kriegsende zu über 500 ideologisch motivierten Morden in deutschen Siedlungen der Slowakei. Die Deutschen wurden rigide drangsaliert und größtenteils ausgewiesen. Es gab spezielle Konzentrationslager für Deutsche (Nováky, Slovenská Ľupča).

Die verbliebenen Karpatendeutschen sind akzeptiert und integriert. Aufgrund ihrer geringen Zahl und der Einbindung in das Alltagsleben der Slowakei werden die kulturellen Besonderheiten wohl bald aussterben. Noch hält sich wie in vielen anderen isolierten Sprachinseln ein archaischer Wortschatz. Seit 1991 erscheint in Poprad wieder eine Monatszeitschrift für die verbliebenen Deutschen.

Während der ganzen Zeit von der Ansiedlung bis zur Vertreibung deckten die Karpatendeutschen vorwiegend bestimmte Berufsgruppen ab, zu Konkurrenzsituationen mit Slowaken kam es kaum. Trotz ernster Konflikte im vorigen Jahrhundert werden die Deutschen im heutigen Nationalbewußtsein der Slowaken vorwiegend als Brüder und Schwestern betrachtet, mit denen man gemeinsam von den Ungarn unterdrückt worden war.

In Deutschland gibt es die Karpatendeutsche Landsmannschaft, die mit der viel größeren und deshalb bedeutend bekannteren Sudentendeutschen Landsmannschaft nicht viel mehr als die Altersstruktur gemeinsam hat. Beide Vereine bestehen überwiegend aus südwestdeutschen Mitgliedern, die noch persönlich von der Vertreibung betroffen waren. Doch während die Sudetendeutschen oft rückwärtsgewandte Gedanken mit unrealistischen Entschädigungsforderungen pflegen, sind die Karpatendeutschen um echte Völkerverständigung bemüht.

Religionen

Etwa 61 Prozent der Bevölkerung bekennen sich zur römisch-katholischen Kirche, nächststärkste ›Glaubensgruppe‹ ist die der Konfessionslosen. Es gibt ausgeprägte Oster- und Weihnachtsbräuche, bei denen Trachten eine besondere Rolle spielen. Nichtchristliche Religionen spielen eine untergeordnete Rolle, obwohl noch Synagogenbauten erhalten sind. Insgesamt existieren 15 Glaubensbekenntnisse, 29 Frauen- und 19 Männerorden. Bischofssitze sind Bratislava (evangelisch), Trnava (römisch-katholisch), Rimavská Sobota (reformiert), Košice (römisch-katholisch, griechisch-katholisch), Prešov (griechisch-katholisch), Michalovce (orthodox).

Ähnlich wie in Polen nach der Wahl Karol Woytilas zum Papst gibt es seit der Selbstständigkeit der Slowakei einen sichtbaren Trend zum Kirchenneubau insbesondere im ländlichen Raum. Die modernen Dorfkirchen fügen sich oft sehr gut in das Ortsbild ein. Der letzte Besuch des Papstes in der Slowakei fand 2003 statt, Stationen waren Banská Bystrica, Rožňava und Bratislava.

In den östlichsten Landesgebieten verläuft die Grenze zwischen der römischen und der orthodoxen Kultur. Im 17. Jahrhundert unterstellte sich ein Teil der Orthodoxen der Oberhoheit des Papstes in Rom. Ihre abweichende Kirchenpraxis wurde dabei kaum angepaßt. Diese Gruppe wird als griechisch-katholisch oder uniert bezeichnet. Die regierenden Kommunisten liquidierten 1950 die griechisch-katholische Kirche und übergaben das Vermögen größtenteils der orthodoxen Kirche. Nach 1989 wurde dieses Unrecht schrittweise wieder rückgängig gemacht. Inzwischen übersteigt in der Slowakei die Zahl der griechisch-katholischen Gläubigen auch offiziell wieder weit die der orthodoxen.

Das Kirchenstädtchen Spišská Kapitula (Zipser Kapitel), im Hintergrund Spišský hrad (Burg Zips)

Geschichte

Erste Besiedelungen

›Funde belegen die Besiedelung bereits in grauer Vorzeit‹, mit dieser Bemerkung könnten viele Stadtbeschreibungen im Reiseteil beginnen. In der Steinzeit waren einige tiefergelegene Gebiete für damalige Verhältnisse schon recht dicht besiedelt, es sind sowohl Handwerkstätigkeiten (Keramik) als auch Handelsbeziehungen (Südeuropa) nachweisbar.

Um 400 vor unserer Zeitrechnung besetzten Kelten die südwestliche Slowakei. In den nordwestlichen Flußtälern etwa zwischen Púchov und Krompachy entwickelte sich ab 200 vor unserer Zeitrechnung die sogenannte Púchover Kultur.

In den ersten Jahrhunderten unserer Zeitrechnung erlangte das Römische Reich seine größte Ausdehnung, die Grenze verlief zwischen Castra Regina (Regensburg) und Singidunum (Belgrad) ziemlich genau entlang der Donau. Wachstationen standen auch am nördlichen Ufer, einige in der heutigen Slowakei. Bei Ausfällen zur Regierungszeit Marc Aurels gelangten die Römer bis nach Trenčín und Hnúšťa.

Das Großmährische Reich im 9. Jahrhundert

Die Urheimat der slawischen Stämme lag in der westlichen Hälfte der heutigen Ukraine. Von dort breiteten sie sich ab etwa 500 in alle Himmelsrichtungen aus.

Bereits zwischen 623 und 658 organisierte der fränkische Kaufmann Samo erfolgreich von Mähren aus die Verteidigung der Slawen gegen die Awaren. Um 800 entstanden die frühfeudalen slawischen Fürstentümer Morava und Nitra. 828 wird in Nitra die erste Kirche geweiht. Gegen 833 verjagt Fürst Mojmír von Morava den Fürsten Pribina von Nitra. Das zählt als Geburt des legendären Großmährischen Reiches. Man darf es sich nicht als Staatsgebilde mit Grenzen im heutigen Sinne vorstellen. Nicht einmal die Lage der Hauptstadt Veligrad ist einigermaßen klar. Aber während seiner kurzen Existenz war das Großmährische Reich zweifellos ein wichtiger Machtfaktor Europas. Dann geriet es in Vergessenheit. Erst nach 1945 beschäftigten sich Archäologen wieder mit dieser Epoche. Für das Nationalbewußtsein der Slowaken spielt die Identifizierung mit dem Großmährischen Reich eine wichtige Rolle.

Im Konflikt zwischen römisch-katholischer und byzantinisch-orthodoxer Christianisierung entschloß sich Mojmírs Nachfolger Rastislav, den byzantinischen

Kaiser um slawisch sprechende Missionare zu bitten. Dieser schickte ihm 863 eine Delegation mit den griechischen Brüdern Kyrill (Constantin, 827–869) und Method (Methodius, 815–885), die sich auch um juristische und organisatorische Belange kümmerten. Teilweise wurden deren Erfolge gleich wieder rückgängig gemacht, als 870 der mehr mit dem römischen Papst sympathisierende Svätopluk seinen Onkel Rastislav stürzte. Der Einfluß von Kyrill und Method prägte auch nachhaltig die slawische Kultur außerhalb der heutigen Slowakei (Mazedonien, Bulgarien, Rußland), wo ihre Schüler eine neue Wirkungsstätte fanden. Unter Svätopluk erreichte das Großmährische Reich die größte Ausdehnung, zerfiel aber nach seinem Tod 894 ziemlich schnell. Schon 895 spaltete sich Böhmen ab, das zunehmend unter fränkischem Einfluß geriet. Es folgten einige Schlachten, die von Svätopluks Nachfolgern alle verloren wurden. Im Großmährischen Reich gab es übrigens bereits jüdische Siedlungen.

Von Ungarn und Österreichern regiert

Um 896 führte Fürst Árpád die geeinten hunnischen Stämme in die ungarische Tiefebene. 907 gewannen diese bei Bratislava eine bedeutende Schlacht gegen das bayrische Heer. Um 1000 schuf Stephan I. einen christlichen ungarischen Zentralstaat und wurde von Papst Silvester II. zum ersten König gekrönt. Von Beginn an gehörte das Gebiet der heutigen Slowakei als Provinz Oberungarn (Horné Uhorsko) zum Königreich. Für damalige Verhältnisse war der Staat modern nach fränkischem Vorbild organisiert. Locus Credibili (glaubwürdiger Ort) im Sinne der Kirchenpraxis wurden: Bratislava, Hronský Beňadik, Jasov, Leles, Liptovská Mara, Nitra, Šahy, Spišská Kapitula, Zobor.

Im 13. Jahrhundert (1241–1242, 1285) drangen Tataren auf Kriegszügen bis hinter das Donautiefland vor. Der ungarische Adlige Matúš Čák schuf sich ein weitgehend selbstständiges kleines Reich und regierte von Trenčín aus als ›König der Waag und der Tatra‹. Vor allem im 14. Jahrhundert erhielten viele bedeutende Städte den Status einer freien königlichen Stadt. Diese Ernennung verlieh bestimmte Privilegien. 1480 entstand ein Städtebund der damals wichtigsten Städte der Ostslowakei (Pentapolitana): Levoča, Sabinov, Bardejov, Prešov, Košice.

Im 15. Jahrhundert war die Slowakei von den Hussitenkriegen betroffen. Im 16. Jahrhundert entwickelte sich eine Dominanz des evangelischen Glaubens.

Grundlage für die enge Verbindung der Regentenfamilien von Österreich und Ungarn waren Eheversprechen im Rahmen des Preßburger Friedens 1491. Das ging bis zur Verkuppelung des noch ungeborenen ungarischen Königs Ludwig II. Sein Tod in der Schlacht bei Mohácz 1526 führte jedoch wieder zu heftigen Auseinandersetzungen um den Thron. Nach der Schlacht befand sich ein Großteil der

Das Gebiet der Slowakei zur Zeit der Habsburger Monarchie

Wichtige ungarische Fürsten und Könige sowie österreichisch-ungarische KaiserInnen

886 – 897	Árpád
972 – 997	Geza
997 – 1038	Stephan I. der Heilige (1000 zum ersten König gekrönt)
1077 – 1095	Ladislav I. der Heilige
1205 – 1235	Andreas II. von Jerusalem
1235 – 1270	Bela IV. (Mongoleneinfälle, starke Anwerbung deutscher Siedler)
1308 – 1342	Karl I. Robert von Anjou (erster Nichtungar auf dem Thron)
1342 – 1382	Ludwig I. der Große von Polen
1386 – 1437	Sigmund von Luxemburg (Hussitenkriege)
1458 – 1490	Matthias Corvinus (Förderung von Bildung und Kunst)
1516 – 1526	Ludwig II. (Schlacht von Mohács gegen Suleiman II.)
1526 – 1540	Johann I. von Zapolya
1540 – 1571	Johann II. Sigmund
1576 – 1608	Rudolf II. von Böhmen
1657 – 1705	Leopold I.
1740 – 1780	Maria Theresia
1780 – 1790	Joseph II.
1792 – 1835	Franz II.
1835 – 1848	Ferdinand V.
1848 – 1916	Franz Joseph I.

ungarischen Tiefebene unter türkischer Herrschaft. Umgehend wurde Bratislava zur ungarischen Hauptstadt gemacht. Viele ungarische Adelsfamilien verlegten ihren Sitz in die Slowakei. 1530 drangen plündernde Türken in den Flußtälern bis Piešťany und Bojnice vor. 1554 eroberten sie Fiľakovo. Im 17. Jahrhundert gab es mehrere Bauernaufstände. Nach der Vertreibung der Türken aus den besetzten ungarischen Gebieten 1699 zog ein großer Teil des ungarischen Adels wieder in das Stammland zurück. Auch slowakisches Landvolk gründete Siedlungen bis in die Gebiete des heutigen Serbien und Rumänien hinein.

Etwa ab 1683 kam es zu einer starken Unterdrückung der evangelischen Religion. Zahlreiche slowakische Intellektuelle emigrierten nach Deutschland. Zu ihrem Zentrum entwickelte sich der Kreis um August Hermann Francke (1663 – 1727) in Halle an der Saale. Erst das Toleranzpatent von 1781 garantierte wieder freie Religionsausübung. Die Leibeigenschaft wurde 1785 abgeschafft.

Bergbau seit dem 13. Jahrhundert

Viele historische Sehenswürdigkeiten der Slowakei sind eng mit der Geschichte des Bergbaus verbunden. Im Mittelalter fand man verschiedene bedeutsame Erzlagerstätten. Besonders nach dem Mongoleneinfall von 1241 wurden deutsche Bergleute aktiv angeworben. Es entwickelten sich Städte und Handelswege. Einigen Städten sieht man ihre deutschen Wurzeln noch an. Vom 13. bis zum 15. Jahrhundert stieg die Bevölkerungszahl der Slowakei von 200 000 auf 500 000 Einwohner. Die nicht nur finanzielle, sondern auch familiäre Verbindung der adligen Unternehmerfamilie Thurzo mit dem Augsburger Bankhaus Fugger führte um 1500 zu einer Monopolstellung auf dem Kupfermarkt. Sitz dieser Gesellschaft war Banská Bystrica. Negativ auf den Wirtschaftsstandort Slowakei wirkte sich die Entdeckung Amerikas und der damit verbundene Preisverfall vieler Metalle aus. Trotzdem blieb das Land bis in das 18. Jahrhundert hinein führend im Bergbau.

Verpfändung von 16 Städten an Polen

Ab 1412 waren 16 Zipser Städte verpfändet. Zahlungsschwierigkeiten des deutsch-ungarischen Kaisers Sigmund im Krieg gegen Venedig führten zur Abtretungserklärung der finanziellen Einnahmen aus dieser Region an den polnischen König Wladislaw II. gegen einen Kredit von 37 000 Schock böhmischer Groschen (etwa 310 kg Gold). Rückzahlungsangebote der Pfandsumme erfolgten seit 1419 und wurden immer verweigert. So blieb die Doppelherrschaft bis zur polnischen Teilung 1772 bestehen. Diese längere Verpfändung eines größeren Gebietes ist die spektakulärste der Slowakei. Aber auch andernorts wurden vorübergehende Zahlungsunfähigkeiten durch derartige Kredite geregelt. Für die Verpfändeten war dieser Status eher vorteilhaft. Bei Auseinandersetzungen zwischen beiden Vertragspartnern konnten die betroffenen Städte weitgehend neutral bleiben. Bei verschiedenen juristischen Fragen konnten sie sich jeweils das für sie günstigere Regelwerk heraussuchen. Somit gab es nach keiner der beiden Seiten Handelsbeschränkungen. Zur Verteidigung ihrer Privilegien schlossen sich die ehemals verpfändeten Städte deshalb von 1778 bis 1876 freiwillig nochmals zur sogenannten Provinz der 16 Zipser Städte zusammen. Betroffen waren: Ľubica, Hniezdne, Matejovce, Podolínec, Poprad, Ruskinovce, Spišská Belá, Spišská Nová Ves, Spišské Podhradie, Spišská Sobota, Spišské Vlachy, Stará Ľubovňa, Stráže, Tvarožná, Veľká, Vrbov.

Die Kuruzen

Ein spezielles Kapitel der Habsburger Herrschaft in der Slowakei stellen die Kuruzen dar, so werden die Aufständischen gegen die nationale Unterdrückung der Ungarn im Habsburger Regime genannt. Einerseits strebten die Ungarn innerhalb des Habsburger Kaiserreiches nach mehr Unabhängigkeit, andererseits stellten sie in der Slowakei die Oberschicht und gingen nicht gerade sanft mit ihren Untertanen um. Die Kuruzen wurden jedoch von den Slowaken überwiegend unterstützt, da diese sich eine Verbesserung der eigenen Situation erhofften.

Exponierte Anführer der Kuruzenerhebungen waren Emmerich (Imre) Thököly (1657–1705) und Franz (Ferenc) II. Rákóczi (1676–1735). Stefan Thököly gehörte einem alten Adelsgeschlecht mit Sitz in Kežmarok an. Er wurde der Mitwisserschaft am sogenannten Magnatenaufstand von 1670 (schlecht organisierte Verschwörung unter Franz Wesselenyi) verdächtigt und nahm sich bei der Einnahme der Burg Arwa durch die Habsburger Armee das Leben. Sein Sohn Emmerich konnte als Fünfzehnjähriger nach Siebenbürgen in den Schutz der Türken fliehen und kämpfte seitdem auf deren Seite. Emmerich Thökölys Mannschaft drang bis nach Mähren und Oberösterreich vor und an war der Belagerung Wiens beteiligt. 1682 hatte er die Witwe von Franz I. Rákóczi und Mutter von Franz II. Rákóczi geheiratet. Zu diesem Zeitpunkt war Thököly einer der reichsten Grundbesitzer der Slowakei. 1683 erlitten die Türken vor Wien eine heftige Niederlage und zogen sich bald zurück. Dennoch rief Franz II. Rákóczi 1703 die Unabhängigkeit Ungarns aus und erhielt großen Zulauf. Seine Anhänger kämpften aber zu unkoordiniert und spontan. Rákóczi war inkonsequent bei der Abschaffung der Leibeigenschaft und hatte wohl eine größere Unterstützung durch Frankreich erwartet. Der Frieden von Szátmar 1711 gilt als Ende der Kuruzenbewegung.

Die Sarkophage von Franz II. Rákóczi und seiner Mutter Helene (Ilona) Zríni stehen seit 1906 im Dom von Košice. 1909 wurde für Emmerich Thököly ein Mausoleum an der Evangelischen Kirche von Kežmarok eingerichtet. Kaiser Franz Joseph I. hatte die Überführungen bewilligt. Für die Ungarn sind Thököly und Rákóczi Nationalhelden.

Auch der ›slowakische Robin Hood‹ Juraj Jánošík (1688 – 1713) begann seine kurze Karriere als Kämpfer in Rákóczis Aufständen. Später organisierte er Raubzüge gegen reiche Adlige und Händler. Die Beute verteilten die edlen Räuber angeblich komplett unter der notleidenden Landbevölkerung. Schließlich wurde Jánošík ergriffen und hingerichtet. Immerhin besaß er in Balthasar Palugyay einen qualifizierten Verteidiger, der vor Gericht glaubhaft darlegten konnte, daß »von Jánošík und seinen Gefährten nie ein Mord begangen wurde, nur die liebevolle Anteilnahme an Not und Elend habe sie auf den Weg des Bösen geführt.«

Die Geschichte der Kuruzen und insbesondere des Räuberhauptmanns Jánošík ist Gegenstand von Filmen und Filmserien.

Nationale Wiedergeburt im 19. Jahrhundert

Für das erstarkende Nationalbewußtsein der Slowaken spielte die Wechselwirkung zwischen Politik, Sprache und Literatur eine besondere Rolle. Die Exponenten der Gleichstellungs- oder gar Autonomiebestrebungen waren größtenteils Leute, die auch an einer standardisierten slowakischen Schriftsprache arbeiteten und belletristisch tätig waren. Die Träger dieser Bewegung entstammten überwiegend der evangelischen Intelligenz, einige davon studierten in Deutschland und hatten Kontakte zu Schriftstellern wie Friedrich Schiller. Obwohl sich manches mit der Klassik in Deutschland überschneidet, muß die Nationale Wiedergeburt von ihrem Charakter her der Romantik zugeordnet werden. Näheres folgt im Literaturkapitel.

Zu dieser Zeit wurden viele symbolische Aktionen durchgeführt, praktisch verbesserten sich die Bedingungen für die Entfaltung der slowakischen Identität jedoch nur kurzzeitig. 1848 kam es zu erfolglosen bewaffneten Aufständen, in dessen Folge sich der erste Slowakische Nationalrat (Ľudovít Štúr, Jozef Miloslav Hurban und Michal Hodža) bildete. 1863 entstand die Kulturinstitution Matica slovenská, die bis heute als Träger slowakischen Nationalbewußtseins funktioniert.

Mit dem sogenannten österreichisch-ungarischen Ausgleich 1867 unter Franz Josef I. verschlechterte sich die Lage der Slowaken in der Doppelmonarchie wieder. Deutliches Zeichen der nationalen Unterdrückung war die drastische Ausrichtung des Bildungssystems auf die ungarische Sprache. Um 1900 wurde diese

Graf Matúš Móric Beňovský

Wohl kein Uneingeweihter würde hinter dem Namen Matúš Móric Beňovský (auch Maurice Auguste de Benyowsky oder ähnlich) einen König von Madagaskar vermuten, trotz des bereits 1791 auch in deutscher Sprache erschienenen Buches ›Begebenheiten und Reisen‹, das gelegentlich als erster Bestseller eines Slowaken bezeichnet wird, ist der energiegeladene Globetrotter inzwischen kaum noch bekannt.

Er wurde am 20. September 1741 oder 1746 (die Jahreszahl ist umstritten, häufiger wird 1746 genannt) in Vrbové geboren, der Vater seiner Mutter war Zipser Bischof. Obwohl er nach seiner Pubertät nicht wieder in die Slowakei zurückkam, betonte er immer sein Slowakentum.

Im Freiheitskampf für Polen gelangte er 1770 in russische Verbannung über Kasan nach Kamtschatka, konnte aber fliehen. 1771 kommandierte er ein russisches Schiff, mit dem er noch vor James Cook und Jean Francios la Pérouse im nordwestlichen Pazifik unterwegs war. In Frankreich erhielt er die Zustimmung von Louis XV., eine Kolonie in Madagaskar einzurichten und zu befehligen. 1774 erreichte er Madagaskar und verhielt sich kooperativ gegenüber den Stammesfürsten in seinem Einflußgebiet, die ihn 1776 zu ihrem ›Oberkönig‹ (Ampanscabe) wählten. 1779 tauchte er in den Amerikanischen Bürgerkriegen auf, als enger Freund von Benjamin Franklin und Casimir Pulaski. Nach Streitereien mit Frankreich suchte er verstärkt ab 1784 sozusagen eine neue Kolonialmacht für Madagaskar, wo er am 23. Mai 1786 bei Kämpfen gegen die Franzosen starb.

Beňovskýs Frau Zuzana kehrte noch 1786 mit den Töchtern Roza und Zsofia von Baltimore in das Örtchen Beckovská Vieska zurück. Beňovskýs Leben wurde in zwei Opern sowie in mehreren Dramen und Filmen verarbeitet. Zum runden Geburtstag 1996 gab es eine Silbermünze für 200 Slowakische Kronen. Auch auf Madagaskar wird er im Gegensatz zu vielen anderen ›Entdeckern‹ noch verehrt.

von den Intellektuellen unter den Slowaken mehrheitlich als Alltagssprache benutzt. Hauptsächlich von 1870 bis 1915 sind viele Slowaken und Ruthenen nach Amerika und Westeuropa ausgewandert. Selbst vorsichtige Schätzungen gehen von weit über einer Million aus. Ausschlaggebend waren wirtschaftliche und politische Entwicklungen. Zu den Nachfahren der Exilslowaken gehören beispielsweise der Medienbaron Robert Maxwell sowie die Schauspieler Peter Lorre und Paul Newman. Die von Kanada aus betreuten Internetseiten über die Slowakei belegen das Interesse an der ursprünglichen Heimat.

Die Tschechoslowakei ab 1918

Im Zuge der Neuordnung Mitteleuropas als Ergebnis des Ersten Weltkrieges löste sich das Habsburger Reich in mehrere Nationalstaaten auf. Praktisch hatten Exiltschechen unter Führung von Tomáš Garrigue Masaryk (1850–1937) und Edvard Beneš (1884–1948) schon während des Ersten Weltkrieges den Alliierten fertige Pläne für eine Tschechoslowakei vorgelegt. Den Slowaken versprachen sie Gleichheit und Selbstregierung. Viele amerikanische Exilslowaken sahen im Zusammenschluß mit dem industriell weiterentwickelten Tschechien einen Schutz gegen die Armut ihres Landes. So unterzeichneten der Tschechische Nationalverband der USA und die Slowakische Liga Amerikas 1915 in Cleveland und 1918 in Pittsburgh Abkommen über den zu bildenden Staat. Stark unterstützt wurde das Vorhaben vom amerikanischen Präsidenten Woodrow Wilson. Am 28. Oktober 1918 wurde in Prag die Tschechoslowakische Republik ausgerufen. Der Tschechoslowakische Nationalausschuß setzte die bisherigen Behörden ab. Viele deutsch und ungarisch dominierte Städte der Slowakei votierten erfolglos für einen Verbleib bei Ungarn. Am 16. Juni 1919 wurde in Prešov eine von Ungarn unterstützte Slowakische Räterepublik ausgerufen. Sie existierte jedoch nur wenige Wochen lang. Auch die Idee eines eigenen Staates Zips wurde schnell zerstört. Gegenüber Polen zogen sich mehr oder weniger militärische Auseinandersetzungen um den Grenzverlauf bis 1925 hin.

Das Territorium des neuen Landes reichte bis zum Kamm der Waldkarpaten in der heutigen Ukraine (Zákarpatská Rus, Karpatenukraine). In allen Landesteilen wurden führende Positionen hauptsächlich von Tschechen besetzt. In politischen Entscheidungsgremien waren ebenfalls Tschechen überproportional vertreten. Allerdings hatten sie tatsächlich größere Erfahrungen in der Selbstverwaltung als die unter den Ungarn stärker niedergehaltenen Slowaken. Andererseits wurden einige Betriebe und Banken in der Slowakei mehr oder weniger absichtlich in den Ruin getrieben. Die Anzahl der Industriearbeiter von 1913 wurde erst 1937 wieder erreicht. Durch die Staatsideologie des Tschechoslowakismus fühlten sich

Die Tschechoslowakei zwischen 1918 und 1938

viele Slowaken trotz einer autonomen Regierung benachteiligt. Zu ihrem Sprachrohr wurde die von den beiden katholischen Priestern Andrej Hlinka (1864–1938) und Jozef Tiso (1887–1947) geführte HSĽS (Hlinkova Slovenská ľudová strana, Hlinkas Slowakische Volkspartei).

Zu den schillernsten Persönlichkeiten aus der Anfangszeit der Tschechoslowakei gehört Milan Rastislav Štefánik (1880–1919). Die Slowaken bezeichnen ihn als ihren größten Helden. Dementsprechend prangt sein Konterfei auf der größten Banknote von 5000 Sk. In vielen Städten stehen seine auffälligen Denkmale mit dem jungenhaften Gesicht und der französischen Generalsmütze. 1904 schloß er sein Philosophiestudium an der Prager Karlsuniversität mit einer Promotion ab und ging nach Paris. Als Astronom und Meteorologe war er 1913 an einem Observatoriumsbau auf Tahiti beteiligt. Nach Ausbruch des Ersten Weltkrieges meldete er sich sofort bei der Luftwaffe. Er organisierte bewaffnete Einheiten von Tschechen und Slowaken gegen die sogenannten Achsenmächte. In den Plänen für eine Tschechoslowakei sah er mehr Unabhängigkeit für sein Volk als unter den Ungarn und warb weltweit dafür. 1918 wurde Štefánik erster Kriegsminister der Tschechoslowakei. Er starb bei einem bis heute noch nicht restlos geklärten Abschuß seines Flugzeuges kurz vor Bratislava. Sowohl seine Skepsis gegenüber dem Sowjetkommunismus als auch seine Verbundenheit mit den Tschechen hatten ihm viele Feinde eingebracht.

Das Münchener Abkommen vom 29./30. September 1938 regelte unter dem Druck Nazideutschlands die Aufteilung der Tschechoslowakei ohne deren Beteiligung. Bereits am 2. November 1938 verlor die Slowakei einen breiten Gebietsstreifen bis über Košice hinaus an Ungarn. Kleinere Grenzverschiebungen zu Polen

Die Slowakei zwischen 1939 und 1945

im Bereich von Orava und Dunajec wurden realisiert. Die Sudetengebiete wurden annektiert und die restliche Tschechei wurde am 15. März 1939 zum ›Protektorat Böhmen und Mähren‹. Am 14. März 1939 wurde der ›Schutzstaat Slowakei‹ gegründet. Am gleichen Tag erklärte die Karpatenukraine ihre Selbstständigkeit.

Während des Zweiten Weltkrieges gab es eine Exilregierung der Tschechoslowakischen Republik. Aufgrund des Versagens der Westmächte beim Münchener Abkommen orientierte diese sich nunmehr stärker an der UdSSR (Sowjetunion) und beurkundete am 8. Mai 1944 eine gewünschte Besetzung durch die UdSSR.

Zur Schwächung der faschistischen Wehrmacht trug der Slowakische Nationalaufstand (Slovenské národné povstanie, SNP) vom 29. August 1944 bis zum 27. Oktober 1944 bei. Bereits ab 1942 waren einzelne Partisanengruppen in den Bergen entstanden. Zu realsozialistischen Zeiten wurde der zweifellos auf breiter Sympathie beruhende Nationalaufstand stark glorifiziert und bis heute sind die Buchstaben ›SNP‹ im öffentlichen Raum der Slowakei an vielen Stellen gegenwärtig. Als organisatorische Meisterleistung gilt die Geheimhaltung bis zum Ausbruch der Erhebung. Aber der UdSSR-Diktator Josef Stalin hatte kein Interesse an einer Selbstbefreiung der Slowaken. Sein Einfluß sorgte für diverse Fehler. In jüngster Zeit wird verstärkt auf einige nicht mit edlem Partisanentum und völkerverbindendem Weitblick zu vereinbarende Details des Aufstandes hingewiesen.

Gegen Kriegende kämpften mehr Slowaken auf der Seite der Alliierten als in der mit den Nazis verbündeten Slowakischen Armee. Am 6. Oktober 1944 rückt die Rote Armee über den Duklapaß vor. Nach Kriegsende wurde die Tschechoslowakische Republik mit modifizierten Grenzen wiederhergestellt.

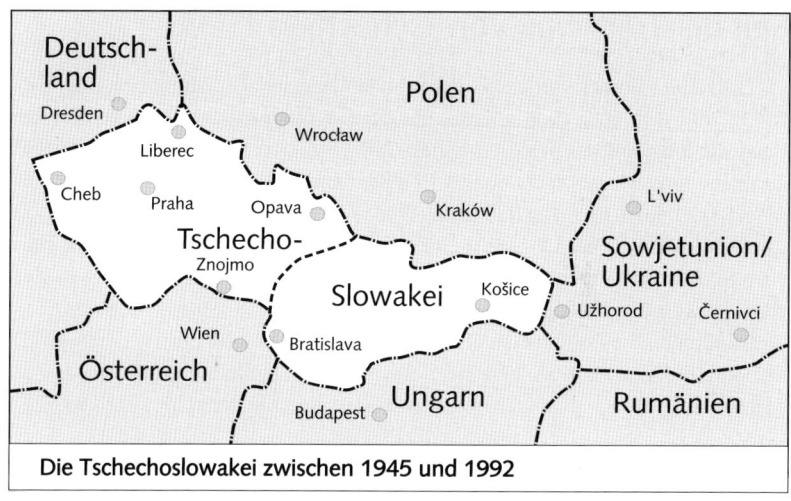

Die Tschechoslowakei zwischen 1945 und 1992

Tiso als Präsident des von den Nazis abhängigen autoritär-konservativen ›Schutzstaates‹ hatte den begrenzten Entscheidungsspielraum für wirtschaftliche und kulturelle Reformen genutzt. Seine Hinrichtung bei der Reinstallierung der Tschechslowakei verstärkte nochmals Aversionen der Slowaken gegen den gemeinsamen Staat. Einige führende Slowakei-Spezialisten der Nazis dagegen machten in der alten BRD weiter Karriere. SA-Sturmbannführer Hans Gmelin beispielsweise wurde Oberbürgermeister von Tübingen und Vizevorsitzender des Deutschen Turn- und Sportbundes.

1948 übernahmen die Kommunisten unter Klement Gottwald die Macht. 1960 erfolgte die Umbenennung in Tschechoslowakische Sozialistische Republik (ČSSR) mit neuer Verfassung. Bildungsniveau und Industriealisierungsgrad stiegen an. Der Reformer Alexander Dubček (1921–1992) dürfte wohl der international bekannteste Slowake sein. Als Spitzenfunktionär der Kommunistischen Partei entwarf er einen von breiten Bevölkerungsschichten getragenen ›Sozialismus mit menschlichem Antlitz‹ (als Prager Frühling bekannt). Dieser wurde 1968 von der UdSSR mit Militärgewalt zerschlagen. Bis 1991 betrieb die UdSSR Armeestützpunkte mit bis zu 65 000 Soldaten im Land. Die Herrschaft der Kommunisten endete nach massiven friedlichen Volksprotesten Ende 1989. Staatspräsident der Tschechoslowakei wurde der Dissident Václav Havel. Im Ausland war er als kritischer Dramatiker bekannt. Dubček erhielt wieder führende Ämter. Er hatte nach seinem Sturz in der Forstverwaltung gearbeitet. Seit dem Ende der kommunistischen Diktatur sind wieder unabhängige Vereine erlaubt.

Seit der Trennung von Tschechien 1993

Trotz einer immer vorhanden gebliebenen emotionalen Abgrenzung der Slowaken von den Tschechen überraschte die Geschwindigkeit des Prozesses der Landesteilung seit der Wahl vom Juni 1992. Forciert wurde sie offensichtlich durch die Profilierungssucht einiger Politiker. Ein verfassungsgemäßer Volksentscheid fand nicht statt. Am 1. Januar 1993 wurde die Slowakische Republik ein souveräner Staat. Diese Unabhängigkeit erkauften sich die Slowaken mit einer wirtschaftlichen Schlechterstellung gegenüber den Tschechen. Deutliches Zeichen dafür ist die geringere Bewertung der Währung.

Dominierender Politiker der ersten Jahre war Vladimír Mečiar (geboren 1942). Der populistische Jurist spaltete 1991 einen nationalistischen Flügel von der Bürgerbewegung der sogenannten Wendezeit ab und wurde deren Vorsitzender.

Letzte Wahlergebnisse

Am 16. und 17. Mai 2003 fand in der Slowakei eine Volksabstimmung zum EU-Beitritt statt. Bei einer Wahlbeteiligung von 52 Prozent votierten über 92 Prozent für den Beitritt. Einen starken Kontrast dazu bildet das Ergebnis der letzten Präsidentschaftswahlen am 3. und 17. April 2004. Zwei als Nationalisten geltende Kandidaten schafften es mit 32,7 Prozent beziehungsweise 22,3 Prozent in die Stichwahl. Mit 22,1 Prozent unterlag der als Favorit ins Rennen gegangene Außenminister Eduard Kukan sehr knapp. Der bisherige Staatspräsident Rudolf Schuster (geboren 1934) kam mit nur 7,4 Prozent auf den vierten Platz. Schuster war 1999 als erster Präsident direkt gewählt worden und ist der wohl berühmteste Karpatendeutsche. Der neue Staatspräsident heißt Ivan Gašparovič (geboren 1941). Der Jurist war 1992 maßgeblich an der Ausarbeitung der Verfassung beteiligt gewesen. Mit seiner kurz vor der Parlamentswahl 2002 gegründeten Partei scheiterte er jedoch deutlich an der Fünf-Prozent-Hürde.

Der Präsident wird direkt vom Volk normalerweise alle fünf, das Parlament alle vier Jahre gewählt. Das Nationalrat genannte Parlament hat 150 Sitze. Die Regierung wird seit den Wahlen am 20. und 21. September 2002 von vier Parteien gestellt. Der Premierminister Mikuláš Dzurinda (geboren 1955) kommt aus der stärksten Regierungspartei SKDU (Demokratisch-christliche Union, 28 Sitze). Weiterhin gehören dazu die SMK (Ungarische Koalition, 20 Sitze), die KDK (Christliche Bewegung, 15 Sitze) und die ANO (Neue Bürgerallianz, 15 Sitze). Stärkste Partei überhaupt blieb jedoch Vladimír Mečiars konservativ-autoritäre HZDS (Demokratiebewegung Slowakei, 43 Sitze).

Tourismus, Wirtschaft und Ökologie

Es gibt 14 Universitäten und Hochschulen. Investitionen in den Bereichen Bildung und Gesundheitswesen wurden jedoch in den letzten Jahren vernachlässigt. Eine bedenkliche Entwicklung war zeitweise der Regierungsdruck auf die Medienlandschaft.

Deutschland ist wichtigster Handeslpartner und wichtigster Investor in der Slowakei. Unter allen Ex- und Importen beträgt das Handelsvolumen mit Deutschland etwa ein Viertel des gesamten Außenhandels. Aufgrund der geringeren Industrialisierung ist die Slowakei stärker auf Deviseneinnahmen aus dem Tourismus angewiesen als Tschechien. Den höchsten Anteil ausländischer Touristen stellen die Nachbarländer und Deutschland. Der Anteil der Amerikaner wächst stetig. Dagegen fällt seit der Visumspflicht für GUS-Bürger deren Anteil.

Das Straßennetz wird mit etwa 18 000 Kilometer angegeben. Davon sind 200 Kilometer Autobahn und 6900 Kilometer gut ausgebaute Landstraße. Geplant ist der Weiterbau der Autobahn durch das Waag-Tal bis zur ukrainischen Grenze.

Einige Industriestandorte sieht man als Tourist zwangsläufig von den Verkehrswegen aus. So fahren viele Tatra-Touristen an der erst im vorigen Jahrhundert gegründeten Chemiestadt Svit vorbei. Eine große Rolle spielt immer noch die Verhüttung von Eisen und Nichteisenmetallen. Große lokale Umweltschäden gab

Die Aluminiumhütte in Žiar nad Hronom

es im Umkreis der Aluminumhütte in Žiar nad Hronom und der Magnesitverarbeitung Hnúšťa. Durch Rohrleitungen im Süden des Landes werden Erdöl und Erdgas aus den GUS-Ländern importiert.

Innerhalb weniger Jahre gelang es den Slowaken, drei große Autofirmen ins Land zu holen. Volkswagen Slowakia produziert seit über zehn Jahren in Bratislava mehrere Modelle. 2003 wählte PSA Peugeot Citroen die Stadt Trnava als künftigen zusätzlichen Produktionsstandort aus. 2004 gab Hyundai seine Entscheidung für Žilina bekannt.

Ökologisch umstritten bleibt die Energieversorgung der Slowakei. Atomkraftwerke stehen in Jaslovské Bohunice und Mochovce. Sie tragen mehr als die Hälfte zur Stromerzeugung bei. Trotzdem verpflichtete sich das Land zur Abschaltung der ältesten Reaktorblöcke bis 2008. Aus dem gemeinsam mit Ungarn geplanten Projekt des Wasserkraftwerkes Gabčíkovo ist das Nachbarland wieder ausgestiegen. Daraufhin leiteten die Slowaken einen großen Teil des Donauwassers auf ihr

Am Bahnhof von Zvolen, einem wichtigen Eisenbahnknotenpunkt

Staatsgebiet um. 1992 begann die Stromgewinnung in Gabčíkovo. Ungarn rief wegen ökologischer Schäden 1997 den Internationalen Gerichtshof in Den Haag an. Die Richter wiesen jedoch beiden Seiten Vertragsbruch nach.

Die Industrie konnte ihre Emissionen im vergangenen Jahrzehnt verringern. Wenig Sensibilität herrscht gegenüber kleineren Quellen von Luftschadstoffen. Wichtiges Heizmaterial ist nach wie vor schwefelhaltige Braunkohle. Dieselfahrzeuge ziehen oft dicke Rußwolken hinter sich her.

Eisenbahn

Die Slowakei besitzt ein dichtes Schienennetz von 3700 Kilometern Länge.
1000 Kilometer sind zweispurig und 1400 Kilometer elektrifiziert. 814 Kilometer
weisen Steigungen über 1 Prozent auf. Die 76 Tunnel sind insgesamt über 43 Kilometer lang. Wegen der Gebirge gibt es in der Mittelslowakei kaum Nord-Süd-
Verbindungen. Die derzeitige Politik widmet dem einst vorbildlichen Schienen-
verkehr leider wenig Aufmerksamkeit, Geschwindigkeit und Zugfrequenz auf
den Nebenstrecken nehmen eher ab.

Bereits 1840 ging die 15 Kilometer lange Pferdeeisenbahn von Bratislava
nach Svätý Jur in Betrieb. 1848 folgte auf dem 13 Kilometer zwischen Devínska Nová Ves und Bratislava die erste Dampfeisenbahn. 1850 war die Strecke
von Wien nach Budapest (über Bratislava und Štúrovo) fertig. Sozusagen das
Rückgrat des Eisenbahnnetzes stellen die 368 Kilometer zwischen Bohumin
und Čierna nad Tisou (über Žilina, Poprad, Košice) dar. Zwischen 1870 und
1873 wurde die Strecke abschnittsweise einschließlich mehrerer längerer
Zweigstrecken (unter anderem nach Lučenec über Zvolen, nach Humenné, nach
Plaveč) in Betrieb genommen. Heute verfügt die Slowakische Eisenbahngesell-
schaft ŽSR (Železnice Slovenskej Republiky) über etwa 1800 Lokomotiven
und 35 000 Waggons. Die Strecke zwischen Bratislava und Púchov soll bis zum
Jahr 2005 für Geschwindigkeiten bis 160 km/h ausgebaut werden.

Die bedeutendsten internationalen Verknüpfungen im Schienenpersonenverkehr
der Slowakei sind die folgenden Streckenführungen:

▶ Prag – Poprad (8 h 25 min) – Košice (9 h 40 min), etwa 7 x täglich je
  Richtung, davon einige genau in der Nacht.
▶ Prag – Bratislava (5 h 10 min) – Budapest (8 h), 10 x täglich.
▶ Wien Südbahnhof–Bratislava (etwa 1 h), je nach Wochentag bis 18 x täglich.
▶ Krakau – Košice (6 h 25 min), 4 x täglich.
▶ Košice – Miskolc (1 h 40 min) – Budapest (4 h 10 min), 4 x täglich.
▶ Zvolen – Budapest (4 h 50 min), 3 x täglich.

Zwei Zugpaare pro Woche verfügen zwischen Prag und Poprad über Automit-
nahme-Waggons. Weiterhin existieren Direktverbindungen mit dem sogenannten
Bäderdreieck in der nordwestlichen Ecke von Tschechien sowie mit Warschau. Im
Sommer fährt ein Zug bis Thessaloniki (38 Stunden Fahrzeit).

Die Hohe Tatra ist gut durch Schienenverkehrsmittel erschlossen. Die Schmal-
spurstrecken der sogenannten Tatrabahn wurden 1908 und 1912 gleich als elek-
trifizierte Trassen eröffnet. Zum System der Tatrabahn gehören folgende Linien,
die mindestens stündlich verkehren:

- Poprad – Starý Smokovec – Štrbské Pleso (Schmalspurbahn, etwa 75 min, 29 km, 15 Haltestellen),
- Starý Smokovec – Tatranská Lomnicá (Schmalspurbahn, 14 min, 6 km, 5 Haltestellen),
- Štrba – Štrbské Pleso (Zahnradbahn, 17 min, 5 km, 3 Haltestellen, 430 m Höhenunterschied),
- Starý Smokovec – Hrebienok (Zahnradbahn, 7 min, 2 km, 2 Haltestellen, 255 m Höhenunterschied).

Seit 2001 werden die bisherigen Waggons der Tatrabahn gegen neu entwickelte ausgetauscht. Die internationale Ausschreibung dazu hatte zur Zusammenarbeit von ŽOS Vrútky mit Schweizer Firmen geführt.

Landschaftlich äußerst attraktive Bahnstrecken gibt es rund um Kremnica. Der längste Tunnel befindet sich bei Harmanec und der höchstgelege Normalspurbahnhof unweit der Hronquelle. Von Čierna nad Tisou führen 102 Kilometer Breitspur in slowakisches Gebiet bis zu den Eisenhüttenwerken bei Košice. Die 33 Kilometer von Brezno nach Tisovec gehören zu den längsten Zahnradbahnen Europas. Die bekannteste Waldeisenbahn ist die am Čierny Hron.

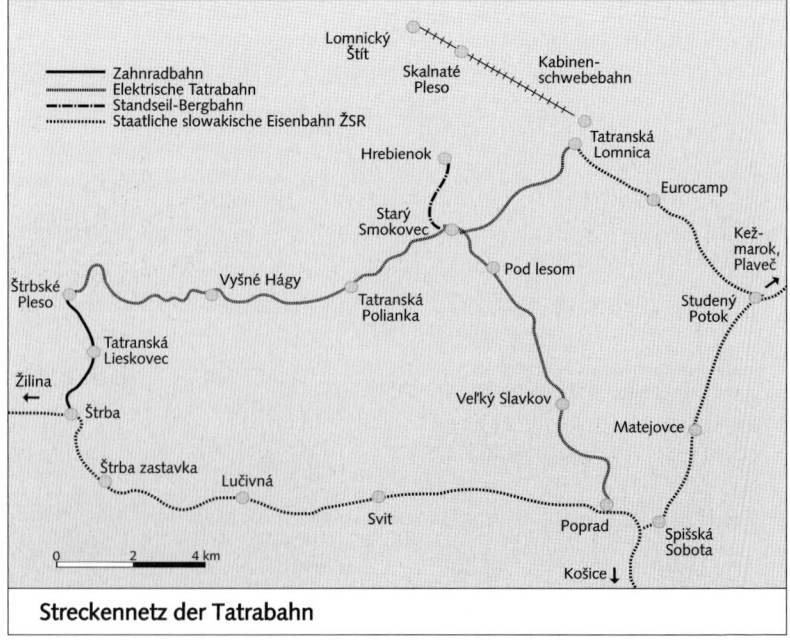

Streckennetz der Tatrabahn

Architektur und Kultur

Städtische Architektur

Die Slowakei gehört nicht zu den typischen Urlaubszielen für Freunde historischer Stadtarchitektur, denn die entsprechenden Innenstadtbereiche sind recht klein. Fast vollständig erhaltene Stadtmauern befinden sich in Bardejov, Trnava und Levoča. Dort ist die Größe der urspünglichen Stadt also einfach nachzuvollziehen, im Wanderschritt benötigt man von Stadtmauer über den Marktplatz zu Stadtmauer nur wenige Minuten. Der längste geradlinge Straßenzug innerhalb der Stadtmauern beträgt bei Bardejov nur 500 Meter, bei den beiden anderen immerhin das Doppelte. Schlendert man über den Marktplatz und läßt man sich hier und da in interessante Seitenstraßen locken, verpaßt man selten die bekannten Attraktionen der jeweiligen Stadt. Selbst bei manchen größercn Städten konzentrieren sich die Sehenswürdigkeiten so stark im Bereich des Altmarktes, daß man eigentlich keinen Stadtplan braucht.

Ab dem 15. Jahrhundert formierten sich geschlossen bebaute Straßenfronten. Typisch für alte Stadthäuser der Slowakei sind erhalten gebliebene Tordurchfahrten zum Innenhof.

Typische Straßenfront in Bardejov

Häufig wird in Tourismus-Prospekten der Begriff Altstadt-Denkmalreservat verwendet, eine inzwischen eingebürgerte, aber doppelt gemoppelte Wortkonstruktion. Diese unterschiedlich großen Reservate befinden sich in: Bratialava, Svätý Jur, Trnava, Nitra, Kremnica, Banská Štiavnica, Banská Bystrica, Trenčín, Žilina, Spišska Sobota, Kežmarok , Podolínec, Levoča, Spišske Podhradie, Bardejov, Košice und Prešov. Weitere historische Stadtkerne weisen unter anderem Komarno, Pezinok, Modra, Zvolen, Bojnice, Spišská Nová Ves und Rožňava auf.

Alle Epochen des letzten Jahrtausends haben Bauwerke hinterlassen. Besonders exponierte Beispiele der jeweiligen Baustile sind die Kirchen. Die ältesten erhaltenen Kirchen wurden kurz nach der vorletzten Jahrtausendwende erbaut (Kostoľany bei Tríbeč, Dechtice, Bíňa). Viele entstanden im gotischen Stil. Schöner Klang und ein ansprechendes Äußeres zeichnen die in Spišská Nová Ves zwischen dem 14. und dem 16. Jahrhundert gegossenen Kirchenglocken aus. Die bekanntesten befinden sich in Visegrád (Ungarn), Spišská Kapitula, Hrabušice und Dravce. In den letzten Jahren wurden einige Glockenspiele in Betrieb genommen, die beispielsweise in den Stadtzentren von Banská Bystrica und Poprad die volle Stunde durch eine Melodie anzeigen.

Führend bei der Ausstattung gotischer Kirchen war Meister Paul aus Leutschau (Pavol z Levoče). Er kann wohl ohne Übertreibung als einer der besten Holzbildhauer überhaupt bezeichnet werden. Das Stadtarchiv von Levoča erhält nur spärliche Informationen über ihn. 1500 taucht er in der Stadt auf und 1537 wird er letztmals als Einwohner erwähnt. Kurze Zeit war er Mitglied des Stadtrates. Große Altäre von Meister Paul befinden sich außer in Levoča auch in Banská Bystrica und Spišska Sobota.

Der Barock als Baustil der Gegenreformation setzte sich erst spät durch. Zu den prägenden Persönlichkeiten des Spätbarocks in der Slowakei zählt der Maler Johann Lukas Kracker (1717–1779).

Mit Beginn der Industrialisierung entstanden einige völlig neue Gebäudetypen: Mietshäuser, Bahnhöfe, Theater und Redouten. Aus den letzten Jahrzehnten gibt es einige unterschiedlich gelungene Beispiele futuristischer Architektur. Zu den fragwürdigsten gehört das Hotel Panorama in Štrbske Pleso. Gelegentlich wurden auch in der Slowakei historische Denkmale dem Ausbau einer autogerechten Infrastruktur geopfert. Bekanntestes Beispiel ist die Anbindung der Neuen Brücke in Bratislava.

In der Michailská ulice in Bratislava
Blick von der Burg auf die Altstadt von Bratislava; Jugendstil-Kurhotel in
Piešťany

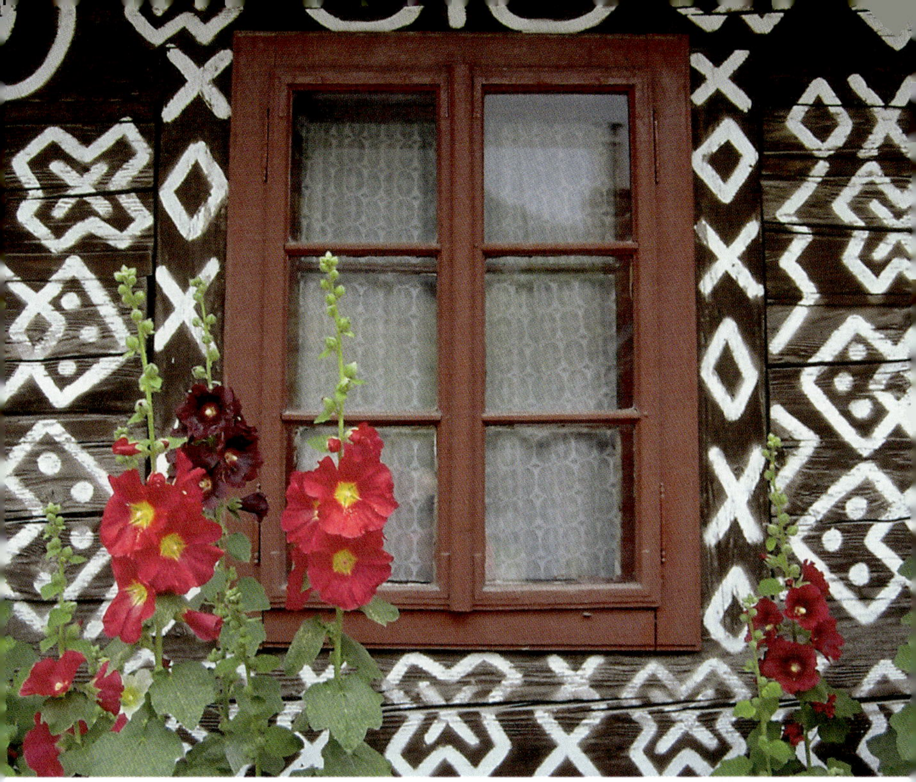

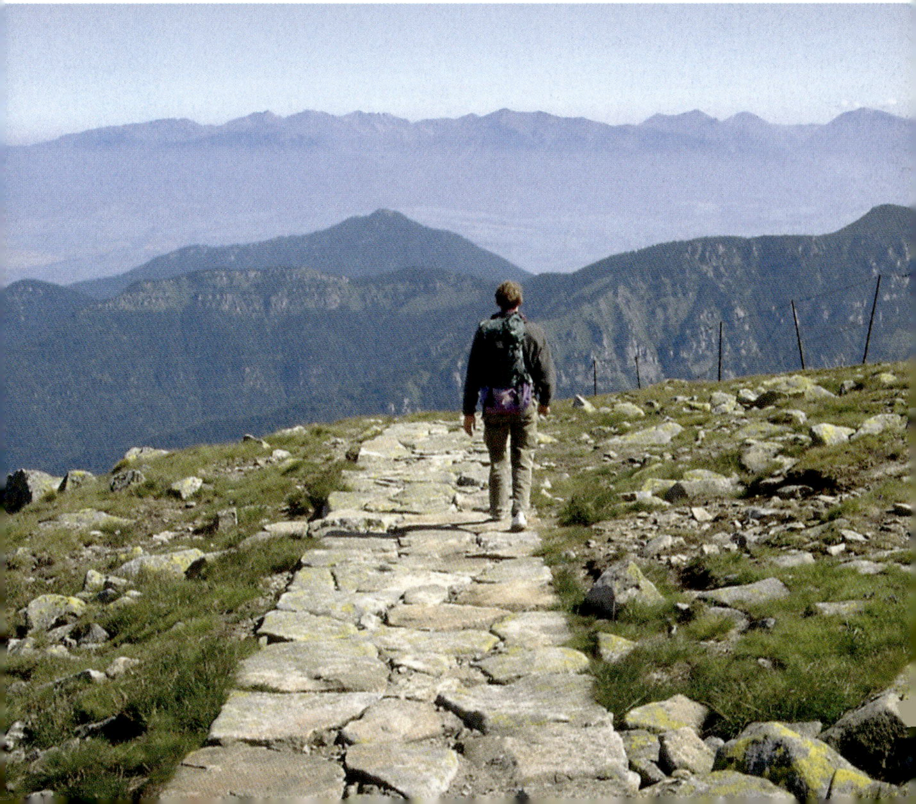

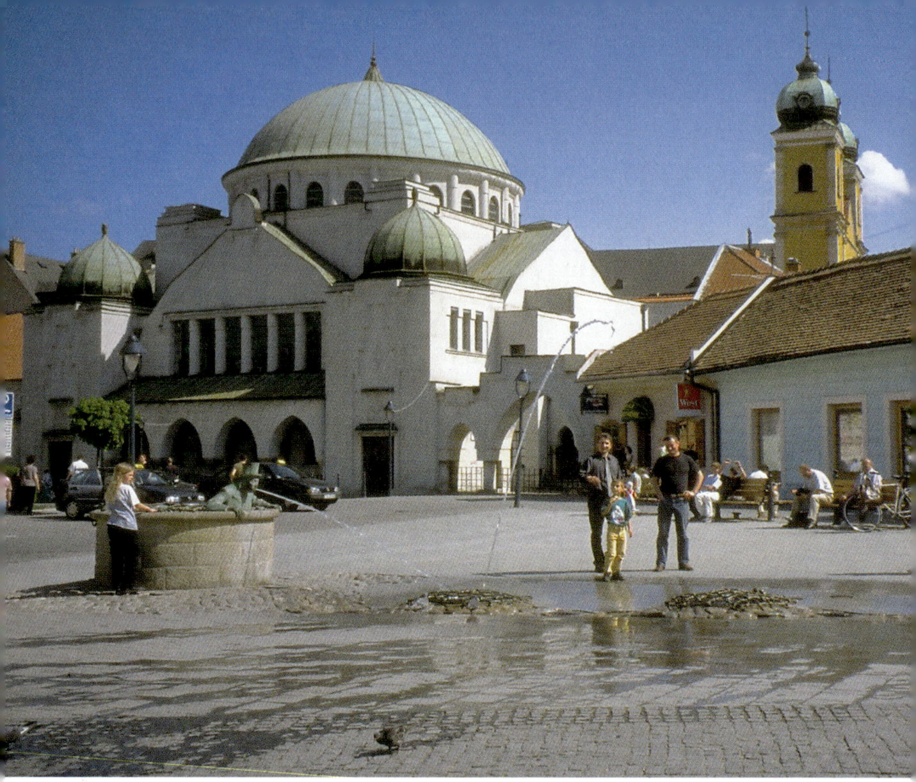
West

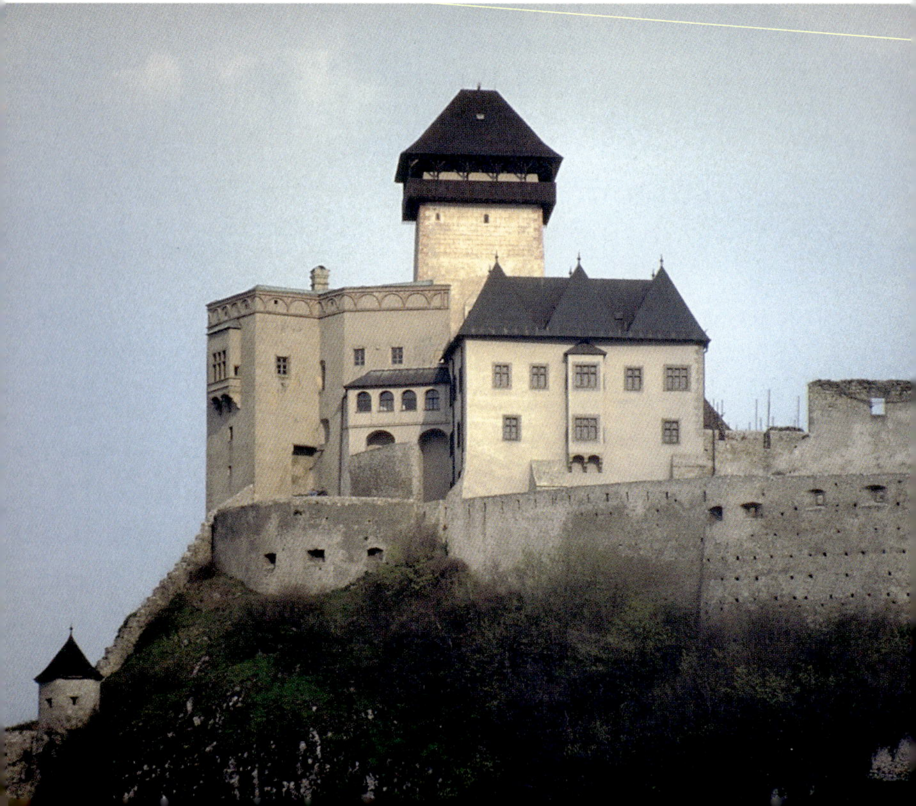

Burgen und Schlösser

Die Anzahl der slowakischen Burgen ist beeindruckend, es sollen fast 200 sein. Besonders gut erhaltene Burganlagen sind in einigen größeren Städten zu finden: Bratislava, Nitra, Trenčín, Kežmarok, Zvolen. Die Entwicklung dieser Städte und Burgen bedingte sich gegenseitig. Vor Errichtung der Burgen stellten diese Orte bereits Handelsplätze dar, welche dann durch die Burgen wiederum besonders geschützt wurden. Heute sind die Städte um die ehemals am Rand gelegenen Burgen herumgewachsen.

Besonders am Ende der Kuruzenzeit kam es zu vielen Zerstörungen von Burganlagen. Andere Burgen wurden aus praktischen Erwägungen von ihren Besitzern vernachlässigt. Als größte Burgruine Mitteleuropas gilt die imposante Anlage der Burg Spiš.

Mitunter braucht man sogar etwas Phantasie zum Auffinden der Relikte. Auf den mit Vršatec betitelten Darstellungen in Bildbänden ist manchmal beim bestem Willen kein Mäuerchen zu sehen. Aber sogar der Besuch einer nur aus wenigen Resten bestehenden Ruine kann sich lohnen. Naturgemäß wurden Burgen ja unter strategischen Gesichtspunkten an unzugänglichen Stellen mit gutem Ausblick errichtet. Oft handelt es sich um Kalksteinfelsen, die meistens eine besonders interessante Pflanzenwelt mit vielen bunten Blumen aufweisen. Gelegentlich findet man im Kalkstein sogar Fossilien. Es gibt im Naturschutzrecht einen speziellen Schutzstatus für Burgberge mit bemerkenswerter Naturausstattung (chránený hradný vrch). Zu diesen zählen sowohl sehr bekannte als auch völlig unbekannte Burgen und Burgruinen. Als Beispiel für malerische Ruinen in fantastischer Landschaft weit abseits üblicher Touristenwege seien hier Čabrad und Divín genannt. Sie liegen an entgegengesetzten Enden des Bergrückens Krupinská Planina. Sogar an sich weniger attraktive Ruinen führen in Verbindung mit Ausblick und Pflanzenwelt oft zu einem lohnenswerten Tages- oder Halbtagesausflug. Ruinengelände haben bis auf Ausnahmen kein eigenes Betreuungspersonal und können zu beliebigen Tageszeiten besucht werden. Sie eignen sich prima für Rollenspiele mit Kindern, wenn man mit den alten Gemäuern vorsichtig und respektvoll umgeht.

Der Übergang zwischen den Begriffen Burg (hrad) und Schloß (zámok) ist fließend. Die beiden sogenannten Schlösser in Banská Štiavnica vermitteln mit ihren dicken Mauern und kleinen Fenstern ebenfalls den Charakter von Befestigungsanlagen. Auch das bekannte Kloster am Dunajec weist solche Baumerkma-

Bemalte Hausfassade in Čičmany im Rajetzer Gebirge; Blick vom Hauptkamm der Niederen Tatra zur Westlichen Tatra
Die Synagoge von Trenčin; Die imposante Burganlage von Trenčin

le auf. Für kleinere Ausführungen von Burg und Schloß wird häufig das Wort Kastell (kaštieľ) verwendet.

Schloßanlagen mit endlosen Parks und weitverstreuten Nebengebäuden sind in der Slowakei unbekannt. Trotzdem sind Schlösser verschiedener Größe vielerorts in Baustilen zwischen Renaissance (Moravany nad Váhom, Bešeňová) über Barock (Antol) und Klassizismus (Dolná Krupá, Topoľčianky) bis zum Historismus (Budmerice, Kunerád) zu finden. Einige davon sind liebevoll rekonstruiert. Teilweise wurden ältere Bauten mehrmals zu einem Konglomerat verschiedener Stile geändert und erweitert. Das ›slowakische Neuschwanstein‹ steht in Bojnice. Schloß Bojnice wird von 400 000 Touristen jährlich besucht.

Vier der schönsten Burgen und Schlösser in der östlichen Slowakei sind eng mit dem Namen der Familie Andrássy verbunden (Betliar, Krásna Hôrka, Humenné, Trebišov). Das alte ungarische Adelsgeschlecht besaß in dieser Region große Landgebiete. Bei keinem dieser vier Familiensitze waren die Andrássys schon in der Bauphase beteiligt. Aber der heutige Charakter wurde wesentlich während ihrer Anwesenheit seit dem 17. Jahrhundert geprägt. Die Inneneinrichtungen einschließlich wertvoller Sammlungen sowie die Außenanlagen gehen auf ihre Umbauten im 19. Jahrhundert zurück. Julius Andrássy war im 19. Jahrhundert ungarischer Primierminister. Ein weiterer Julius Andrássy war letzter Außenminister der Donaumonarchie. Über das Eheleben einzelner Familienmitglieder gibt es abenteuerliche Geschichten.

Die Burgruine Devín bei Bratislava

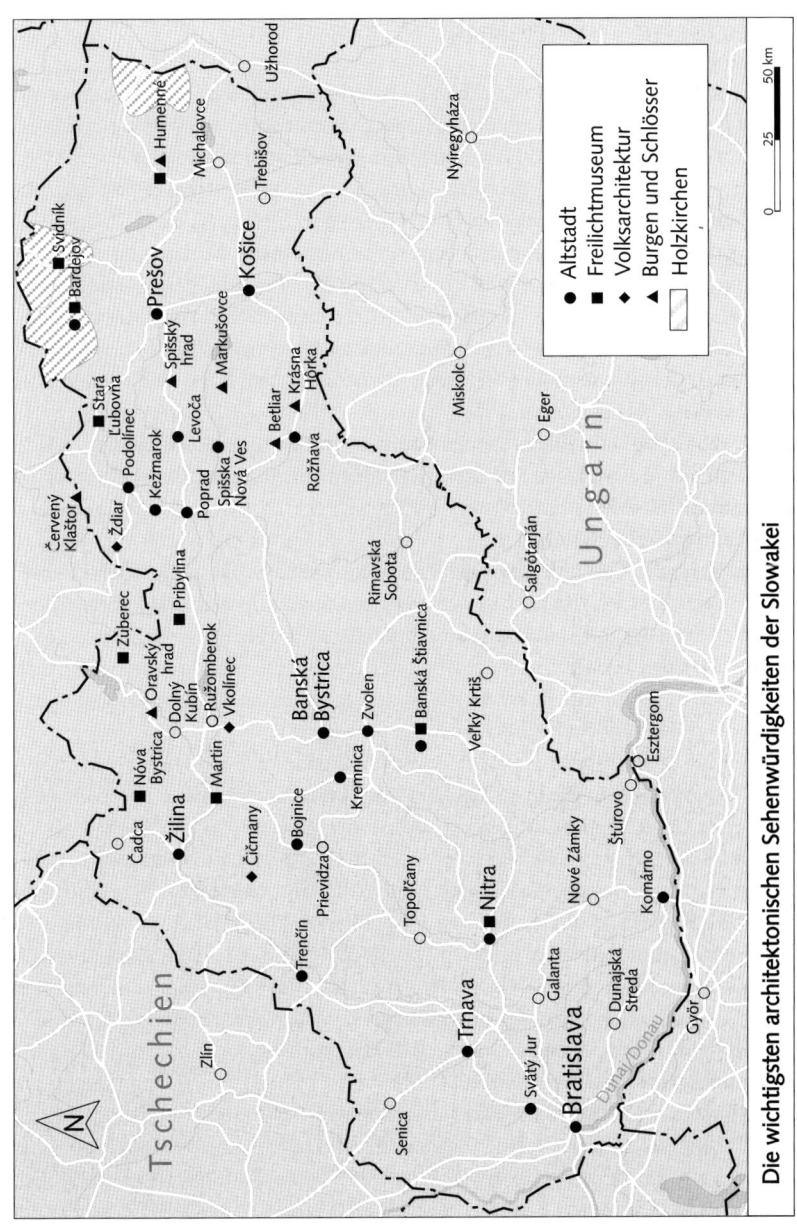

Die wichtigsten architektonischen Sehenwürdigkeiten der Slowakei

Legend:
- ● Altstadt
- ■ Freilichtmuseum
- ◆ Volksarchitektur
- ▲ Burgen und Schlösser
- Holzkirchen

Scale: 0 — 25 — 50 km

Ländliche Architektur

Im Jahre 1891 eröffnete in Stockholm das Stiftelsen Skansen, ein Park mit typischen Beispielen der Volksarchitektur. Solche Freilichtmuseen finden sich inzwischen in vielen Ländern. Zum größten Teil handelt es sich um an anderer Stelle abgebaute und an einem Ort zusammengetragene Holzbauwerke. Bekannte große Skansen Osteuropas befinden sich beispielsweise in Rumšiškes (Litauen) und Riga (Lettland). Außerordentlich bemerkenswert ist die Anzahl größerer Freilichtmuseen in der Slowakei. Für ein Land mit reichlich fünf Millionen Einwohnern ist die Anzahl von acht Skansen wirklich enorm: Bardejovské Kúpele, Martin, Humenné, Svidník, Pribylina, Stará Ľubovňa, Výchyľovka, Zuberec. In die Museumskonzeptionen sind teilweise Haustierhaltung oder Vorführung alter Handwerke einbezogen.

Im Donautiefland gibt es keinen Skansen. In den letzten Jahren sind jedoch verstärkt alte Bauernhäuser und Wassermühlen für museale Zwecke restauriert worden. Sie befinden sich in: Dunajskí Klátov, Jelka, Martovce, Matúškovo, Šaľa, Tomášikovo, Veľký Meder.

Weitere auffällige Attraktionen der Slowakei sind die zahlreichen Holzkirchen, die in einem bogenförmigen Streifen zwischen Stará Ľubovná und Sobrance entlang der Staatsgrenze stehen. Sie sind besonders als griechisch-katholische Gotteshäuser in den von Ruthenen besiedelten Bergdörfern zu finden, im Gebiet rund um Bardejov und Svidník sowie bei Snina stehen etwa 40 dieser Holzkirchen. Früher war die Zahl noch größer, aber einige wurden Opfer von Kriegen oder sind vernachlässigt und abgetragen worden. Als Baumaterial diente meistens Lärchen- oder Tannenholz, nur die über 500 Jahre alte römisch-katholische Kirche in Hervartov besteht komplett aus dem zähen Holz der Eibe.

Eine völlig andere Entstehungsgeschichte als die kleinen griechisch-katholischen Kirchen haben die fünf sogenannten Artikularkirchen, die sich im Tatraumland befinden. 1681 wurde der Bau evangelischer Kirchen wieder zugelassen, aber durch Artikularien (Paragraphen) streng reglementiert. Sie mußten innerhalb eines Jahres gebaut werden und außerhalb der Stadtmauern stehen, das Baumaterial Holz durfte nicht einmal durch Eisennägel ergänzt werden. Türme und Glokken waren verboten, ebenso Eingänge zur Hauptstraße.

Einige attraktive slowakische Dorfkirchen befinden sich nicht mehr am ursprünglichen Ort. Teilweise standen sie im jetzigen Überschwemmungsbereich von Talsperren. Manche wurden aber auch ›einfach so‹ in die Konzeption von Skansen einbezogen und versetzt. Neben dem Hauptgebäude des Ostslowakischen Museums Košice steht die bereits 1927 aus Kožuchovce versetzte Holzkirche. Im Jahre 1929 wurde die Holzkirche aus Medvedovce an den Petřínhügel in Prag überführt.

In jüngerer Zeit versetzte Kirchen stehen näher bei ihren ursprünglichen Standorten. Die Skansen Bardejov und Pribylina besitzen jeweils gleich zwei davon.

Außer den Skansen und interessanten Einzelgebäuden existiert der Schutzstatus Volksarchitekturreservat (rezervácia ľudovej architektúra). Hier handelt es sich zumindest teilweise noch um lebendige Strukturen mit ›echten‹ Bewohnern. Solche Volksarchitekturreservate gibt es in: Vlkolínec, Brhlovce, Čičmany, Osturňa, Plavecký Peter, Podbiel, Sebechleby, Špania Dolina, Veľké Leváre und Ždiar.

Das typische slowakische Dorf schlängelt sich längs einer Straße dahin. Beiderseits weisen die Hausgiebel zur Hauptstraße. Auf einer Seite befindet sich noch der Dorfbach zwischen Straße und Häusern. Eventuelle Abzweigungen enden oft nach wenigen Häusern als Sackgasse. Komplettiert wird das Ortsbild durch einen längs zur Straße stehenden Gemischtwarenladen mit Briefkasten und Bushaltestelle davor, eventuell einer Dorfkneipe daneben, sowie durch ein Kirchlein in der Ortsmitte oder auf einem Hügel. Kabel für Strom und Telefon verlaufen oft noch oberirdisch, besonders entlang der Dorfstraße bilden sie mitunter ein wirres Spinnennetz. In verkehrsarmen Gegenden wagen sich vereinzelt noch Gänsegruppen auf die Straßen. Allerdings ist dieses Grundschema immer seltener in reiner Form anzutreffen.

Im Donautiefland trifft man auf stärker ungarisch geprägte Dorfbilder. Ältere Häuser bestehen oft aus weiß getünchtem Lehm und besitzen mitunter noch Strohdächer. Neuere Einfamilienhäuser haben meistens ein Spitzdach und einen quadratischen Grundriß.

Im Freilichtmuseum Zuberec in der Region Orawa

Technische Sehenswürdigkeiten

Viele funktionsfähige technische Denkmale sind in Freilichtmuseen integriert. Die meisten Skansen verfügen über Schmiedewerkstätten sowie Produktionsanlagen mit Wasserkraftantrieb. Im Slowakischen Landwirtschaftsmuseum Nitra erhält man einen vielseitigen Einblick in das ehemalige Dorfleben. Die Freilichtabteilung des Bergbaumuseums von Banská Štiavnica wurde etwas außerhalb der Stadt in der Nähe alter Schachteingänge errichtet. Auch andernorts stehen Denkmale und Museen in Zusammenhang mit dem Bergbau. Klopftürme beispielsweise riefen die Bergleute zur Arbeit oder warnten vor Gefahren, ihr hölzerner Klopfmechanismus war sozusagen der Vorläufer der Wecker. Westlich von Brezno soll eine neue ›Eisenstraße‹ (Železna cesta) der touristischen Vermarktung von Industriedenkmalen dienen. Die Salinenanlage von Prešov-Solivar lohnt ebenfalls einen Besuch. Im Donautiefland gibt es noch alte Schiffsmühlen zu besichtigen.

Kunsthandwerk

Bis zur Mitte des vorigen Jahrhunderts wurden Trachten noch im Alltagsleben getragen. Man unterscheidet etwa 60 lokale Varianten der Stickerei in der West- und Mittelslowakei, in der Ostslowakei entwickelte sich dafür die Weberei stärker. Die Herstellung von Klöppelspitzen ist seit dem späten 16. Jahrhundert aus Bergarbeiterstädten bekannt. Die Blaufärberei entstand im späten 18. Jahrhundert und wurde schnell beliebt. Inzwischen ist sie aber fast ausgestorben.

Eine spezielles Holzbearbeitungsverfahren ist das Abspalten schmaler Streifen. In Kyjatice wird auf diese Art Spielzeug hergestellt. Im Gebiet Horná Torysa gibt es einige bekannte Holzbildhauer. Bevorzugt werden religiöse Motive und pflanzliche Ornamente. Die Materialauswahl der traditionellen Flechterei ist sehr umfangreich: Weiden- und Haselruten (geschält, ungeschält, gespalten), Stroh (am häufigsten Roggen), Maisblätter, Schilfrohr, Holzstreifen und Wurzeln.

An der Gestaltung traditioneller Keramik kann man meistens den Herstellungsort genau erkennen. In Pozdišovce bei Michalovce wird schwarzbraunes Geschirr mit farbenfroher Bemalung hergestellt. In Šivetice bei Jelšava ist der Grundton Ocker und die Ornamente sind filigraner. In Pukanec bei Levice verwendet eine Werkstatt die Sgraffitotechnik, bei der auf einer hellen Oberfläche die Zeichnung eingeritzt wird, so daß die dunkle Grundfarbe zum Vorschein kommt. Auf die Keramik von Modrá wird bei der Ortsbeschreibung kurz eingegangen.

Besondere Kunstfertigkeit wurde bei der Gestaltung von Ostereiern errreicht. Die wichtigste Technik dabei ist die Batik. Auch werden Eier mit verschiedenen Materialien beklebt.

In der Umgebung von Glashütten findet man volkstümliche Glasmalerei. Zeitweise gab es in der Slowakei über 150 Drahtbinderdörfer. Viehglocken werden von Hirten mitunter noch selbst gegossen. Weitere traditionelle Hirtenerzeugnisse sind der hölzerne Trinkbecher Črpák und hölzerne Schafskäseformen. In ungarisch geprägten Landesteilen werden Gegenstände aus Horn hergestellt.

Literatur

Lebst du denn, Mensch, noch immer in dem Glauben,
du seist zu Recht der Herrscher der Natur?
Beherrsche dich erst selbst! Bezähme nur Gewalt und Macht!
Dann kannst du dir erlauben, der wahren Freiheit Held zu sein.

Hviezdoslav

Eine eigene slowakische Literatur entstand erst im 19. Jahrhundert. Leider gibt es im Handel kaum deutsche Übersetzungen.

Einen Versuch zur Fixierung der slowakischen Sprache unternahm bereits Anton Bernolák (1762–1813). Bald darauf erschienen die Epen des volkstümlichen Pfarrers Ján Hollý (1785–1849). Im Gegensatz dazu hielt der Literaturhistoriker und Slawist Pavol Jozef Šafárik (1795–1861) eher am Gedanken einer Verbrüderungsbewegung der slawischen Völker fest und legte keinen Wert auf eine eigene Sprache. Begründer einer allgemein akzeptierten slowakischen Literatursprache ist Ľudovít Velislav Štúr (1815–1856). 1846 erschien sein bahnbrechendes Werk ›Náuka reči slovenskej‹ (Lehre der slowakischen Sprache). Štur stützte sich auf den mittelslowakischen Dialekt um die Stadt Martin herum.

Als bedeutendster Lyriker des Landes zählt Hviezdoslav (etwa ›Verehrer der Sterne‹, eigentlich Pavol Országh, 1849–1921). Der Jurist kam als Weltliteratur-Übersetzer zum belletristischen Schaffen.

Interessante Reportagen aus den östlichen Landesteilen der ersten Tschechoslowakischen Republik lieferte Ivan Olbracht (eigentlich Kamil Zeman, 1882–1952). Reizvoll ist ein Vergleich mit den eben erschienenen Essays des Ukrainers Juri Andruchowytsch (geboren 1960) über dasselbe Gebiet.

Ein Querschnitt slowakischer Lyrik des 20. Jahrhunderts in deutscher Übersetzung unter dem Titel ›Blauer Berg mit Höhle‹ wurde 1994 als ›Schönstes Buch der Slowakei‹ ausgezeichnet und 1996 in die Leipziger Ausstellung ›Schönste Bücher aus aller Welt‹ aufgenommen.

Musik

Wer spontan Komponisten slawischer Länder nennen sollte, dem würden wohl neben Russen höchstens noch Tschechen und Polen einfallen. Auch in deutschen Multikulti-Radioprogrammen stößt man kaum auf Slowaken, ebenso unbekannt im Ausland sind Chanson- und Jazzszene. Wer jedoch mit etwas Muße in großen slowakischen Plattenläden stöbert, kann einige angenehme Überraschungen erleben. Vom Jazz-Flötisten Jiří Stivín gibt es beispielsweise die CD ›Inspiration with Folklor‹, die mitreißend freche Bearbeitungen slowakischer Volkslieder beinhaltet. Es ist übrigens noch nicht lange her, daß dem Jazz-Bassisten Ján Jankeje die Ehrenbürgerschaft von New Orleans verliehen wurde.

Belege für ein einheimisches Musikrepertoire reichen bis in das 14. Jahrhundert zurück. Profi-Musiker wie Burgtrompeter und Spielmänner werden bereits erwähnt. Im 17. Jahrhundert schwappte die Welle der europäischen Barockmusik auf die Slowakei über. Dabei fanden traditionelle slowakische Tänze und Lieder Eingang in die Kunstmusik. Der Instrumentenbau erlebte seine Blüte. Bratislava wurde unter anderem von Joseph Haydn, Wolfgang Amadeus Mozart, Karl Ditters von Dittersdorf, Ludwig van Beethoven, Heinrich Marschner, Franz Liszt, Felix Mendelssohn-Bartholdy, Johannes Brahms und Joseph Joachim besucht. Johann Nepomuk Hummel (1778–1837) wurde in dieser Stadt geboren. In Bratislava studierten die ungarischen Komponisten Franz Erkel und Bela Bartok.

Im 19. Jahrhundert kam es wie in anderen Ländern zur Entstehung romantisch-patriotischer Nationalmusik. Zu den ersten Repräsentanten dieser Strömung gehören Ján Levoslav Bella (1843–1936) und Mikuláš Moyzes (1872–1944). Opern von Eugen Suchoň (1908–1993, ›Krútňava‹ 1949, auch unter dem Titel ›Katren‹ bekannt, ›Svätopluk‹ 1960) und Ján Cikker (1911–1989, ›Juro Jánošik‹ 1954, ›Das Erdbeben in Chili‹ 1978) fanden auch außerhalb der Slowakei ein begeistertes Publikum.

Das älteste Symphonieorchester ist das 1929 gegründete Slowakische Radiosymphonieorchester. Die erfolgreicheren Dirigenten (Zdeněk Košler, Libor Pešek, Václav Talich, Bohdan Warchal) hatte in den letzten Jahrzehnten jedoch das Slowakische Philharmonische Orchester. Vom Kammerorchester Capella Istropolitana gibt es zahlreiche Aufnahmen für die Schallplattenfirma Naxos. Außer diesen in der Hauptstadt ansässigen Klangkörpern existieren Profi-Symphonieorchester in Košice und in Banská Bystrica. Einige Sängerinnen (Edita Gruberová, Magdalena Hajóssyová, Lucia Popp, Gabriela Beňačková) und Instrumentalisten (Peter Toperczer) machten international Karriere.

Jährlicher Höhepunkt des Konzertlebens ist das Musikfestival Bratislava (Bratislavské hudobné slávnosti, BHS), das im Herbst stattfindet. Das an die Notenschrift erinnernde Logo mit den drei Buchstaben ist recht bekannt geworden. In den Theaterferien der Sommermonate gibt es interessante Aufführungen klassischer Musik in historischer Umgebung.

Am attraktivsten für Touristen sind jedoch die großen Folklorefestivals mit bunten Trachten und selten gespielten Instrumenten. Die slowakische Volksmusik ist seit jeher stark ausgeprägt. Einflüsse böhmischer Blasmusik sind relativ schwach, eher spürt man polnische und ungarische Elemente. Zum typisch slowakischen Instrumentarium gehören der mit einem geschnitzten Ziegenkopf versehene Dudelsack Gajda sowie die vor allen bei Detva verbreitete fagottartige Hirtenflöte Fujara. Weiterhin sind neben Streichinstrumenten (es soll 120 Geigenvarianten geben) auch Knopfakkordeon und Hackbrett zu finden.

Das größte und wichtigste Folklorefestival entstand 1953 in Východná. Seit 1956 hat es gesamtslowakische Bedeutung und seit 1958 ist es dreitägig. Unter Ausführenden und Zuschauern gibt es viele junge Leute. Die Nummer Zwei der Folklorefestivals findet seit 1966 in Detva statt. Ebenfalls beliebt ist das 1963 gegründete Festival in Terchova. Im Jahre 1992 eröffnete ein Roma-Theater in Košice.

Foto und Film

Der international bekannteste Fotograf der Slowakei ist Karol Plicka (1894 – 1987), der sich auch als Volksliedsammler und Filmregisseur (›Durch Berge und Täler‹ 1929, ›Die Erde lebt‹ 1934) betätigte. Obwohl seine scharfen Schwarzweiß-Fotos alles andere als Schnappschüsse sind, strahlen sie Dynamik und Lebendigkeit aus.

Die Filmtradition der Tschechoslowakei mit anspruchsvollen Produktionen von Surrealismus bis Alltagsklamauk wurde stark von Prag aus dominiert, die Slowakei war oft nur als Urlaubsziel der Hauptfiguren präsent. In letzter Zeit entdecken einige bekannte Regisseure die wunderschöne Landschaft verstärkt für internationale Produktionen, beispielsweise für Historien- oder Märchenfilme. Dabei spielt es bestimmt eine Rolle, daß die Nebenkosten deutlich geringer als in Schottland oder Kalifornien ausfallen.

Zu den international bekanntesten Filmen slowakischer Regisseure zählen ›Frau Holle‹ (Juraj Jakubisko, 1986, mit Giulietta Masina) und ›Der Garten‹ (Martin Sulik, 1998).

Essen und Trinken

Die Einflüsse der Nachbarländer werden in zwei Bereichen besonders deutlich, in der Musik sowie beim Essen und Trinken. In der Slowakei mischt sich die böhmische Knödel-Sahnesoße-Küche mit der ungarischen Paprika-Küche, dazu kommt die österreichische Kaffeehauskultur, die polnisch-ukrainische Wodka-Tradition trifft sich mit der ungarischen Wein- und der böhmischen Bier-Tradition, Ausstrahlungen der böhmischen Kräuterschnäpse und der österreichischen Obstbrände sind ebenfalls zu spüren. Ernährungswissenschaftler bescheinigen dieser Mischung eine hohe Ausgewogenheit für die Gesundheit, zumal die Verwendung von frischen Kräutern wieder zunimmt. Typisch ist ein Gericht, das aus böhmischen Hefeknödeln und ungarischem Paprikagulasch besteht. Das traditionelle böhmische Weihnachtsessen ist Karpfen (die Schuppen bringen Geld), dieser Brauch hat auch viele Anhänger in der Slowakei.

Nun darf man nicht denken, die Slowakei hätte nichts Eigenständiges zu bieten. Kalte und warme Schafskäse-Spezialitäten (stehen unter ›vegetarisch‹ in der Speisekarte) sind hier ebenso zu Hause wie der Wacholderbranntwein Borovička und der Pflaumenschnaps Slivovica, es gibt verschiedenste Eintöpfe und einen speziellen Tatra-Tee. Bedingt durch die Armut in vergangenen Zeiten ist als besonders preisgünstiges Grundnahrungsmittel die Kartoffel überall anzutreffen,

Leckere Teigtäschchen (bryndzové pirohy)

sie bildet die Basis der meisten warmen Gerichte. Lecker schmecken die mit Frischkäse gefüllten und mit Specksoße übergossenen Teigtäschchen (bryndzové pirohy), ähnliche Gerichte kennen auch die slawischen Nachbarländer unter der Bezeichnung Pelmeni. Typisch sind weiterhin deftige Kartoffelbrei-Sauerkraut-Mischungen, gewürzte Käsenockerln und gebratene Käsescheiben. Ebenso vielseitig ist die Fleischauswahl, neben Schwein und Rind gibt es Wild sowie Schaf und Gans. Suppen sind als Vorspeise üblich, als bekanntesten Nachtisch kann man süß gefüllte Omletts (palacinky) bestellen. Früher wurden Gäste oft mit locker gebackenem Brot und Salz begrüßt, dieser Brauch ist nur noch selten anzutreffen. Eine lange

Spezialitätenrestaurant in Poprad

Tradition hat das Konditoreihandwerk, sowohl bei frischen Sachen in Konditoreien als auch bei Waffeln und Keksen in Kaufhallen gibt es eine leckere Auswahl.

Die beiden klassischen Weinbaugebiete sind die Kleinen Karpaten und das Theißtiefland, bei Einbeziehung kleinerer Anbaugebiete erhöht sich die Zahl auf 15. Vorherrschende Weinsorten der Kleinen Karpaten sind Veltlínské zelené (Grüner Veltliner) und Frankovka (Blaufränkischer), im Theißtiefland wird hauptsächlich Tokajer angebaut. Erwähnt sei hier noch Veľký Krtíš, wo es einen guten Traminer gibt. Als sanftester Borovička gilt der aus Trenčín, als bester der aus Liptovský Mikuláš. Die beiden Sorten des Kräuterschnapses Demänovka Bylinná (unterschiedlich süß) hätten vielleicht auch international Marktchancen.

Die in der Slowakei verbreitetste Biersorte ist ›Zlatý Bažant‹ (Goldfasan), seit 1995 gehört diese Brauerei zum holländischen Heineken-Konzern. Auch die beliebte Biersorte ›Martiner‹ ging 105 Jahre nach ihrer Gründung 1999 zu Heineken über, ebenso wie ›Corgoń‹ und ›Gemer‹. Ein ausgezeichnetes Preis-Leistungs-Verhältnis bietet sowohl bei dunklen als auch bei hellen Bieren die Brauerei ›Stein‹, während Import-Biere deutlich teurer und während eines Slowakei-Urlaubes durchaus verzichtbar sind. Zum guten Ton in vielen slawischen Ländern gehört es übrigens, das Bier nicht nur kühl, sondern eiskalt zu servieren.

Sprache

Natürlich knüpft derjenige am schnellsten Kontakt zur einheimischen Bevölkerung, der wenigstens einige Standard-Redewendungen in der Landessprache beherrscht. Bei touristischen Dienstleistern der Slowakei findet man häufig deutschsprechende Mitarbeiter, oft auch unter Senioren und Schülern. In der mittleren Altersgruppe ist eher Englisch verbreitet, außerdem wird Russisch von vielen verstanden.

Slawische Sprachen gehören zur großen Gruppe indoeuropäischer Sprachen. Slowakisch ist eine westslawische Sprache mit verschiedenen Dialekten. Ausgehend vom Slowakischen kann man andere slawische Sprachen relativ leicht erschließen. Manche Sprachwissenschaftler bezeichnen es sogar als slawisches Esperanto. In orthodoxen Kirchen wird teilweise noch heute die über 1000 Jahre alte ›kirchenslawische‹ Urform der slawischen Sprachen benutzt.

Die Unterschiede zwischen Slowakisch und Tschechisch sind gering. Allerdings gibt es sie bereits im Alphabet (ä und ô nur slowakisch, ř und ě nur tschechisch). Die Buchstaben mit Strich oder Häkchen werden im Alphabet jeweils hinter den zugehörigen ›normalen‹ einsortiert.

Der Kampf um eine standardisierte slowakische Schriftsprache zog sich über mehrere Jahrhunderte hin. Eine besondere Rolle spielte dabei die Abgrenzung zur tschechischen Sprache.

Kleiner Sprachführer

ein Akzent über Vokalen betont deren Länge,
c wird grundsätzlich wie z gesprochen (auch in der Verbindung ck),
č ist tsch, š der harte und ž der weiche sch-Laut

Allgemeines

ja	áno
nein	nie
bitte (auffordernd)	prosím
bitte (anbietend)	nech sa páči
danke	ďakujem
gestern	včera
heute	dnes
morgen	zajtra
Guten Morgen!	Dobré ráno!
Guten Tag!	Dobrý deň!

Guten Abend!	Dobrý večer!
Gute Nacht!	Dobrú noc!
Guten Appetit!	Dobrú chuť!
Prosit!, Zum Wohl!	Na zdravie!
Auf Wiedersehen!	Dovidenia!
wo?	kde?
wann?	kedy?
Sprechen Sie deutsch?	Hovorite po nemecky?
Verstehen Sie?	Rozumiete?
Wieviel kostet das?	Koľko to stojí?
Haben Sie freie Zimmer?	Máte voľne izby?
Wo ist mein Gepäck?	Kde je moja batožina?
Schreiben Sie das auf!	Napíšte to!
Vorsicht!	Pozor!
Hilfe!	Pomoc!
Sohn	syn
Tochter	dcéra
groß	veľký
klein	malý
gut	dobrý
besser	lepší
schlecht	zlý

Zahlen

0	nula
1	jeden
2	dva
3	tri
4	štyri
5	päť
6	šesť
7	sedem
8	osem
9	deväť
10	desať
11	jedenásť
12	dvanásť
13	trinásť
14	štrnásť
20	dvadsať

30	tridsať
100	sto
200	dvesto
300	tristo
756	sedemsto päťdesiat šesť
1000	tisíc
1/2	pol

Orientierung (siehe auch Zeichenlegende S. 11)

Tal	dolina, údolie
Berg	vrch, hora
Stein	kameň
Höhle	jaskyňa
Fluß	rieka
Bach	potok
Wasserfall	vodopád
See	jazero, pleso
Stausee	nádrž
Talsperre	priehrada
Brücke	most
Stadt	mesto
Dorf	dedina
Unterkunft	ubytovanie
Weg	cesta
Richtung	smer
Kreuzung	križovatka
Unterkunft	ubytovanie
Reisebüro	cestovná kancelária
Wechselstube	zmenáreň
Postamt	pošta
Apotheke	lekáreň
Krankenhaus	nemocnica
Eingang	vchod
Ausgang	východ
Einstieg	vstup
Ausstieg	výstup
Bahnsteig	perón oder nástupište
Zug	vlak
Schnellzug	rýchlik
links	vľavo

rechts	vpravo
geradeaus	rovno
oben	hore
unten	dole
nah	blízko
weit	ďaleko

Essen und Trinken

Restaurant	reštaurácia
Kneipe	hostinec
Kaffeehaus	kaviareň
Konditorei	cukráreň
Weinstube	vináreň
Bierstube	piváreň
Speisekarte	jedálny listok
Kaffee	káva
Tee	čaj
Saft	džús
Milch	mlieko
Wein	vino
Bier	pivo
Likör	likér
Brot	chlieb
Hörnchen	rohlik
Gebäck	pečivo
Kartoffeln	zemiaky
Knödel	knedľa
Suppe	polievka
Fleisch	mäso
Fisch	ryba
Ei	vajíčko
Käse	syr
Obst	ovocie
Gemüse	zelenina
Pilze	huby
warm	teplo
kalt	studeno
süß	sladko
sauer	kyslo

Außer der Hauptstadt Bratislava bietet der Westen des Landes Radwege in der Donautiefebene, schöne mittelalterliche Städtchen und Burgen sowie Wanderwege und Weinanbau in den Kleinen Karpaten.

Die westlichen
Landesteile

Die Hauptstadt Bratislava

Bratislava (lateinisch Istropolis, deutsch Preßburg, ungarisch Pozsony, zur Zeit des Großmährischen Reiches Brezalauspurc) belegt mit gerade einmal 450 000 Einwohnern im Vergleich der Einwohnerzahlen von Europas Hauptstädten gemeinsam mit Skopje und Tallinn einen der hinteren Plätze. Ein längerer Aufenthalt in Bratislava lohnt sich jedoch nicht zuletzt wegen der vielen Museen und der grünen Umgebung.

Bratislava liegt am südwestlichen Rande des Landes, ein Besuch läßt sich ebenso gut mit Reiserouten wie Berlin-Prag-Budapest-Sofia kombinieren wie mit anderen Touristenzielen in der Slowakei. Die Stadt bietet eine angenehme Atmosphäre zum Bummeln, für Veranstaltungs- oder Museumsbesuche. Insbesondere von Österreich aus ist es ein Katzensprung, Tagesausflüge von Wien aus gestalten sich mit allen Verkehrsmitteln problemlos. ›Bratislava ist ein Vorort von Wien‹, sagen selbst viele Einheimische. Das Preisniveau ist zwar niedriger als in Österreich, aber höher als in der übrigen Slowakei. Wer seinen Urlaub noch in der Slowakei durch etwas Wiener Flair ergänzen will, ist in Bratislava richtig. Auch wer in der Slowakei regelmäßiges abendliches Kulturleben sucht, hat keine andere Wahl. Daß in der Stadt die Landesregierung und viele wichtige Institutionen ihren Sitz haben, mag touristisch weniger relevant sein.

Blick von der Burg über die Stadt

Vom Beginn eines christlichen ungarischen Staates unter Stefan I. im Jahre 1000 bis zum Zerfall des Habsburger Reiches 1918 gehörte Bratislava stets zu den größten ungarischen Städten. 1189 sammelten sich hier die Teilnehmer des Dritten Kreuzzuges unter Friedrich Barbarossa und Richard Löwenherz. Ab 1440 bekämpften sich Stadt und Burg jahrelang bei Auseinandersetzungen um die ungarische Thronfolge. Zur Regierungszeit von Matthias Corvinus (Matej Korvín) zwischen 1467 und 1490 gab es unter dem Namen Academica Istropolitana eine Hochschule nach dem Vorbild der Universität Bologna. Zu den ersten Professoren gehörte der Mathematiker Regimontanus (Johannes Müller aus Königsberg). Von 1536 bis 1783 war das heutige Bratislava ungarische Hauptstadt. Zwischen 1563 und 1830 wurden zehn Könige und eine Königin (1741 Maria Theresia) sowie acht Königsgemahlinnen im Martinsdom gekrönt. 1611 entstand die erste Druckerei. Mehrere Pestepidemien zwischen 1632 und 1713 bremsten die Entwicklung. 1783 erschien erstmals eine Zeitung in slowakischer Sprache.

Größere Eingriffe in die historische Bausubstanz erfolgten vor allem durch den Abbau der Stadtbefestigung (1775 angeordnet) und durch die Errichtung der Neuen Brücke (1972 fertiggestellt, damals Brücke des Slowakischen Nationalaufstandes genannt). 1818 begann die Dampfschiffahrt auf der Donau. Zum beeindruckenden Wachstum der Stadt trug der Anschluß einiger Umlandgemeinden bei (1851, 1943, 1946, 1972). Als Industrie- und Finanzstandort ist Bratislava bis heute mit Abstand Nummer Eins der Slowakei.

Der heutige Name kam übrigens erst spät auf, als im Zuge des erwachenden slowakischen Nationalbewußtseins im 19. Jahrhundert nach einer slawisch klingenden Ortsbezeichnung gesucht wurde.

In Bratislava wurden unter anderem Johann Andreas Segner (1704–1777) und Philipp von Lenard (1862–1947) geboren. Segner war Arzt und Naturwissenschaftler, Seine Arbeiten zur Strömungslehre lieferten Grundlagen für die Wasserturbine. Lenard erhielt 1905 den Physik-Nobelpreis für Experimente zu Kathodenstrahlen. Sein unrühmliches Engagement als Antisemit ging auf Rivalitäten mit Albert Einstein zurück und wurde von den Nazis mit hohen Ämtern belohnt.

Die Innenstadt

Der Burghügel ist seit der Steinzeit besiedelt. An manchen Tagen kann man bis zu den Alpen sehen. Unter Sigmund von Luxemburg wurde ab 1427 eine nach damaligen Verhältnissen moderne Festung errichtet, mehrere Umbauten folgten. 1780 verlor die Burg ihre administrative Bedeutung und 1811 brannte sie aus. Erst 1954 begann eine komplexe Rekonstruktion. Heute befindet sich hier das Historische Museum, das mit seinen vielen Exponaten zu den wichtigsten Museen der Slo-

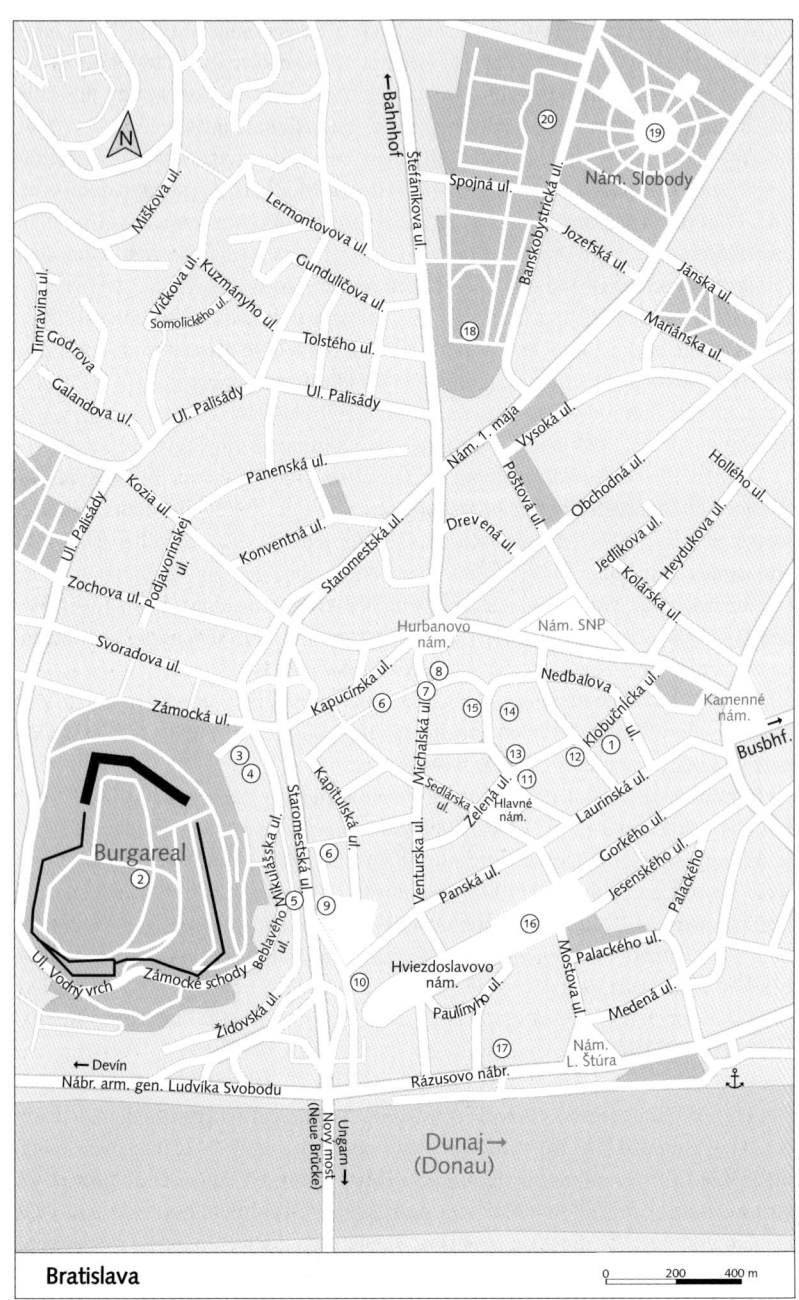

Bratislava

0   200   400 m

Legende

1 Tourismusinformation
2 Burg (Historisches Museum)
3 Jüdisches Kulturmuseum
4 Uhrenmuseum
5 Kunstgewerbeausstellung
6 Reste der westlichen Stadtmauer
7 Michaelertor
8 Pharmaziemuseum
9 Martinsdom
10 Internationales Haus der Kunst
für Kinder

11 Altes Rathaus
12 Geburtshaus des Komponisten
Johann Nepomuk Hummel
13 Jesuitenkirche
14 Marienkirche
(Franziskanerkloster)
15 Mirbach-Palast
16 Slowakisches Nationaltheater
17 Slowakische Nationalgalerie
18 Grassalkovich-Palast
19 Springbrunnen Družba
20 Regierungssitz

wakei gehört. Die Münzsammlung reicht sogar bis in die Zeit der Kelten und Römer zurück. In der Bastei Luginsland findet man das Musikmuseum. Südwestlich neben der Burg wurde 1994 das moderne Gebäude des Nationalrates der Slowakischen Republik eröffnet.

Das Jüdische Kulturmuseum auf dem Gelände der Vorburg besteht erst seit 1993. In fünf Räumen der Zsigray-Kurie aus der Spätrenaissance sind unter anderem Gegenstände aus dem Kult- und Alltagsleben der Juden in der Slowakei ausgestellt. Das Haus ›Zum guten Hirten‹ am Hang mit keilförmigen Grundriß ist in fast allen Touristenprospekten abgebildet. Dieses kleine Rokokogebäude beherbergt ein Uhrenmuseum. Die Museumsräume sind auf mehrere Etagen verteilt und stellen einen Ruhepunkt im städtischen Treiben dar. Ein kleines Stück bergab findet man die Kunstgewerbeausstellung.

Ein Rest der westlichen Stadtmauer ist noch erhalten. Sein bedeutendster Bestandteil ist das Michaelertor. Der klobige Torturm mit umlaufender Plattform und hoher Barockhaube beherbergt zwei Glocken und eine Waffenausstellung. Vor dem einzigen erhaltenen Stadttor befinden sich die letzten erhaltenen Reste des Befestigungsgrabens, über den eine Barockbrücke hinwegführt. Neben dem Michaelertor steht die Apotheke ›Zum roten Krebs‹, in der das Pharmaziemuseum mit dem Originalmobiliar mehrerer Apotheken untergebracht ist. Ebenfalls an der Stadtmauer steht der schlichte Martinsdom. Das geräumige Kircheninnere besitzt schöne Gewölbedecken aus dem 15. Jahrhundert. Eine spätere barocke Inneneinrichtung wurde im 19. Jahrhundert wieder entfernt. Schon 1452 bekam der Dom eine Orgel. Die Turmspitze trägt ein 200 Kilogramm schweres Modell der ungarischen Königskrone. Unweit davon steht das ›Bibiana‹ genannte Internationale Haus der Kunst für Kinder mit Ausstellungen und einem Spielraum. Seit 1967 werden hier Preise für künstlerisch wertvolle Kinderbücher vergeben.

Im nordöstlichen Teil der Altstadt steht das Rathaus mit seinen Erweiterungs-
bauten. An das Alte Rathaus grenzen der Apponyi-Palast und der Primatial-Palast
an. Ältester Teil des Alten Rathauses ist die Wohnung des Bürgermeisers Jakob
mit eigenem Verteidigungsturm aus dem 13. Jahrhundert. Der Sage nach verdankt
die Glocke des Rathauses ihren schönen Klang dem in den Schmelzofen gestoße-
nen Liebhaber der Glockengießersfrau. Im Alten Rathaus (Mittelaltermuseum)
und im Apponyi-Palst (Weinbaumuseum) werden Ausstellungen des Stadtmu-
seums gezeigt. Das 1868 vom Preßburger Verschönerungsverein gegründete
Museum ist übrigens das älteste des Landes. 1903 kaufte die Stadt zur Erweite-

Die Burg von Bratislava

rung des Rathauses den klassizistischen Primatial-Palast. Nach der Schlacht bei
Austerlitz (Slavkov u Brna) schlossen hier Franz II. und Napoleon den sogenann-
ten Preßburger Frieden. Mit der Unterzeichnung im Spiegelsaal zu Weihnachten
1805 verlor Österreich seine Adriagebiete und wurde zum Binnenland. Bei
Restaurierungsarbeiten 1903 wurde ein Zyklus von sechs wertvollen englischen
Gobelins aus dem 17. Jahrhundert nach Entwürfen von Francis Cleyn gefunden.
Sie illustrieren die antike Geschichte von Hero und Leander. Thematisch
zusammenhängende Gobelins aus dieser Zeit sind auf der Welt einmalig.

Die Ritterfigur auf dem Springbrunnen des Rathausplatzes dreht sich angeblich
genau zum Jahreswechsel um ihre eigene Achse. Dieses merkwürdige Phänomen

soll allerdings nur für nüchterne Jungfrauen sichtbar sein. An den angrenzenden Straßen stehen Privatpaläste aus dem 18. Jahrhundert. Ein weiteres der kleineren Museen ist das Geburtshaus des Komponisten Johann Nepomuk Hummel.

Eine Straßenecke vom Rathaus entfernt liegt die von deutschen Protestanten 1638 fertiggestellte Jesuitenkirche. 1672 wurde sie den Bauherren weggenommen und von Jesuiten neu ausgestattet. Daneben steht das Franziskanerkloster mit der 1297 eingeweihten Marienkirche. Von den drei später angebauten Kapellen ist die Johanneskapelle am berühmtesten. Die von der Saint Chapelle in Paris beeinflußte zweistöckige Grabkapelle zählt zu den schönsten gotischen Bauwerken des Landes. Ein Erdbeben im Jahre 1590 ließ die Kirchendecke einstürzen. Die Reparatur und weitere Umbauten folgten der jeweiligen Mode. Gegenüber steht der wohl schönste Privatpalast der Innenstadt. Der Mirbach-Palast entstand von 1768 bis 1770 an der Stelle eines abgebrannten Theaters. Hinter einer harmonischen Rokokofassade kann man die wertvolle Innenausstattung und einen schönen Springbrunnen bewundern.

Zu den bekanntesten Jugenstil-Bauten der Slowakei zählen das Bankgebäude auf dem Rathausplatz von 1912 und die Blaue Elisabethkirche von 1908. Deren Altarbild zeigt die heilige Elisabeth von Thüringen (vermutlich 1207 in Bratislava geboren) unter Armen und Bettlern.

Mehrere originelle lebensgroße Figuren bereichern die Altstadt. Die bekannteste ist der aus einem Kanalisationsdeckel herausschauende Čumil. Gegenüber befindet sich das Denkmal des authentischen Stadtoriginals Ignaz Lamer (1897–1967), eines kleinen Mannes, der sich in der Nachkriegszeit stets korrekt schwarzweiß gekleidet durch die Stadt bewegte und sich in Kaffeehäusern freihalten ließ. Er trug den Spitznamen ›Schöner Nazi‹.

Am langgestreckten Hviezdoslav-Platz findet man das Slowakische Nationaltheater (Slovenské národné divadlo) von 1886 und die Ganymed-fontäne von 1888. 2001 wurde das Hotel Carlton wiedereröffnet. Es gehörte bereits zur Gründungszeit der Tschechoslowakei zu Europas Top-Adressen und ist das einzige Fünf-

Skulpturen in der Altstadt von Bratislava

Sterne-Hotel des Landes. Die Redoute gegenüber ist Heimstätte der Slowakischen Philharmonie.

Noch dichter an der Donau liegt das Hauptgebäude der Slowakischen Nationalgalerie. Dieses ›Wasserkaserne‹ genannte Barockgebäude wurde zwischen 1759 und 1763 errichtet. Von 1939 bis 1979 erfolgte ein schrittweiser Umbau mit auffällig kontrastierenden Gebäudeteilen. Umfangreiche Sammlungen widmen sich hauptsächlich allen Bereichen der bildenden Kunst slowakischer Herkunft. Zu den wertvollsten Exponaten ausländischer Herkunft zählen vor allem ältere italienische und niederländische sowie neuere französische Arbeiten. Erwähnenswert ist auch das Naturwissenschaftliche Museum östlich der Nationalgalerie. Zu den schönsten Brunnenanlagen gehört die Gänsefontäne von 1914. Sie zeigt die Sage über drei versteinerte Knaben.

Die zwei interessantsten Bauten des letzten Jahrzehnts in der Innenstadt stammen beide aus dem Jahre 2002. Sowohl beim dreiunddreißiggeschossigen Neubau der Nationalbank als auch bei der Umgestaltung des Grabmals von Rabbi Chatam Sofer (eigentlich Moses Schreiber, 1762–1839) spielen Lichteffekte eine besondere Rolle. Der jüdisch-orthodoxe Denker war zu seiner Zeit in ganz Europa bekannt. 1942 mußte der jüdische Friedhof einem Straßenbahntunnel weichen. 20 damals verschüttete Grabstätten wurden wieder freigelegt und mit einem aufwendigen Besuchergang versehen.

Vom Altstadtbereich führen zwei Brücken über die Donau. Nur im Stadtgebiet befindet sich die Donau vollständig auf slowakischem Gebiet. Für den Bau der 432 Meter langen Neuen Brücke (Nový most) wurde das Judenviertel zerstört. Die asymmetrische Gestaltung des zweifellos einprägsamen Bauwerkes ist Geschmackssache. Auch nach 30 Jahren wirkt es jedenfalls modern. Vom 80 Meter hoch gelegenen Aussichtscafé im einzigen Träger hat man einen schönen Blick auf die Stadt. An der Südwestecke der Neuen Brücke liegt das Messegelände Incheba, an der Südostecke der Volkspark ›Bürger-Au‹ (offiziell Sad Janka Kráľa) mit einer Shopping-Anlage, die 190 Geschäfte, 24 Restaurants und Cafés, Kinos und einen Fitness-Club beherbergt. Zwei Kilometer stromabwärts sieht man die Alte Brücke (Starý Most). Neueste Flußüberquerung ist die nach dem Unternehmer Lafranconi benannte Brücke vier Kilometer stromaufwärts.

Ein Stückchen nördlich der ehemaligen Stadtmauer befindet sich der Grassalkovich-Palast. Heute ist er Amtssitz des Staatspräsidenten. Die Gartenanlage hinter dem Gebäude ist zugänglich. Der Freiheitsplatz ist die größte platzartige Fläche in der Innenstadt. In seiner Mitte befindet sich der Springbrunnen Družba in Form einer sich öffnenden riesigen Lindenblüte. Die westliche Seite nimmt der Regierungssitz ein. Es handelt sich um den ehemaligen Sommerpalast des Erzbischofs. Eine Straßenecke weiter in nordöstlicher Richtung steht das Gebäude des Slowakischen Rundfunks in Form einer auf der Spitze stehenden Pyramide.

Bratislava Informačná služba (bis), mehrere Anlaufstellen: Klobučnícka 2, 81102 Bratislava, 02/54 43 17 07, Fax 54 43 27 08; Panská 18, 81428 Bratislava, 02/54 43 30 78, Fax 54 43 31 09. Immer mittwochs um 16 Uhr startet eine kurze, preisgünstige Stadtrundfahrt mit einer historischen Straßenbahn am Hurbanovo-Platz.

 Es gibt direkte Bahnverbindungen in acht andere Hauptstädte Europas. Der Hauptbahnhof (Hlavná stanica) liegt nördlich und der Busbahnhof (Hlavná autobusová stanica) östlich der Altstadt, beide sind in 15 Minuten zu Fuß erreichbar.

 Die Buslinie 61 verbindet den 15 Kilometer von der Altstadt entfernt gelegenen Flughafen mit dem Hauptbahnhof.

 Tragflächenboote fahren auf der Donau von Juni bis Oktober mehrmals täglich nach Wien (20 Euro) und Budapest (50 Euro). Gegenüber dem Schnellzug beträgt die Reisezeit mit diesen pfeilförmigen Schiffen nur etwa das Anderthalbfache. Die Anlegestelle befindet sich am Naturwissenschaftlichen Museum. Der landschaftlich schönste Abschnitt ist das hinter Esztergom beginnende Donauknie.

 Jüdisches Kulturmuseum, Múzeum židovskej kultúry na Slovensku, Židovská 17, So bis Fr 11 bis 17 Uhr. Internationales Haus der Kunst für Kinder, Medzinárodný dom umenia pre deti, Bibiana, Panská 41, Di bis Fr 10 bis 18, So 11 bis 19 Uhr. Handelsmuseum, Múzeum obchodu, Sasinkova 19, Mo bis Fr 9 bis 21 Uhr. Polizeimuseum, Múzeum polície, Gunduličova 2, Di bis Sa 10 bis 17 Uhr. Karpatendeutsches Museum, Múzeum kultúry Karpatských nemcov, Žižkova 14, Di bis So 10 bis 16 Uhr. Museum für Straßen- und Eisenbahnverkehr am Hauptbahnhof, Múzeum dopravy, Juli bis September Di bis So 10 bis 17 Uhr. Archäologisches Museum, Archeologické múzeum, Žižkova 12, Di bis So 9 bis 17 Uhr. Zum Slowakischen Nationalmuseum, Slovenské národné múzeum, gehören mehrere Abteilungen, Di bis So 9 bis 17 Uhr: Naturwissenschaftliche Abteilung, Prírodovedné múzeum, Vajanského 2; Historische Abteilung, Historické múzeum, mit Schatzkammer auf der Burg; Musikmuseum, Hudobné múzeum, auf der Burg. Auch das Stadtmuseum, Mestské múzeum, hat mehrere Außenstellen, Di bis So 10 Uhr bis 17 Uhr: Michaelerturm, Expozícia zbraní a mestkého opevnenia; Uhrenmuseum ›Zum guten Hirten‹, U dobrého pastiera, Židovská 1; Apotheke ›Zum roten Krebs‹, U Červeného raka, Michalská 26; Mittelaltermuseum, Expozícia dejín a feudálnej justície, Primaciálne 3; Weinbaumuseum, Expozícia vinohradnícko bis vinárska, Radničná 1; Geburtshaus Johann Nepomuk Hummels, Rodný dom Hummela, Klobučnícka 2; Kunstgewerbeausstellung, Expozícia umeleckých remesiel, Beblavého 1.

Zur Slowakischen Nationalgalerie, Slovenská národná galéria, gehören die folgenden Ausstellungen, Di bis So 10 bis 18 Uhr: Wasserkaserne, Rázusovo 2; Esterhazy-Palast, Štúra 4.

Stadtgalerie, Galéria mesta, Di bis So 10 bis 17 Uhr: Primatial-Palast, Primaciálne 1; Mirbach-Palast, Františkánske 11; Pálffy-Palast, Panská 19.

 Die Shopping-Anlage Aupark an der Neuen Brücke ist von 9 bis 21 Uhr geöffnet, der Supermarkt bereits ab 7 Uhr, einige Restaurants bis 2 Uhr.

Die renovierte alte Markthalle (Stará tržnica) befindet sich an der Kreuzung von Nedbalova und Klobučnícka innerhalb der Altstadt, die gläserne neue Markthalle (Nová tržnica) in der Straßenecke zwischen Križna und Malinovského nordöstlich davon.

Die besten Spezialgeschäfte: Lakros (Landkarten), Vavilovova 22; Steiner (alte Bücher), Ventúrska 20; Jurišta Suveníry (Kristallglas), Rázusovo 6; Katka (Kristallglas), Panská 24; Music Forum (Klassik-CDs), Palackého 2; Trek Sport (Outdoor), Vajanskeho 9; Yak Steam (Outdoor), Záhradnícka 93; Karin (Damenkleidung slowakischer Designer), Radničná 3; Opti-

ka Exclusiv (Optiker), Laurinská 3.

 Al Amir, gehobene Preisklasse, arabisches Flair, Borská 6, 02/65 41 22 95.

Alžbetka, slowakische Küche, Mickiewiczova 1, 02/52 92 39 88.

Arkádia, elegantes Luxusrestaurant, Zámocké schody 3, 02/51 43 56 50.

Bystrica, gute Aussicht, Nový most, 02/62 31 77 46.

Templars, Mittelalter-Interieur, Panská 18, 09 03/25 99 22.

Maharadža, indische Küche, Mozartova 27, 02/62 80 12 72.

Preego, elegantes Design, Žilinská 4, 09 03/24 62 26.

Café Šeherazáda, preiswerte Orientküche, Vysoká 15, 02/52 93 13 12.

Chez David, gehobene Preisklasse, koschere Mahlzeiten, Zámocká 13, 02/54 41 38 24.

Čajovňa, verträumte Teestube, Michalská 3, 03/54 41 10 79.

Hysteria, mexikanische Küche, abends Disko, Odbojárov 9, 44 45 44 95.

Kláštorná, gehobene Preisklasse, nostalgische Atmosphäre, Františkánska 1, 02/54 43 04 30.

Modrá hviezda, slowakische Spezialitäten, Beblavého 14, 02/54 43 27 47.

Prašná bašta, entspannte Atmosphäre, Zámočnícka 11, 02/54 43 49 57.

Pod Baštou, gemütlicher Weinkeller, Baštova 3, 02/54 43 17 65. Café Propeler, schöne Terasse, Rázusovo 1, 02/54 00 10 20.

Rybársky cech, gehobene Preisklasse, berühmtes Fischrestaurant, Žižkova 1, 02/54 41 30 49.

Slovenská reštaurácia, gehobene Preisklasse, slowakische Küche, Hviezdoslavovo 20, 02/54 43 48 83.

Slovenská reštaurácia, slowakische Küche, Búdkova 39, 02/54 77 28 42.

Stará sladovňa ›Mamut‹, größtes Bierhaus, 1800 Plätze, Cintorínska 32, 02/59 32 22 12.

Traja mušketieri, rustikale Mehrpersonenportionen, Sládkovičova 1, 02/54 43 00 19.

Veľký františkání, populäre Weinstube, Františkánske 10, 02/54 43 30 73.

Jazz Café, rauchgeschwängerte Liveclub-Atmosphäre, Ventúrska 5, 02/54 43 36 61.

Inzwischen existieren über zehn Internet-Cafés in der Innenstadt. Ein klei-

neres mit gutem Espresso ist Club 4 Art, Klariská 4, 02/54 43 56 05.

Café Múzeum, führendes Internetcafé, Vajanského 2, 02/59 34 91 96.

 Botel Fairway auf der Donau, 02/54 41 20 90.

Hotel Radisson Carlton, 5 Sterne, Hviezdoslavovo 3, 02/59 39 06 10.

Hotel Echo, Preškovská 39, 02/55 56 91 70.

Hotel Tatra, gehobene Preisklasse, 1. mája 5, 02/59 27 21 11.

Hotel Perugia, gehobene Preisklasse, Zelená 5, 02/5 44318 18.

Pension Chez David, gehobene Preisklasse, Zámocká 13, 02/54 41 38 24.

Pension Grémium, Gorkého 10, 02/54 43 06 53.

Pension Rybársky cech, Žižkova 1, 02/54 41 83 34.

Jugendherberge Bernolák, Bernolákova 1, 02/52 49 77 21 oder 52 49 77 23.

Die Vorstädte

Bratislava ist in 17 Teile untergliedert, deren Einwohnerzahl die große Spanne von 500 (Vajnory) bis 125 000 (Petržalka) abdeckt. Im Stadtrandbereich von Bratislava dominiert die grüne Farbe, man spricht von einem dreiteiligen Waldpark.

Einen schönen Ausblick hat man vom Fernsehturm auf dem Kamzík (440 Meter) im Norden der Stadt. Unter dem Berg liegen die Teiche Železná studnička. Am Bach Vydrica (Weidritz) findet man den Zoo mit 200 Tierarten und den Botanischen Garten. Dessen Gewächshäuser beherbergen unter anderem Lotusblumen und Kakteen.

Die bekannteste Vorstadt ist Devín (Theben) im Nordwesten der Stadt. Berühmt ist sie aufgrund ihres Johannisbeerweines und ihrer Burgruine über der Mündung der Morava in die Donau. Einer Sage nach sind ein im Ruinengelände stehender Apfelbaum und eine in stürmischen Nächten daran knabbernde schwarze Ziege verzauberte Zwillingsschwestern. Von der Donau aus wirkt der Burgberg (212 Meter) besonders schroff. Funde bezeugen eine fast durchgängige Besiedlung seit prähistorischer Zeit. Es gab keltische Siedlungen und eine römische Armeestation. Zur Zeit des Großmährischen Reiches stand hier die Festung Dowina des Fürsten Rastislav. Die sichtbaren Ruinen sind Reste einer unter Napoleon zerstörten Burg. Ľudovít Štúrs Anhänger organisierten hier schon vor 1848 Demonstrationen. Die kleine Waldsteppe Devínska Kobyla (Thebener Kogel) nördlich von Devín gilt als besonders artenreiches Biotop. Auf der Fläche von 101 Hektar existieren über 230 Pilze und über 1300 andere Pflanzenarten. Ein Naturlehrpfad, der sogenante Lehrpfad der Marchauen, führt von Devín bis Vysoká pri Morave (Hochstetten) 23 Kilometer am Fluß entlang. 16 Tafeln informieren über Flora und Fauna, der Weg ist auch für Radler geeignet. Zusätzlich führt ein vier Kilometer langer Weg durch das Reservat Devínska Kobyla.

Südlich der Donau liegt die Vorstadt Rusovce (Karlburg). Hier befinden sich Grundmauern des römischen Armeelagers Gerulata. Sie werden als ältestes erhaltenes Bauwerk des Landes bezeichnet. Das neogotische Schloß Rusovce gehört dem Nationalen Folkloreensemble SĽUK. Außerdem ist ein ›Nudistisches Areal‹ mit Bademöglichkeit ausgewiesen. Die schöneren Badeseen gibt es noch ein Stück südlicher in Čuňovo (Sarndorf). In Čuňovo lohnt sich auch der Besuch eines ›Danubiana‹ genannten Museums. Das im Jahre 2000 eröffnete futuristische Gebäude beherbergt die größte Ausstellung moderner Kunst im Lande.

 Devín erreicht man mit der Buslinie 29 von der Neuen Brücke im Stadtzentrum aus. Dort fahren auch die Buslinien 91 und 191 zu den Badeseen in Rusovce und Čuňovo ab.

 Zoologischer Garten, Zoologická záhrada, Mlynská dolina 1, 8 bis 18 Uhr.
Botanischer Garten, Botanická záhrada, Botanická 3, April bis Oktober 10 bis 18 Uhr.
Burg Devín, Di bis So 10 bis 17 Uhr.
Gerulata (römische Ausgrabungen), Di bis So 10 bis 17 Uhr.
Meulensteen Art Museum (Danubiana) mit Skulpturenpark, in Čuňovo, Di bis So 10 bis 18 Uhr .

 Alvarez, italienische Küche, Bajkalská 24, 02/53 41 12 49.
U zlého námorníka, preiswerte Spezialitäten, Slovanské nábrežie 30, 02/65 73 03 32.
Biela Ľalia, nepalesische Teestube, Nevädzová 4, 09 05/40 56 59.
Leberfinger, slowakische Küche, Viedenská cesta 257, 02/62 31 75 90.
Gemütliche Weinstuben gibt es in den nördlichen Stadtteilen Vajnory und Záhorská Bystrica.

 Hotel Kamila, gehobene Preisklasse, Čierna Voda 611, 02/45 94 36 11.
Hotel Bratislava, Seberíniho 9, 02/43 41 15 92 oder 43 33 64 80.
Hotel Plus, Bulharská 72, 02/43 29 44 45 oder 43 42 61 48.

Hotel Barónka, Mudrochova 2, 02/44 87 23 24.
Hotel Nivy, Líščie 3, 02/55 41 03 90.
Hotel West Club, Kamzík, 02/54 78 86 92.

Es gibt auch einige Hotels in Richtung zur österreichischen Grenze.
 Camping Zlaté Piesky, 1. Mai bis 15. September, Senecká cesta 2, 02/44 45 05 92.

Die Umgebung von Bratislava

Das Schloß von Stupava (Stampfen) steht am Ort einer mittelalterlichen Wasserburg in einem englischen Park und dient heute als Altersheim. In dem 15 Kilometer nordwestlich von Bratislava gelegenem Ort befindet sich ein Museum über den bedeutenden Keramiker Ferdiš Kostka. Es besteht aus dem Wohnhaus und dem Brennhaus. Ein kleines Stückchen östlich von Stupava liegt auf einem Felsen über einem Karsttal die Burgruine Pajštýn (Ballenstein). Die frühgotische Burg wurde 1273 erstmals erwähnt und unter Napoleon 1810 zerstört. Südöstlich von Stupava findet man den kleinen Wallfahrtsort Mariánka (Mariatal). Den Weg zur Kapelle des Wunderbrunnens säumen 14 weitere Kapellen aus dem 20. Jahrhundert.

Das Weinbaustädtchen Svätý Jur (Sankt Georgen) befindet sich 15 Kilometer nordöstlich von Bratislava. Drei Kirchen und einige Renaissancehäuser konzentrieren sich im Zentrum. Die Georgskirche beeindruckt durch einen großen Renaissancealtar aus Kalkstein und einen freistehenden Glockenturm aus Holz.

Bernolákovo (Lanschütz) 12 Kilometer östlich von Bratislava verfügt über ein spätbarockes Schloß mit Park. 20 Kilometer östlich liegt Kráľová pri Senci (Königsaiden), in dessen Schloßpark ein Bienenmuseum einlädt. Das auch als Imkerskansen bezeichnete Museum zeigt schöne alte Bienenstöcke in Figurenform. Eine dreibogige Barockbrücke, die als die romantischste aller slowakischen Brücken gerühmt wird, führt über das Tieflandflüßchen Čierna voda (Schwarzwasser).

 Ferdiš-Kostka-Museum Stupava, Di bis So 10 bis 17 Uhr.
Heimatmuseum Svätý Jur, Letohradská 16, Mai bis September 14 bis 18 Uhr.

Bienenmuseum Kráľová pri Senci, April bis Oktober Mo bis Fr 9 bis 17 Uhr, Sa bis So 9 bis 13 Uhr.
 Včelárska paseka, slowakische Küche, Kráľová pri Senci, 02/590 11 30.

Das Donautiefland

Das Donautiefland (Podunajská nižina oder Podunajská rovina) zwischen dem Donaulauf und dem stark mäandernden Flußarm Kleine Donau (Malý Dunaj, auch Waager Donau genannt) wird als Schüttinsel (Žitný ostrov, auch Korninsel) bezeichnet. Inselgefühle wollen jedoch nicht aufkommen. Nichtsdestotrotz sprechen alle Touristenprospekte von der größten Flußinsel Europas (84 Kilometer lang, bis 30 Kilometer breit). Dieses Binnendelta ist das wärmste und trockenste Gebiet der Slowakei mit einer jährlichen Sonnenscheindauer um 2200 Stunden.

Dunajská Streda und der Donauradweg

Zentrum dieser Schüttinsel ist Dunajská Streda (ungarisch: Dunaszerdahely). In der Vermesvilla befindet sich eine Ausstellung der Slowakischen Nationalgalerie. Das sogenannte Gelbe Schloß beherbergt das Schüttinselmuseum, in dem hauptsächlich das einstige Volksleben dokumentiert wird. Eine Außenstelle des Museums ist die Wassermühle in Dunajský Klatov an der Straße nach Galanta.

Die im Originalzustand erhaltenen Wassermühlen in Tomášikovo von 1893 und in Jelka von 1905 sind dagegen Außenstellen des Heimatmuseums Galanta.

Der Donauradweg zwischen Passau und Wien ist die bekannteste Strecke für Urlaubsradler, die nicht unbedingt auf Abenteuer aus sind und sich auf eine gut ausgebaute Infrastruktur verlassen wollen. Es lag nahe, den Weg über Wien hinaus zu verlängern. Die Gesamtlänge auf slowakischem Gebiet zwischen dem Grenzübergang nach Österreich in Bratislava und dem Grenzübergang nach Ungarn in Štúrovo beträgt 160 Kilometer. Oft radelt man auf der Deichkrone entlang. Der landschaftlich schönere Teil hinter Komárno ist allerdings schlechter ausgebaut und bei Nässe entsprechend

Das Rathaus von Komárno

schwerer befahrbar. Einzelne Streckenteile zwischen Kľučovec und Štúrovo sind noch unbefestigt.

Kulturtupfer am Wegesrand stellen das Schloß in Rohovce mit seinem Arkadenhof und das Renaissancekastell in Radvaň nad Dunajom dar.

Die Kleinstadt Gabčíkovo (1948 benannt nach Jozef Gabčík, einem der Heydrich-Attentäter) wurde bekannt durch das große Wasserkraftwerk mit den damit verbundenen ökologischen und politischen Auseinandersetzungen. Es verfügt über die beiden größten Schleusenkammern Europas (34 mal 275 Meter). In Gabčíkovo selbst befindet sich ein mehrmals umgebautes Schlößchen mit einem englischen Park, in dem schöne alte Bäume stehen.

2001 wurde in Veľký Meder ein Erholungskomplex mit Thermalhallenbad eröffnet. Die Anlage mit den orientalischen Fensterbögen besitzt ein Kinderbassin und eine Sauna.

Die Kirchen des Donautieflandes gehören zu den ältesten Bauten der Slowakei. Am monumentalsten wirkt die Marienkirche in Diakovce bei Šaľa von 1228. 1875 wurde eine neoromanische Basilika angebaut. Westlich davon liegt Čierny Brod mit einer turmlosen Mauerkiche aus dem frühen 13. Jahrhundert.

 Kursbuchstrecke 131 Bratislava Nové Mesto – Komárno (60 min bis Dunajská Streda, siebenmal täglich).

 Zum Schüttinselmuseum in Dunajská Streda gehört die Ausstellung im Gelben Schloß, Di bis Fr 8.30 bis 17 Uhr, Sa 10 bis 16 Uhr, Juni bis August auch So 10 bis 16 Uhr. Eine Nebenstelle ist die Wassermühle in Dunajský Klatov, etwa 8 Kilometer nördlich von Dunajská Streda, Sa 9 bis 15 Uhr.

Zum Heimatmuseum in Galanta gehören folgende Standorte: Hauptgebäude, Mo bis Fr 8 bis 17 Uhr, Sa bis So 14 bis 18 Uhr; Wassermühle Tomášikovo, Di bis Fr 14 bis 16 Uhr, Sa 15 bis 18 Uhr; Wassermühle Jelka, Mo bis So 8 bis 20 Uhr.

 In der Region gibt es folgende Thermalschwimmbäder: Kúpelno-rekreacny areal, Dunajská streda, Gabčikovska, 031/552 40 91. Vincov Les, Sládkovičovo, 031/784 28 30. Kúpalisko, Topolniky, 031/95 21 51. Apollon, Velký Meder, Promenadna, 031/555 28 04. Kúpalisko, Diakovce, 031/785 22 50.

Komárno und Umgebung

Komárno (deutsch Komorn, ungarisch Komárom) liegt an der Mündung der Waag in die Donau. Das schöne Stadtwappen zeigt eine mittelalterliche Burg über zwei sich vereinigenden Flüssen. Die meisten historischen Sehenswürdigkeiten der 1919 geteilten Stadt befinden sich auf slowakischen Gebiet. Jedoch verhindern die abgesperrten Werft- und Hafenareale den Blick zur Donau von der Innenstadt aus. Über den Grenzübergang auf der Donaubrücke gelangt man in die inzwischen größere ungarische Stadt. Aber auch das slowakische Komárno mit seinen 33 000 Einwohnern ist sehr vom hohen ungarischen Bevölkerungsanteil geprägt. In Komárno wurden Mór Jokai (1825–1904) und Franz Lehár (1870–1948) geboren.

Nach der Schlacht bei Mohácz wurde die südöstliche Ecke von Komárno zwischen 1546 und 1557 zur bedeutendsten Wehranlage gegen die vorrückenden Türken ausgebaut. Ergänzt wurde diese Renaissancefestung, die sogenannte Alte Festung von Pietro Ferrabosca, später unter Leopold I. durch eine Erweiterung, die Neue Festung von Franz Wymes. Gegen Napoleon wurde zusätzlich eine Verteidigungslinie westlich der Stadt errichtet (Palatinlinie). Die Anlage war die größte Festung der Donaumonarchie und ist die einzige erhaltene Bastionsfestung der Slowakei. 1995 wurde die Renovierung der Bastei mit der Plakette Europa Nostra ausgezeichnet.

Die Altstadt von Komárno verfügt auf engem Raum über sechs Kirchen, drei spätbarocke und drei klassizistische, und ein attraktives Rathaus im Neorenaissancestil. Japanische Kirschbäume säumen die Haupteinkaufsstraße. Im einem hellblau getünchten Gebäude befindet sich das Donaumuseum, dessen Exponate bis in die Römerzeit zurückreichen. Das Haus beherbergt auch eine Gemäldesammlung. Zum Museum gehören die an der gleichen Straße liegende Gedenkausstellung für Mór Jokai und Franz Lehár sowie die Ausstellung in der serbisch-orthodoxen Kirche.

In der Umgebung der Stadt sind einige Naturschutzgebiete ausgewiesen, zu deren Tierwelt Großtrappe und Seeadler gehören. Am interessantesten sind die durch einen Naturlehrpfad erschlossenen Sümpfe des toten Donauarmes Lyon bei Číčov. Zu den 107 nachgewiesenen Vogelarten gehört beispielsweise der Purpurreiher. Die Pflanzenwelt zählt sogar 341 Arten. Übrigens hat hier die Donau die Hälfte ihres Weges von der Quelle bis zur Mündung zurückgelegt. In Číčov selbst gibt es neben dem zur Schule umgebauten klassizistischen Kastell einige Ausgrabungen alter Siedlungen.

An der Mündung der Nitra in die Waag liegt die als Nistgebiet von Wasservögeln bedeutsame Insel Apali. Trockenrasenflächen bei Chotín sind mit lockerem Baumbestand durchsetzt.

Nördlich von Komárno folgen Martovce, Hurbanovo und Nové Zámky (dt. Neuhäusel, ungarisch Érsekújvár). In Martovce wurde in einem traditionellen Bauernhaus von 1871 das Volkskundemuseum eingerichtet. Vor etwa 40 Jahren wurden in Hurbanovo eine Malzfabrik und eine Großbrauerei errichtet, hier entsteht das Bier der Marke Zlatý Bažant. Nové Zámky ist das Zentrum der traditionellen Maisstrohflechterei. Im ehemaligen Franziskanerkloster ist das Heimatmuseum untergebracht. Das Thermalfreibad lockt mit einer über 100 Meter langen Rutsche. Noch ein Stückchen nördlich von Nové Zámky liegt Palárikovo mit einem als Verwaltungsgebäude dienenden klassizistischen Schloß.

In Iža östlich von Komarno befand sich das römische Soldatenlager Celematia oder Clementium an der Donau. Es hatte einen quadratischen Grundriß von etwa 175 Metern Seitenlänge und bis zu 20 Türme. Reste kann man heute noch erkennen.

 Informačná kancelária, Župná 5, 945 01 Komárno, 035/773 00 63, auch Fax.

 Kursbuchstrecke 131 Bratislava Nové Mesto – Komárno (140 min, siebenmal täglich)

 Zum Donaumuseum Komárno (Podunajské múzeum) gehören mehrere Standorte, Di bis So 9 bis 16 Uhr: Hauptgebäude, Palatínova 13; Nebengebäude, Palatínova 32; Festungsbastion VI, Okružna. Heimatmuseum Nové Zámky, Pribinova 5, Mo bis Fr 8 bis 16, April bis September auch Sa, So 9 bis 15 Uhr. Galerie XC Nové Zámky, Baldigarovcov 18, Di bis Sa 9 bis 17 Uhr.

 Kupalisko, Komárno, Vnutorna 9, 035/771 30 14.

Strand, Nové Zámky, Bezrucova 21, 035/642 42 52. Kupalisko, Podhajska, 035/658 61 38. Patince, Iža, 035/778 77 54.

 In Komárno: Hotel Panorama, Sportova, 035/771 31 13 oder 771 31 51. Pension Čárda Apáli, Mŕtve rameno Váhu 50, 035/772 17 21. In der Umgebung: Hotel Starý Orech, Novozámocká 102, Hurbanovo, 035/761 00 51. Stardust Hotel, Komárňanská 3, Nové Zámky, 035/640 04 27 oder 640 04 28.

 In Komárno: Camping Žimny štadíon, Juli bis 15. September, Ostrov Alžbety, 035/773 23 67. In Zlatná na Ostrove: Camping, Mai bis Oktober, 035/778 12 50.

Zwischen Štúrovo und Levice

Štúrovo (1948 nach Ľudovit Štúr benannt, früher Parkan, deutsch Gockern) ist die letzte slowakische Stadt an der Donau, bevor der Flußlauf am Beginn einer landschaftlich attraktiven Kurve ins ungarische Staatsgebiet einbiegt. Ein von Thermalquellen gespeistes Freibad ist ganzjährig geöffnet, ansonsten hat die Stadt außer den Grenzübergängen nichts Bemerkenswertes zu bieten.

Gegenüber von Štúrovo liegt die traditionsreiche ungarische Bischofsstadt Esztergom (deutsch Gran, slowakisch Ostrihom) mit der weithin sichtbaren Basilika. Entsprechend zahlreich sind christliche Denkmale in der Stadt vorhanden.

Die Basilika von Esztergom

Die Basilika wurde 1856 eingeweiht. Eine Bischofskapelle mit Einflüssen toskanischer Architektur entstand bereits zwischen 1505 und 1510. Beim Bau der Basilika wurde sie in 1600 Stücke zerlegt und als Seitenkapelle wiederrichtet. Die romanische Burgkapelle stammt aus dem 12. Jahrhundert. Besuchen kann man auch die Schatzkammer der Basilika sowie das Christenmuseum nahe des Stadtzentrums.

Gleich zwei der bedeutendsten alten Kirchen der Slowakei stehen in Bíňa 16 Kilometer nördlich von Štúrovo gleich neben der Hauptstraße. Die runde Kapelle der zwölf Apostel wirkt äußerlich eher unauffällig. Sie wurde möglicherweise schon vor dem 12. Jahrhundert errichtet und 1954 umfassend rekonstruiert. Die Fresken der Apostel stammen jedenfalls vom Beginn des 12. Jahrhunderts. Sie sind deutlich durch italienische und byzantinische Einflüsse geprägt. Die romanische Marienkirche wurde als Klosterkirche um 1217 gebaut und von 1951 bis 1955 rekonstruiert. Das Gebäude ist sehr harmonisch proportioniert und handwerklich solide ausgeführt. In Bíňa wurden auch Goldmünzen aus der Zeit der Völkerwanderung gefunden.

In Želiezovce (Zelis) gibt es eine kleine Gedenkausstellung im sogenannten Eulenschlößchen über Franz Schubert, der hier in den Sommermonaten 1818 und 1824 wohnte und am Liederzyklus ›Schöne Müllerin‹ arbeitete.

Levice (Lewenz) bietet mehrere Kirchen sowie eine direkt in der Stadt liegende Burg mit gotischen und renaissancezeitlichen Bauabschnitten, die aber zu einem großen Teil eine Ruine ist. Der Vorort Kalinčiakovo besitzt eine romanische Kirche aus dem 12. Jahrhundert und ein Thermalfreibad mit gefärbtem Wasser.

Östlich von Levice liegen Brhlovce und Dudince. Das Volksarchitekturreservat Brhlovce wurde bekannt durch in Tuffstein gehauene Wohn- und Wirtschaftsräume. Im interessantesten dieser Höhlenhäuser entstand 1992 ein Museum. Dudince ist ein kleiner Kurort mit langer Geschichte. Schon die Römer badeten in den Heilquellen. Von der Zusammensetzung des Thermalwassers her gesehen gibt es ähnliche Kurorte nur noch an zwei weiteren Stellen der Welt. Um einige Quellen herum haben sich Travertintrichter gebildet. Dieses schleiffähige Sedimentgestein entsteht durch Kalkablagerungen an Quellen.

Ein weiteres Volksarchitekturreservat gibt es im Ortsteil Stará Hora der alten Weinbaustadt Sebechleby (Siebenbrot). Bestandteil der interessanten Weingärtnerhäuser mit ihren winzigen Fenstern ist die rustikale ›Bierstube am Weinberg‹.

 Informačna kancelária DEKAMPO, Michala 2, 934 01 Levice, 036/631 78 98.

 Kursbuchstrecke 130 Bratislava–Štúrovo (zehnmal täglich, auch Schnellzüge 90 min). Kursbuchstrecke 151 Štúrovo–Levice, (siebenmal täglich).

 Burg Levice, April bis Oktober Di bis So 9 bis 16 Uhr, November bis März Mo bis Fr 9 bis 16 Uhr. Höhlenhaus Brhlovce, Sa bis Di 8 bis 16.30 Uhr. Wassermühle Bohunice, Mai bis September Di 10 bis 14 Uhr. Franz-Schubert-Ausstellung Želiezovce, Mai bis September Mi 9 bis 17 Uhr.

 Es gibt einen dreistündigen Weg durch die Kováčovské kopce östlich der Mündung des Hron in die Donau (6 Tafeln). Man erreicht den Naturlehrpfad über Kamenica nad Hronom, etwa fünf Kilometer östlich von Stúrovo.

 Vadaš, Štúrovo, Vadašska (Pool I), Artezska (Pool II), 036/751 14 10. Margita a Ilona, Kalinčiakovo, 036/631 29 54. Kúpalisko, Santovka, Madarovska 3, 036/639 91 48. Kúpalisko, Dudince, 045/550 47 59.

 Pension Tilia E, Záhradná, Levice, 035/631 29 65. Park Hotel, Hokovce bei Dudince, 036/749 14 33.

 Camping Vadaš, 15. Mai bis 15. September, Štúrovo, 036/751 14 10. Camping Margita a Ilona, 15. Mai bis 15. September, Kalinčiakovo, 036/631 21 56.

 U Bobiho, Nový Tekov, 036/631 33 30.

Zlaté Moravce und Umgebung

In der traditionsreichen Handwerker- und Weinbauernstadt Zlaté Moravce (Goldmorawitz) verbrachte der Dichter Janko Kráľ (1903–1955) seinen letzten Lebensabschnitt. Das 1630 erbaute und 1779 umgestaltete Renaissancekastell beherbergt ein kleines Heimatmuseum.

Die Georgskirche von Kostoľany pod Tribečom gilt als ältester erhaltener Kirchenbau der Slowakei. Ihr heutiges Aussehen entstand größtenteils schon kurz nach der vorletzten Jahrtausendwende. In dem frühromanischen Gemäuer befinden sich Kanzel und Taufbecken sowie Fresken aus der Entstehungszeit. Auf einem Berg bei Kostoľany pod Tribečom liegt die Burgruine Gýmneš. Auf dem Weg dorthin liegt ein Naturschutzgebiet mit uralten Maronenbäumen.

Topoľčianky (nicht verwechseln mit Topoľčany) ist ein Zentrum der Pferdezucht. Im heutigen Nationalgestüt des Landes werden seit 1921 Lipizzaner gezüchtet. Weiterhin gibt es direkt in der Stadt ein großes Schloß in einem englischen Park. Die ältesten Gebäudeteile sind spätgotisch. Den Kern des Schlosses bildet ein zweietagiger renaissancezeitlicher Arkadenhof. Nach 1818 wurde einer der vier Flügel abgerissen und durch einen großzügigen klassizistischen Bau ersetzt. Einige Jahrzehnte lang diente das Schloß als Sommerresidenz des Präsidenten der Tschechoslowakei, später wurden Schloßräume als Museum zugänglich gemacht. Sie sind auch ein begehrter Hochzeitsort. Nördlich der Kleinstadt steht die Ruine der 1711 zerstörten Burg Hrušov. Ein rot markierter Weg führt in etwa einer Stunde hinauf.

Etwa zehn Kilometer nordwestlich der Stadt kann man in Zubria obora am Gebirgszug Tribeč ein Wisentgehege besuchen.

Das Arboretum von Tesárske Mlyňany ist der schönste botanische Garten der Slowakei. Den Schwerpunkt eines Arboretums bildet der Baumbestand (lateinisch arbor = Baum). Im Mittelpunkt der großen gepflegten Anlage steht ein Landschlößchen von 1894. Die Vegetation im 67 Hektar großen Garten ist nach den Herkunftsgebieten der Pflanzen gegliedert.

Die Abtei Hronský Beňadik (Sankt Benedikt)

In Hronský Beňadik (Sankt Benedikt) verabschiedet sich der Fluß Hron von den Bergen. Oberhalb des Ortes gibt es seit dem 11. Jahrhundert eine Benediktinerabtei. Die große Abteikirche aus dem 14. Jahrhundert wurde nach mehreren Verfallsperioden und Umgestaltungen im 19. Jahrhundert wieder im schlichten gotischen Stil hergerichtet.

 Heimatmuseum Zlaté Moravce, Hlinku 1, Mo bis Fr 8 bis 16.30 Uhr.
Schloß Topoľčianky, Di bis Fr 9 bis 15 Uhr, Sa und So 12 bis 16 Uhr.

 Arboretum Tesárske Mlyňany, April bis Oktober 7 bis 18 Uhr.
Von Stará Huta bei Nová Baňa führt ein vierstündiger Weg in das Andesitgebiet Vojšín (8 Tafeln).

 Hotel Národný dom, Topoľčianky, Hlavná 122, 037/630 14 01.
Parkschlößchen, Malé Vozokany 112, 037/634 21 85

 Von Mai bis September hat ein Patz nördlich von Jelenec geöffnet, 037/631 33 41. Jelenec liegt zwischen Zlaté Moravce und Nitra.

Nitra

Nitra (deutsch Neutra, ungarisch Nyitra) liegt am gleichnamigen Fluß unterhalb des 588 Meter hohen Berges Zobor und ist die älteste Stadt der Slowakei. Hier fand 829 die erste Kircheneinweihung statt. Nitra war ein Zentrum des Großmährischen Reiches und ist seit 880 Bischofssitz. Die sogenannten Urkunden von Zobor über die Stadt aus den Jahren 1111 und 1113 gehören zu den ältesten Schriftstücken des Landes. Das Stadtwappen zeigt einen Arm in Ritterrüstung mit einer historischen Variante der ungarischen Staatsfahne. Durch viele Zerstörungen durch Přemysliden, Hussiten, Polen, Türken und Kuruzen verlor Nitra in den folgenden Jahrhunderten jedoch an Bedeutung. Eine neue Blüte fand seit dem 19. Jahrhundert statt. Heute ist die Stadt mit ihren 87 000 Einwohnern ein Zentrum der Agrarwissenschaft.

Deutlich abgesetzt von den neuen Stadtteilen der Unteren Stadt ist das alte Burgviertel, die Obere Stadt. Der Burgkomplex mit steilen Außenmauern und miteinander verschachtelten Kirchen ist weithin sichtbar. Die heutige Inneneinrichtung stammt überwiegend aus dem Barock. Zu den eindrucksvollsten Kunstwerken zählt der Marmoraltar ›Kreuzabnahme‹ des Bildhauers Johann Pernegger aus dem Jahre 1622 in der Kathedrale Sankt Emeram. Auffälligstes Gebäude neben der Burg ist das dreistöckige Gauhaus (Komitatshaus) im Sezessionsstil am Župné námesti. In ihm befindet sich die Staatliche Galerie Nitra, in der hauptsächlich Werke der bildenden Kunst aus den letzten Jahrzehnten gezeigt werden. Im palastartigen Großen Seminargebäude befindet sich die Bibliothek des Bistums mit über 60 000 alten Büchern. Weitere Sehenswürdigkeiten sind eine Synagoge und das moderne Andrej-Bagar-Theater.

Südlich der Stadt, etwas außerhalb, liegt der Kalvarienberg. Das Ensemble besteht aus einer Kirche am Beginn des Aufstieges und 14 Kapellen am Wegesrand. Die jetzige Gestaltung geht auf das 19. Jahrhundert zurück.

Im Stadtteil Chrenová, östlich der Altstadt gelegen, befindet sich auf 125 Hektar das Messegelände Agrokomplex. In der nordöstlichen Ecke versteckt sich das Slowakische Landwirtschaftsmuseum. Einheimische schicken Besucher oft zum Haupteingang von Agrokomplex. Dort ist jedoch kein einziger Hinweis auf den Skansen zu finden. Schwerpunkt des Landwirtschaftsmuseums sind funktionsfähige Produktionsanlagen wie Mühlen, Bäckerei, Brennerei, Ölpressen, Dreschanlagen, Bienenwachspresse, Saatgutreinigungsanlage und die Milchkammer. Die Zweiklassenschule aus Divín erfüllte an ihrem ursprünglichen Standort etwa 100 Jahre lang ihre Bestimmung. Auf dem Museumsgelände befinden sich weiterhin die Schmalspurfeldbahn vom Großgut Želiezovce und eine Slawensiedlung aus der Eisenzeit.

Der neue Grenzübergang von Štúrovo nach Ungarn

Informačný systém NISYS, Štefánikova, 94901 Nitra, 037/741 09 06, Fax 741 09 07.

 Staatsgalerie Nitra, Župné 3, Di bis So 10 bis 17 Uhr.

Regionalmuseum Nitra, Štefánikova 1, Mo bis Fr 8 bis 17, Sa bis So 10 bis 17 Uhr.

Ausstellung historischer Fahrzeuge, Štúrova 33, Do bis So 11 bis 18 Uhr.

Slowakisches Landwirtschaftsmuseum (Skansen Nitra), Dlhá 9, Di bis So 9 bis 17 Uhr.

 Es gibt einen dreistündigen Naturlehrpfad im Bereich des Berges Zobor (15 Tafeln).

 Átrium, slowakische Küche, Štefánikova 8, 037/652 53 77.

Izba starej materi, slowakische Küche, Radlinského 8, 037/652 60 16.

 Hotel Agroinstitut, Akademická 4, 037/653 63 61.

Hotel Agrokomplex, Vihorlatská 10, 037/653 45 41.

Hotel Zlatý kľúčik am Berg Zobor, gehobene Preisklasse, Svätourbanská 27, 037/655 02 89.

Pension Zoborská pivnica, Dolnozoborská 8, 037/651 11 94.

Trnava und Umgebung

Die alte Stadt Trnava (lateinisch Tyrnavia, deutsch Tyrnau, ungarisch Nagyszombat) war lange Zeit das christliche Zentrum des ganzen ungarischen Königreiches. Bereits 1238 erhielt sie von Bela IV. die Privilegien einer freien königlichen Stadt. Zur Zeit der Türkenkriege wurde 1541 der Sitz des Erzbischofes von Esztergom hierher verlegt und blieb bis 1820. Das ›slowakische Rom‹ beherbergte neben zahlreichen Klöstern der Johanniter, Dominikaner, Benediktiner, Klarissen, Ursulinerinnen, Franziskaner und Trinitianer ab 1635 eine Universität. Diese war Zentrum der Gegenreformation. 1777 wurde sie nach Buda verlegt und erst 1992 in Trnava wiederbelebt. Heute hat die Stadt etwa 72 000 Einwohner.

Trnava besitzt von allen slowakischen Städten die mächtigste nahezu komplett erhaltene Stadtmauer, sie ist bis in das 16. Jahrhundert hinein immer wieder verstärkt worden. Das eingeschlossene Gelände macht aber keinen so harmonischen Eindruck wie in Levoča oder in Bardejov, an manchen Stellen bemerkt man Lücken in der historischen Bausubstanz. Die Fußgängerzone ist ansprechend hergerichtet, die gepflegten Bummelstraßen werden von zweistöckigen Häusern gesäumt. Erhalten gebliebene Teile des Stadtgrabens haben parkartigen Charakter, sie dienen der Jugend zum abendlichen Treff.

Eindrucksvollster Kirchenbau mit leicht wiederzuerkennenden Turmspitzen ist die Nikolauskirche auf dem Svätopluk-Platz. Sie wurde 1440 fertiggestellt und später mehrmals umgebaut. Daneben befindet sich der Palast des Erzbischofs.

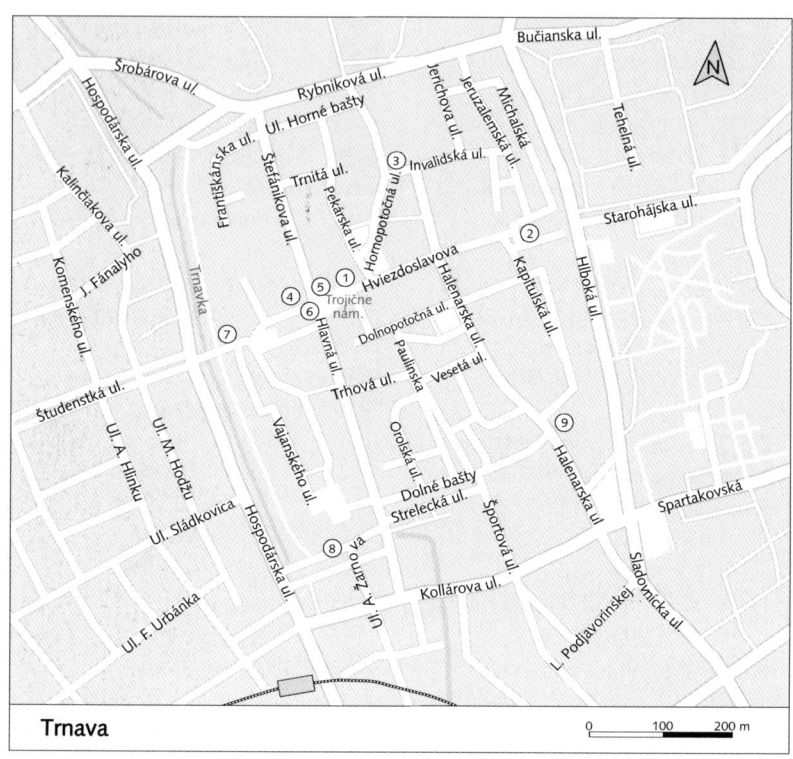

Trnava

0   100   200 m

Legende

1 Touristeninformation
2 Nikolauskirche
3 Johannesdom
4 Trinitianerkloster

5 Stadtturm
6 Theater
7 Franziskanerkloster
8 Klarissenkloster
   (Westslowakisches Museum)

Zum Gebäudekomplex der Universität gehört neben Bibliothek und Druckerei auch eine Sternwarte. Der Johannesdom entstand im 17. Jahrhundert als Basilika der Universität. Mit seiner harmonisch abgestimmten frühbarocken Innenausstattung gehört er zu den schönsten Kirchen des Landes. Der Hochaltar nimmt fast die ganze Stirnseite ein. Das von 27 Statuen umgebene Altarbild von der Taufe Christi fasziniert durch seine Natürlichkeit. Im Dom fanden auch Universitätsereignisse und Theologentreffen statt.

Um den Dreifaltigkeitsplatz herum gruppieren sich das Trinitianerkloster mit seiner Kirche, der Stadtturm und das Theater. Das Trinitianerkloster wurde 1729

In der Innenstadt von Trnava, im Hintergrund die Nikolauskirche

fertiggestellt, das Altarbild schuf Franz Anton Maulbertsch 1758. Der Stadtturm wurde 1574 als Wachtturm errichtet, das Theater von 1831 ist das älteste betriebene des Landes. Die schönsten Bürgerhäuser der angrenzenden Straßen entstanden bereits im 17. Jahrhundert, ebenso das Rathaus.

Beim Bernoláktor der Stadtmauer liegt das Franziskanerkloster mit der Jakobskirche. Vor der nächsten Ecke der Stadtmauer befindet sich die Evangelische Kirche von 1924. Nochmals eine Straßenecke weiter findet man das Klarissenkloster mit seiner Kirche. In dem alten Gebäudekomplex befindet sich seit 1954 das Westslowakische Museum mit umfangreichen Sammlungen zu den Themen Archäologie, Geschichte, und Ethnographie.

Jeweils etwa 15 Kilometer von Trnava entfernt befinden sich Dolná Krupá in nördlicher, Hlohovec in nordöstlicher und Sereď in südöstlicher Richtung. Das schlichte klassizistische Schloß von Dolná Krupá, das in einem englischen Park steht, gehört heute dem Komponistenverband. Ein Gartenpavillon beherbergt eine Ausstellung über Ludwig van Beethoven. Dieser hielt sich hier ab 1800 mehrmals als Gast der Familie Brunswick auf und komponierte bei einem seiner Besuche angeblich seine ›Mondscheinsonate‹. Auch in Hlohovec gibt es ein Schloß in einem englischen Park. Dort steht ein Empiretheater mit schönen Malereien. Das Heimatmuseum von Hlohovec befindet sich im Franziskanerkloster. Ein weiteres klassizistisches Schloß mit Park bietet Sereď. Während der Nazizeit befand sich hier ein Konzentrationslager für Juden.

 Informačný servis TINS, Trojičné 1, 917 00 Trnava, 033/5511022, auch Fax.

 Kursbuchstrecke 120 Bratislava – Žilina (60 min, über 30 x täglich) Kursbuchstrecke 116 nach Kúty über Šaštín – Stráče (90 min, zehnmal täglich).

 Westslowakisches Museum Trnava (Západoslovenské múzeum), Di bis Fr 8 bis 18 Uhr, So 11 bis 15.30 Uhr. Das Hauptgebäude liegt in der Múzejné 3; die naturwissenschaftliche Abteilung in der Bratislavská 3.

Synagoge, Halenárska 2, Di bis So 9 bis 17 Uhr.
Buchkunstmuseum, Mikuláša 5, Mo bis Fr 8 bis 16 Uhr.
Galerie ARS, Hlavná 17, Mo bis Fr 9 bis 17 Uhr, Sa 9 bis 13 Uhr.
Heimatmuseum Hlohovec, Komenského 15, Di bis Fr 8 bis 16 Uhr, So 13 bis 18 Uhr.

 Pivnica pod Baštou, vielseitiges Kellerrestaurant, Hlavná 43, 033/5514049.

 Hotel Apollo, Štefánikova 23, 033/5511937.
Hotel Koliba, Kamenný Mlyn, 033/533 44 59.

Die Kleinen Karpaten

Obwohl die Kleinen Karpaten (Malé Karpaty) für slowakische Verhältnisse ein niedriges Gebirge sind – der Zaruby erreicht eine Höhe von 768 Metern – heben sie sich doch deutlich vom flachen Umland ab. Der bewaldete Bergrücken ist von Bratislava aus leicht zu erreichen und bietet sich als Wander- und Skiareal an. In der Folklore der Kleinen Karpaten spürt man böhmische Einflüsse stärker als im übrigen Land, besonders auffällig ist dabei die Existenz von Blaskapellen.

Die südöstlichen Ausläufer der Berge sind ein traditionelles Weinbaugebiet. Die beiden wichtigsten Weinbaustädtchen Modra und Pezinok werden extra beschrieben. Belege für den Weinbau gibt es schon aus der Zeit vor dem Großmährischen Reich. Einen Aufschwung erfolgte um 1300 durch Siedler aus dem Rheinland. Die 1863 gegründete Firma ›Jakob Palagyay und Söhne‹ entwickelte sich zum größten

Die Kleinen Karpaten

Weinproduzenten im Habsburger Reich. Mit dem Zerfall des Realsozialismus änderten sich viele Eigentumsverhältnisse und die Weinanbaufläche ging zeitweise stark zurück. Allerdings wurde wieder mehr auf Qualität geachtet. Heute entfällt von der gesamten Weinanbaufläche der Slowakei etwa ein Drittel auf die Kleinen Karpaten. Vor einigen Jahren wurde zur verbesserten touristischen Vermarktung die ›Weinstraße der Kleinen Karpaten‹ (Malokarpatská vínna cesta, MVC) eingerichtet. Sie führt von Bratislavas Vorstädten Devín, Raca und Vajnory über Modra und Pezinok bis nach Smolenice. Jeder Ort hat eigene Weinspezialitäten.

Červený Kameň (Bibersburg) oberhalb der Ortschaft Častá (Schattmannsdorf) ist eine Grenzburg aus dem 13. Jahrhundert. Unter dem Besitzer Anton Fugger erhielt die Burg ab 1537 ihr heutiges Aussehen. Eine Lindenallee bildet die Zufahrt zu der Renaissancefestung, die einst Handelszwecken diente. Einflüsse von Albrecht Dürers Festungsbautheorien sind sichtbar, zum Beispiel in der Belüftung der Artilleriebasteien. Der Weinkeller erstreckt sich über drei Etagen. Umbauten ab 1583 verbesserten die Wohnqualität. Spätbarocke Zutaten von Červený Kameň sind der Tropfsteinsaal und die Kapelle. Das Museum rekonstruiert die Wohnverhältnisse der ehemaligen Besitzer. Kunstvolle und interessante Möbel bilden einen Kontrast zu der schmucklosen Burganlage. Die Waffenausstellung geht auf die Sammlung Rudolf Pálffys zurück.

Die Schlösser Budmerice (Pudmeritz) und Smolenice (Smolenitz) verdanken ihr romantisches Aussehen der Adelsfamilie Pálffy. Schloß Budmerice, südwestlich von Častá Richtung Trnava gelegen, wurde 1889 in einem großen englischen Park erbaut. Es ist ein typisches Beispiel des historisierenden Eklektizismus. Kaum ein anderes Bauwerk der Slowakei wurde so unmittelbar ausländischen Vorbildern nachempfunden, insbesondere Schlösser an der Loire dienten als Vorbild. Heute gehört das Schloß dem Schriftstellerverband. Die Burg Smolenice liegt weiter nördlich von Častá und schützte vom 13. bis zum 15. Jahrhundert Handelswege durch die Kleinen Karpaten. Das Schloß wurde ab 1864 auf den Ruinen einer Burg errichtet. Der Bau respektiert die älteren Mauern. Die Fertigstellung verzögerte sich bis 1973. Das Ensemble besitzt einen markanten fünfeckigen Turm sowie schöne Gewölbe und Treppen. Es fügt sich sehr harmonisch in die Landschaft ein. Heute dient das Schloß der Slowakischen Akademie der Wissenschaften als Tagungsstätte. In Smolenice wurde der Erfinder des Fallschirmes Štefan Banič (1870–1941) geboren.

Isoliert von den anderen Schauhöhlen des Landes liegt in den Bergen westlich von Smolenice die kleine Tropfsteinhöhle Driny, die 1929 entdeckt wurde. An ihrer Entstehung war ausnahmsweise kein Wasserlauf beteiligt.

Der Grundkörper der barock umgebauten Kirche in Dechtice stammt von 1172. Sie besitzt Wandmalereien aus dem 13. und 14. Jahrhundert.

An der westlichen Seite der Kleinen Karpaten liegt oberhalb von Plavecké Podhradie (Blasenstein) auf dem schönen Laubwaldhügel Pohanská (495 Meter) eine große Burgruine. Hier sowie in Sklabiňa spielt der historische Familien- und Liebesroman ›Fogách Susanna‹ von Deak Farkas aus dem Jahre 1885. Für den Weg hinauf braucht man kaum eine Stunde. In der Nähe befindet sich ein Burgwall aus der Eisenzeit. Der übernächste Ort Plavecký Peter besitzt den Status eines Volksarchitekturreservates.

Auf dem Bradlo (543 Meter) an den nördlichen Ausläufern der Kleinen Karpaten befindet sich das Grab des Nationalhelden Milan Rastislav Štefánik. Die vom Architekten Dušan Jurkovič entworfene Anlage liegt am Ende einer Serpentinenstraße, die am nördlichen Ende der Ortschaft Brezová nach Osten abzweigt. Sie erinnert an mittelamerikanische Tempel und ist das größte Grabmal der Slowakei.

 Schloß Červený Kameň, Führungen März bis Oktober zwischen 9 und 16 Uhr. Tropfsteinhöhle Driny (jaskyňa Driny), Führungen außer Mo April bis Oktober viermal täglich (letzte Führung um 15 Uhr), 15. Mai bis 15. September 9 bis 16 Uhr stündlich.

 Pension Astra, Časta, 033/649 55 33.

 Ranč pod Ostrým vrchom, Vrbovce, 09 03/71 02 51.

 Es ist ein vierstündiger Naturlehrpfad im Bereich der Höhle Driny ausgeschildert. Eine ebenfalls vierstündiger Pfad führt von Plavecké Podhradie über die erwähnte Burgruine nach Plavecký Mikuláš.

 U Svaka Ragana, slowakische Küche, Brezová pod Bradlom, 034/624 21 61.

Modra und Pezinok

Modra (deutsch Modern, ungarisch Modor) und Pezinok (deutsch Bösing, ungarisch Bazin) sind die wichtigsten Weinbaustädtchen des Landes. Der Verlauf der Eisenbahnlinie aus dem 19. Jahrhundert begünstigte Pezinok gegenüber Modra. Nur die Pflege einer speziellen Keramiktradition bremste den Verfall des Handwerks in Modra. Die Herstellung der weißen Majolikaerzeugnisse mit ihrer blauorangen Bemalung ist mit der Ansiedlung der als Wiedertäufersekte verfolgten Habaner ab dem 16. Jahrhundert verbunden. Auch in anderen Habanersiedlungen der Gegend wie Boleráz, Dobrá Voda, Dechtice, Košolná, Sobotište und Veľké Leváre wurden Majolika hergestellt.

Die älteren Häuser sind meistens schlichte einstöckige Bauten, deren jeweilige Einfahrtstore auf einen Hof mit Wirtschaftsräumen führen. Noch heute besitzen viele Häuser Weinpressen und Weinkeller. Von den einst häufigen Eckerkern sind jedoch nur wenige erhalten geblieben. Die schönsten Renaissanceerker findet man am Rathausplatz von Pezinok. Reste der Stadtmauern aus der Renaissance sind in beiden Städten vorhanden.

In Modra befinden sich ein einstöckiges Renaissancekastell (heute Bildungseinrichtung für Weinbau) mit Ziergarten sowie drei Kirchen. Die Verbundenheit mit Ľudovít Štúr spiegelt sich im Stadtzentrum durch das Museum und ein großes Denkmal wider. Außerdem beherbergt das Museum Ausstellungen zur Geschichte und zur Majolikaproduktion.

Pezinok besitzt ein mehrmals umgebautes kleines Kastell (heute Räume von Weinbaufirmen) mit Landschaftspark sowie vier Kirchen. Das Geburtshaus des Porträtmalers Ján Kupecký (1667 – 1740) ist als Museum eingerichtet. Weiterhin gibt es ein Weinbaumuseum. Mit der ständigen Galerie naiver Kunst wurde in der Schaubmarmühle der jüngste Teil der Slowakischen Nationalgalerie eingerichtet. Das Mühlengebäude befindet sich außerhalb des Zentrums von Pezinok und ist ein technisches Denkmal.

Die neueste Touristenattraktion ist ein 20 Meter hoher Holzturm auf dem Berg Veľká homoľa (709 Meter). Der Fußweg beträgt von Modra aus knapp zwei und von Pezinok aus reichlich drei Stunden. Auf der Aussichtsplattfom kann man die Umgebung der Hauptstadt vom Wasserkraftwerk Gabčíkovo bis zu den Bergmassiven Považský Inovec und Tríbeč überblicken. Der Organisator des modernen Holzbauwerkes, Milan Ružek, wünschte bei der Eröffnung 2001 allen ›täglich einen Becher Wein, Bewegung und Humor‹.

Unweit davon befindet sich das größte und älteste, jedoch nach der Renovierung auch modernste astronomische Fernrohr der Slowakei.

 Informačná kancelária, Štúrova 84, 90001 Modra, 033/647 43 02, Fax 647 46 62.

 Kursbuchstrecke 120 Bratislava–Žilina über Pezinok (30 min, zehnmal täglich.

 Ľudovít-Štúr-Museum Modra, Štúrova 54, Di bis Fr 8 bis 16 Uhr.

Regionalmuseum Pezinok, Di bis Fr 9 bis 12 und 13 bis 16 Uhr, mit folgenden Standorten: Weinbaumuseum, Štefánika 4, und Ján-Kupecký-Haus, Kupeckého 39. Galerie naiver Kunst, Schaubmarov mlyn, Di bis So 10 bis 16 Uhr.

 Es gibt fünf Skilifte am Berg Pezinská Baba.

 Vinohradnícky dom, Modra, Štúrova 108, 033/647 41 00.

Viele kleine Weinkeller in Modra und Pezinok sind teilweise nur im Herbst geöffnet. Die rustikale Zochová chata in den Bergen bei Piesok, nordwestlich von Modra, gilt als gute Adresse zum Weinkauf.

In Slovenský Grob, einem südöstlichen Nachbarort von Pezinok, gibt es eine ausgeprägte Gänsebratensaison im Herbst: zahlreiche Haushalte werden zum Mini-Restaurant.

 Pension Slimáčka, Holubyho 12, 033/641 24 52.

Pension pod Lipou, Harmonia, 033/647 23 29.
Hotel Limbach, SNP 18, 033/647 72 81.
Hotel Galbov mlyn, Viničné, 033/647 62 03.

 Das größte Angebot regionaler Weinspezialitäten bietet die Radničná Vinotéka in Pezinok, Štefánika 1.

Šaštín-Stráže und Umgebung

Šaštín-Stráže (Maria Schloßberg) ist ein alter Wallfahrtsort nordwestlich der Kleinen Karpaten. Die Klosterkirche aus dem 18. Jahrhundert mit den im 19. Jahrhundert ergänzten Türmen gehört zu den größten Barockkirchen des Landes.

Südlich von Šaštín-Stráže sowie am Unterlauf der Morava liegt das zweigeteilte Naturschutzgebiet Záhorie. Der bekanntere Teil dürften die prächtigen Auwälder am Fluß westlich der Autobahn Bratislava-Brno sein. Durch Kiesförderung entstanden einige künstliche Seen, von denen sich die meisten zum Baden eignen. Veľké Leváre (Großschützen) gleich neben der Autobahn beherbergt ein interessantes Volksarchitekturreservat. Der im 16. Jahrhundert von den isoliert lebenden Habanern errichtete Hof besteht aus 35 Lehmhäusern. Außerdem gibt es eine Wassermühle und eine Schule. Noch ein Stückchen weiter südlich liegt Láb (Laab) mit einem beliebten Badesee.

Nordöstlich von Šaštín-Stráže findet man den modernen Kurort Smrdáky (slowakisch smrdieť = stinken). Hier gibt es kühle Quellen mit dem höchsten Schwefelwasserstoffgehalt in Europa, er beträgt bis zu 640 mg/l. Hauptsächlich werden Hauterkrankungen bei Erwachsenen und bei Kindern behandelt. Zwischen Senica (Senitz) und Myjava (Miawa) liegt die Burgruine Branč.

 Informačná kancelária, Slobody 10, 909 01 Skalica, 034/660 02 41, Fax 660 02 40.

 Hotel Senica, Šaštín-Stráže, Hviedzdoslavova, 034/651 72 36.

 Camping Gazárka, 15. Juni bis 15. September, Šaštín-Stráže, 034/59 23 48.

Camping Tomky, 15. Juni bis 15. August, Borský Svätý Jur, 034/77 71 19.

Von Piešťany nach Čadca

Piešťany und Umgebung

Mir sei gegönnt,
zu singen von dem Heile der Quelle in Pistyan,
die allen Qualen
erhoffte Linderung und Segnung schafft.

Adam Trajan

Piešťany (Bad Pistyan, seltener Pystian) ist der größte slowakische Kurort und gehört zu bekanntesten Rheumabädern Europas. Außerdem werden organische Nervenleiden behandelt. Täglich sprudeln über 3 Millionen Liter Thermalwasser von 67 °C aus einer Tiefe von etwa 2000 Metern. Der schwefelhaltige Heilschlamm hat einen besonders guten Ruf. Durch die Zusammenwirkung von Sedimenten im Flußlauf mit dem Thermalwasser wird er ständig neu gebildet. Jährlich kommen 40 000 Patienten, die Hälfte von ihnen aus dem Ausland. Etwa 300 Tage mit Sonnenschein jährlich verwöhnen Gäste und Bewohner gleichermaßen.

Wahrscheinlich erfuhren schon Soldaten zur Zeit von Marc Aurel die Heilwirkung. Die erste genaue Beschreibung der Thermalquellen stammt von 1549. Der Arzt und Naturforscher Justus Johann Torkos untersuchte um 1745 nach damaligen wissenschaftlichen Methoden die Wirkstoffe und geriet ins Schwärmen. Ab 1889 baute die jüdische Familie Winter den Kurbetrieb erfolgreich aus. Der bulgarische Zar Ferdinand bezeichnete das Hotel Thermia Palace als bestes in Europa. Zu den spektakulärsten Heilerfolgen gehört die Genesung der 1927 im Rollstuhl nach Piešťany gekommenen Schauspielerin Henny Porten.

Die Kuranlagen konzentrieren sich auf einer Insel der Waag (Kúpeľný ostrov). Dorthin führt die an der deutschen Bauhausarchitektur orientierte Kolonnadenbrücke. Auf der Inselseite folgen das teuerste Hotel und die ältesten Kurgebäude. Etwas weiter nördlich steht ein schicker Komplex von Kurhäusern und Unterkünften aus realsozialistischen Zeiten. Die Bauten sind untereinander mit verglasten Gängen verbunden. Sowohl ein Hallenbad als auch ein Freibad werden mit

Skulptur im Freilichtmuseum von Vyšné Ružbachy
Wanderweg in der Westlichen Tatra

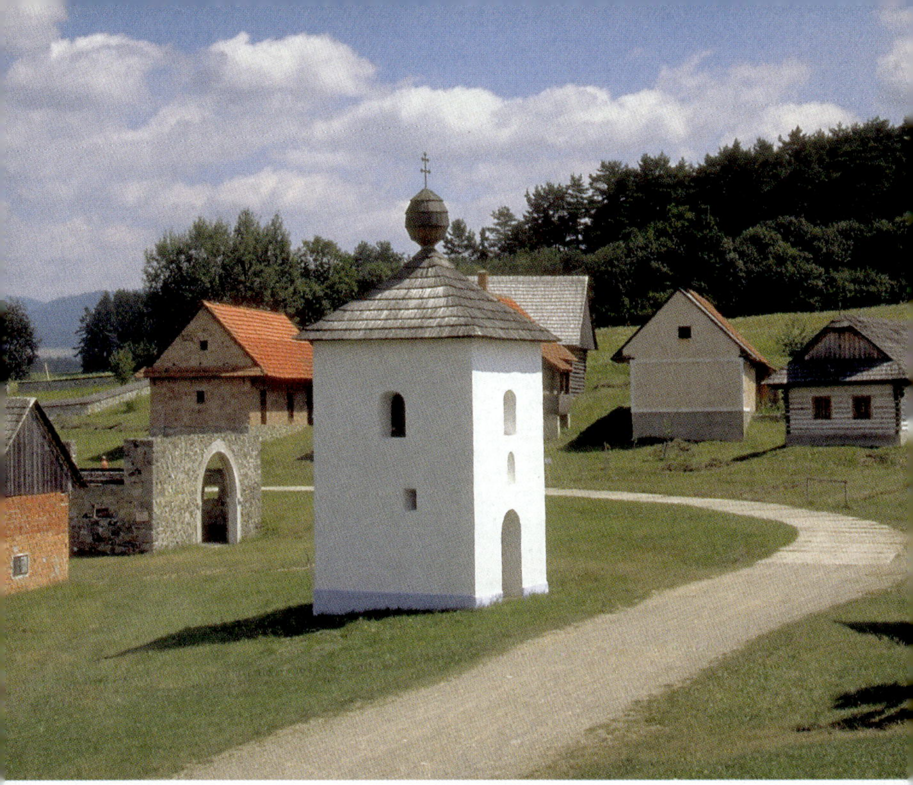

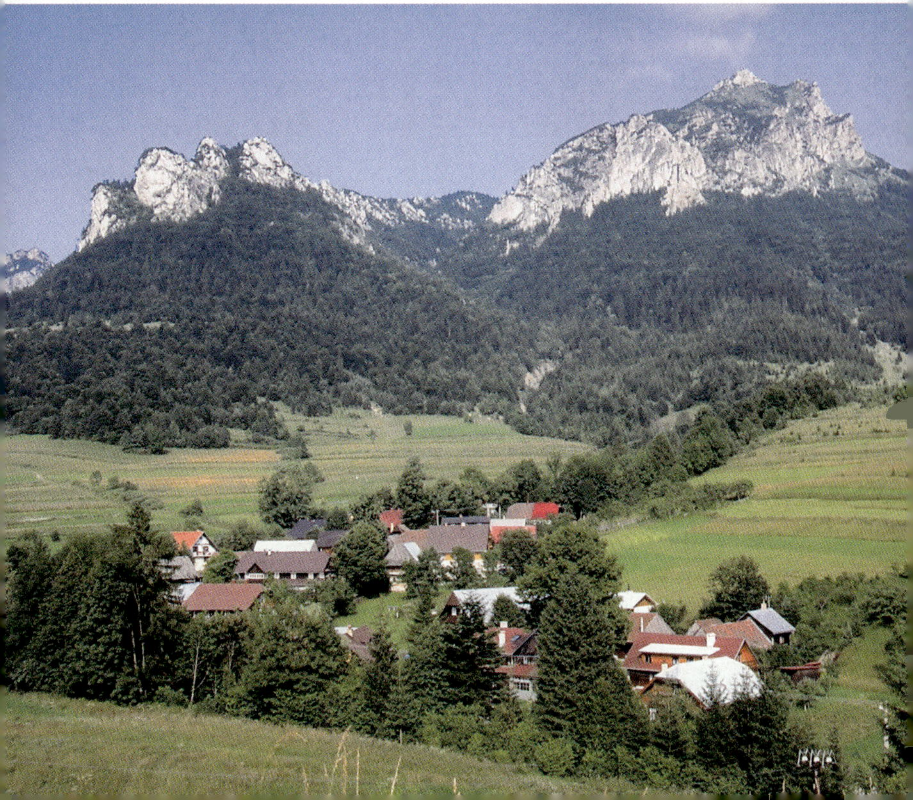

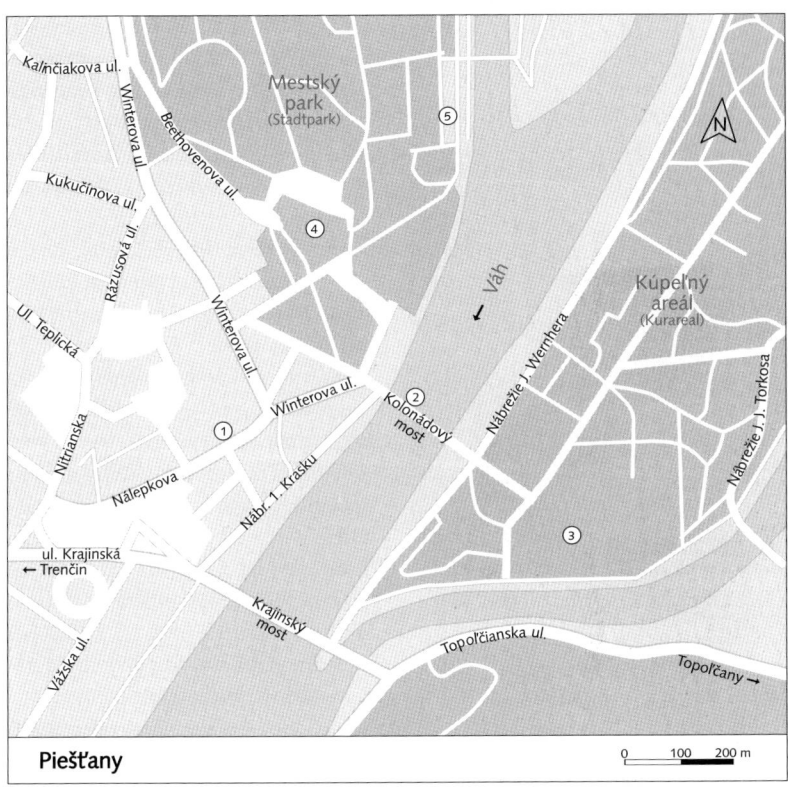

Piešťany

0   100   200 m

Legende
1 Tourismusinformation
2 Kolonnadenbrücke

3 alte Kurgebäude
4 Kurbadmuseum
5 ›Haus der Kunst‹

Thermalwasser gespeist. In den Kurhäusern kostet beispielsweise ein Schlamm-
bad 4 Euro und eine Wasserstrahlmassage 11 Euro.

Auch die Stadtseite der Kolonnadenbrücke ist recht grün. Gleich vor der
Brücke steht seit 1934 der ›Krückenbrecher‹. Dieses Motiv ist das Wahrzeichen

*Das Freilichtmuseum des slowakischen Dorfes in Martin; Das Dorf Štefanová
in der Kleinen Fatra, im Hintergrund der Veľký Rozsutec
Der Eingang zum Museum des Slowakischen Nationalaufstandes (SNP) in
Banská Bystrica*

Die Burgruine Čachtice

der Stadt. Nahe der Haupteinkaufsstraße Winterova liegt das Kurbadmuseum. Mit der imposanten Veranstaltungshalle ›Haus der Kunst‹ (Dom umenia) befindet sich unweit des Museums ein weiteres Gebäude im Bauhausstil.

Eine längere Wanderung auf einem blau markierten Weg führt in südöstlicher Richtung zum Ausflugsrestaurant Čertová pec (Teufelsherd). In Moravany nad Váhom kann man ein dreigeschossiges Renaissanceschloß mit einem angebauten, nur wenig höherem Türmchen besichtigen. Das Gebäudeensemble wird vom Slowakischen Architektenverband genutzt. Moravany ist ebenfalls bekannt als Fundstätte der aus einem Mammutzahn geschnitzten etwa 23 000 Jahre alten Frauenfigur ›Venus von Moravany‹, die sich im Achäologischen Museum von Bratislava befindet.

Zwischen Piešťany und Trenčín befinden sich die beiden bedeutenden Burgruinen Čachtice (Schächtitz) und Beckov (Beckow). Die Dracula-Geschichte kennt wohl jeder. Fast noch blutrünstiger hört sich die historisch belegte ›Schwester-Geschichte‹ von Čachtice an. Ab 1585 tötete Elisabeth Báthory (Gattin des ungarischen Feldherren Franz Nádasdy, Nichte des polnischen Königs Stefan Báthory) Jungfrauen und badete in deren Blut. Im Guinness-Buch der Rekorde wird sie als Frau mit den meisten Morden aufgeführt. Die angegebene Zahl geht in einigen Quellen bis 600. Bei der Erstürmung der Burg 1610 durch Juraj Thurzos Soldaten fand man frisch in einen Eisblock gefrorene Opfer. Sie waren ins Freie gejagt und immer wieder mit Wasser bespritzt worden. Thurzo verhinderte wegen der prominenten Verwandtschaft jedoch einen ordentlichen Prozeß. Der Kalksteinfelsen mit der Ruine der 1708 zerstörten Burg Čachtice liegt etwas außerhalb des gleichnamigen Städtchens und kann schneller von Višňové aus bestiegen werden. In der Umgebung gibt es einige Weinberge.

Unweit von Čachtice steht auf der anderen Seite des Waag-Tales die Ruine der 1804 ausgebrannten Burg Beckov auf einem steilen Korallenriff mitten im Städtchen. Die Anlage wurde 1309 als eine der ältesten Burgen Ungarns errichtet und nie von den Türken eingenommen. Ein jüdischer Friedhof liegt am Weg zur Burg.

Der Ort selbst hinterläßt mit Ausnahme der Stephanskirche derzeit keinen einladenden Eindruck. In der fruchtbaren Umgebung wird Hopfen angebaut.

Noch eine unbekanntere Burgruine ist im Gebiet zu finden. Inmitten der romantischen Wälder des kleinen Gebirges Považský Inovec liegt Temätín, der einfachste Weg dorthin geht vom Ort Hrádok aus. Selec in der nordöstlichen Gebirgsecke ist bekannt für seine Holzlöffel.

 Informačne stredisko, Nálepkova 2, 921 01 Piešťany, 033/7743355, auch Fax. Informačná kancelária INFOTUR, Husitská 253/3 (Hotel Lipa), 961 01 Stará Turá, 032/7763893, auch Fax.
Heilbadverwaltung AG, Slovenské liečebné kúpele, Winterova 29, 033/775 11 11.
Ortsansässige Reisebüros organisieren Tagesausflüge von Piešťany per Sonderbus in andere slowakische Städte, mit Führung um 20 Euro, mit Führung und guten Konzertkarten um 30 Euro.

 Piešťany liegt an der Hauptstrecke von Bratislava nach Žilina.

 In der Sommerzeit verkehren kleine Ausflugsschiffe auf dem Stausee Sľňava.

 Kurbadmuseum Piešťany (Balneologické múzeum), Di bis So 8 bis 12 Uhr, 13 bis 17 Uhr.
Stadtmuseum Beckov, Mai bis Oktober Di bis So 9 bis 16 Uhr.
Stadtmuseum Stará Turá, Mi und Fr 9 bis 12 Uhr.

 Drei kürzere Naturlehrpfade führen durch die unmittelbare Umgebung von Beckov.

 Kúpeľný ostrov, 033/775 23 50.
Banka, Sľňava, 033/762 68 33.

 Es gibt sechs Skilifte in Bezovec, drei in Banka, sechs in den Bergen hinter Stará Turá.

 Tosca, Moyzesova 3, 033/762 54 68.

 City Hotel, Winterova 35, 033/772 54 51.
Hotel Eden, Winterova 60, 033/7624691.
Hotel Thermia Palace, gehobene Preisklasse, Kúpeľný ostrov, 033/775 61 52.
Pension Solid, Vajanského 12, 033/762 64 52.

 Camping Lodenica, Juni bis September, Rekreačná, 033/762 60 93.

Trenčín und Umgebung

Trenčín (lateinisch Laugaricio, deutsch Trentschin, ungarisch Trencsén) am Mittellauf der Waag war bereits als römische Armeestation Laugaricio bekannt. Die berühmte Inschrift am Burgfelsen berichtet von einem Sieg der Römer über die Germanen im Jahr 179. Das 1852 nach längerer Vergessenheit wiederentdeckte Original kann man nur vom Hotel Tatra aus sehen.

Das Wahrzeichen der Stadt ist die Burg. Die ältesten erhaltenen Teile stammen aus dem 11. Jahrhundert. Um 1300 war die Burg Sitz des ›Königs der Waag und der Tatra‹, Matúš Čák. Der höchste Turm der Burg stammt aus dem 15. Jahrhundert und hat einen überdachten Aussichtsgang. In ihm befindet sich der sogenannte Barbara-Palast. Der 79 Meter tief in massives Felsgestein getriebene Burgbrunnen wurde der Sage nach im 16. Jahrhundert durch Türken angelegt. Dadurch erhielt ihr Anführer Omar seine geraubte Frau Fatima zurück. Seit dem Brand von 1790 blieb die Burg weitgehend ungenutzt. Eine schrittweise Renovierung in den letzten Jahrzehnten machte wieder einen Museumsbetrieb möglich: Das Stadtmuseum zeigt hier seine Ausstellungen zur Burggeschichte.

Im 15. Jahrhundert entstand eine gotische Stadtanlage mit Stadtmauer. Nach dem Brand von 1528 entwickelte sich ein Renaissancecharakter mit Bogengängen. Weitere Umbauten und weitere Brände folgten, leider gingen dabei die Arkaden wieder verloren. Von 1653 bis 1657 entstand die barocke Klosterkirche.

Der Marktplatz von Trenčín

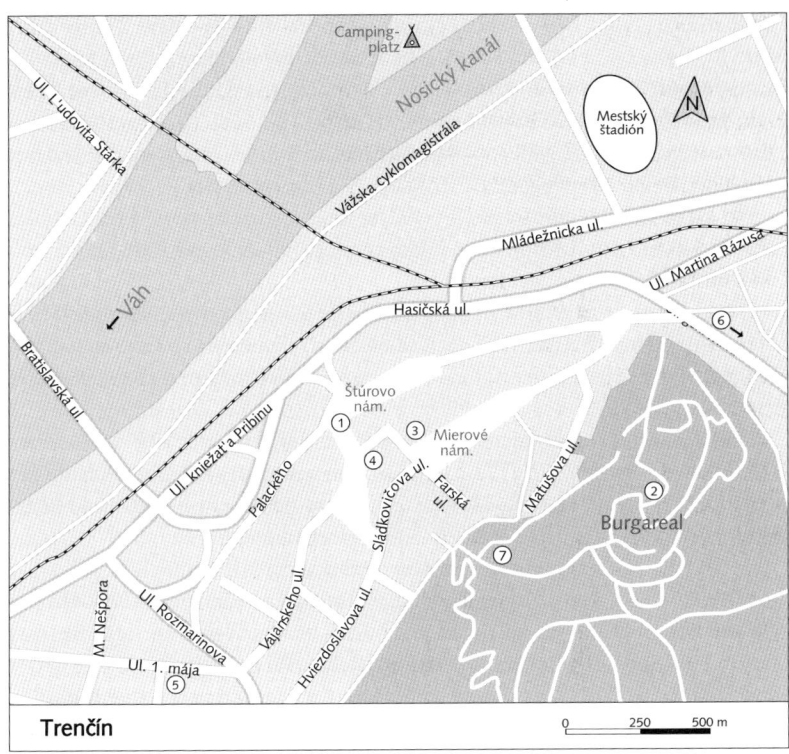

Trenčín

0   250   500 m

Legende
1 Tourismusinformation
2 Burg
3 Klosterkirche

4 Synagoge
5 Kirche Notre Dame
6 Bahnhof
7 Pfarrkirche

Die ehemaligen Klostergebäude beherbergen heute eine Galerie. Am Ende einer erfolglosen Belagerung durch die Kuruzen brach in der Stadt die Pest aus. Das 19. Jahrhundert hinterließ klassizistische Gebäude. Mehrere Bauwerke im Stadtzentrum weisen Jugendstilelemente auf (Hotel Tatra, Synagoge, Notre-Dame-Kirche). Heute ist Trenčín ein wichtiger Standort der Textilindustrie und hat 57 000 Einwohner.

In der Reihenfoge der Slowakischen Kurstädte ist Trenčianske Teplice (Trentschin-Teplitz) die Nummer Zwei hinter Piešťany. Die Stadt in einem bewaldeten Seitental der Waag verdankt ihre Entstehung schwefelhaltigen Thermalwässern und Heilschlämmen. Aus dem Jahre 1580 stammt die erste Beschreibung des

Badebetriebes mit einem Tümpel für die Oberschicht und einem Tümpel fürs Volk. 1755 gab es fünf überdachte Bäder und 1766 bereits sieben. 1888 folgte die heute bekannteste Anlage im maurischen Stil. Das ganzjährig betriebene Thermalfreibad Zelená žaba (Grüner Frosch) am Hang kann auch von Tagesbesuchern genutzt werden. Das 33 Meter lange Becken liegt direkt im Felsen. Prospekte sprechen vom höchstgelegenen Thermalfreibad Mitteleuropas.

Ein kleines Stück nordwestlich von Trenčianske Teplice liegt Nová Dubnica (Neu-Dubnitz), ein komplettes Stadtbauensemble der sechziger Jahre mit Rüstungsfabrikation am Stadtrand.

Das klassizistische Schloß in Ilava-Klobušice beherbergt eine Außenstelle des Handelsmuseums Bratislava. Neben alten Reklamemitteln sowie Kassen und Waagen werden Nachbildungen einer kleinen Dorfschenke und eines typischen Stadtcafés gezeigt.

In Ilava zweigt von der Hauptstraße die Route zur Ruine der 1707 verlassenen Burg Vršatec (Löwenstein) ab. Sie befindet sich unweit des höchsten Punktes der Weißen Karpaten auf einer Kalkklippe. Fossilien sind mit etwas Glück und Phantasie in den Gesteinen erkennbar. Am Gebirgskamm entlang ist eine Wanderung zur Ruine der 1710 ausgebrannten Burg Lednica (Lednitz) möglich. Der zweistündige Abschnitt von Vršatské Podhradie bis Červený Kameň ist als Naturlehrpfad mit zehn Informationstafeln ausgeschildert und im Winter auch per Ski passierbar. Am Fuße der Berge liegt das Städtchen Pruské (Pruskau). Die große Schloßanlage wird als Fachschule genutzt. In der Pfarrkirche ist eine Kanzel in Schiffsform zu besichtigen.

 Informačne centrum, Štúrovo 10, 911 01 Trenčín, 033/7431539, Fax 743 35 05.

 Trenčín liegt an der Hauptstrecke von Bratislava nach Žilina, in Trenčianska Teplá zweigt die Kursbuchstrecke 122 nach Trenčianske Teplice ab, 20 min, fünfzehnmal täglich.

 Stadtmuseum Trenčín, Mai bis September Di bis So 9 bis 17 Uhr, Oktober bis April Di bis So 9 bis 16 Uhr, ein Spaziergang über das Burg-Areal ist ohne Eintrittskarte möglich, die naturwissenschaftliche Abteilung befindet sich in der Mierové 46.

Handelsmuseum Ilava-Klobušice, Zámocká 5, Juni bis Oktober Di bis Sa 9 bis 17 Uhr, November bis Mai, Di bis Sa 8 bis 16 Uhr.

 Zelená žaba, Trenčianské Teplice, 17. novembra, 032/655 30 19.

 Fatima, mit Aussichtsterasse, Čáka 60, 033/744 21 10.

Maritim, im Hallenbad, Sládkovičova 5, 033/744 35 73. Es gibt mehrere slowakische Spezialitätenrestaurants im Stadtzentrum.

In Trenčín:
Hotel Lesopark Brezina, Pod Sokolicami 12, 032/65 28 17 12.
Pension Magnolia, Opatovská 22, 032/744 38 89.
In Trenčianske Teplice:
Hotel Adria, Hurbanovo 21, 032/655 34 72.
Hotel Flóra, gehobene Preisklasse, 17. novembra 14, 032/655 29 82.
Hotel Park, gehobene Preisklasse, Baračka, 032/655 68 68.

Hotel Slovakia, Masarykova 3, 032/655 35 04.
In der Umgebung:
Pension Polovnícky Zamoček, Nemšova, 032/659 80 01.
Agropension Grunt, Paparadno, 032/659 80 01.
 Camping Ostrov, 15. Mai bis 15. September, Trenčín, auf der Waaginsel, 032/743 40 13.

Zwischen Uhrovec und Púchov

Das Rajetzer Gebirge (Strážovké vrchy) nördlich der Straße zwischen Trenčín und Prievidza ist ein überregional kaum bekanntes Wandergebiet. Einen guten Eindruck davon vermittelt eine Fahrt auf der Nebenstraße am Oberlauf des Flüßchens Nitrica.

Die Kleinstadt Uhrovec ist bekannt geworden durch ihre Glasindustrie sowie als Geburtsort zweier berühmter Slowaken. Ľudovít Štúr und Alexander Dubček wurden im Abstand von 106 Jahren sogar im gleichen Haus geboren. Dieses gehört inzwischen zum Heimatmuseum Topoľčany und widmet sich dem Leben Štúrs.

Das Volksarchitekturreservat Čičmany (Zimmermannshau) ist von mehreren etwa 1000 Meter hohen Bergen umgeben, es wird häufig als das slowakische Vorzeigedorf schlechthin bezeichnet. Die Holzhausbemalung von Čičmany ist jedoch nirgendwo anders anzutreffen, kann also nicht als landestypisch gelten. Trotzdem ist ein gemütlicher Spaziergang durch das einzigartige Dorf empfehlenswert, dessen berühmte dunkle Holzhäuser größtenteils von rustikalen weißen Ornamenten mit einzelnen stilisierten Figuren geschmückt sind. Solche Häuser stehen im ganzen Dorf verstreut, das Museum im sogenannten Radena-Haus befindet sich im unteren Teil. Allerdings sehen viele Bauten älter aus, als sie tatsächlich sind. Sie wurden nach Bränden zu Beginn des vorigen Jahrhunderts wiedererrichtet, wobei die Innenraumaufteilung und die Isolierung nicht rekonstruiert wurden.

Považská Bystrica (Waagbistritz) ist eine moderne Industriestadt im Waag-Tal an den nordöstlichen Ausläufern des Rajetzer Gebirges mit zwei unbekannteren Schlössern und dem Renaissanceschloß Orlové. Dort befindet sich ein vielseitiges Heimatmuseum.

Die Schlucht Manínska tiesňava nordöstlich der Stadt führt durch zerklüftes Karstgestein mit reicher Pflanzenwelt. Über einen Naturlehrpfad mit 18 Erläuterungstafeln gelangt man in einer fünfstündigen Runde zu den schönsten Stellen. Auf anderen Wanderwegen kommt man von der Schlucht bis zu den Súľover Felsen.

Westlich von Považská Bystrica liegt Púchov (Puchau). In der namensgebenden Stadt erwartet das Museum mit einer Ausstellung über die sogenannte Púchover Kultur zu Beginn unserer Zeitrechnung seine Besucher. Bekannteste Zeugnisse dieser Epoche sind Burghügel und Metallgegenstände, sogar eigene Münzen sind zu sehen. Seltsamerweise wird dieses Museum in landesweiten Verzeichnissen oft übergangen.

 Informačná kancelária, Štúrova 5/9 (Hotel Manín), 01701 Považská Bystrica, 042/432 62 22, Fax 432 65 45.

 Považská Bystrica liegt an der Hauptstrecke von Bratislava nach Žilina.

 Geburtshaus von Ľudovít Štúr und Alexander Dubček in Uhrovec, April bis Oktober Di bis Sa 8 bis 16.30 Uhr, November bis März Sa und So 8 bis 16.30 Uhr. Volkskundemuseum, Čičmany, Di bis So 8 bis 16 Uhr. Heimatmuseum Schloß Orlové, Považská Bystrica, Di bis So 8 bis 16 Uhr.

Archäologisches Museum der Púchover Kultur im Gauhaus, Púchov, Mo bis Fr 8 bis 16 Uhr.

 Ein Fabrikverkauf von Kristallglas befindet sich an der Hauptstraße von Valašská Belá.

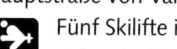 Fünf Skilifte in Čičmany, sieben in Mojtin, dort auch längere gespurte Loipen.

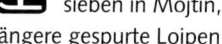 In Čičmany: Hotel Kaštieľ, 041/549 21 97. Pension Javorina, 041/549 21 09. In den bemalten Holzhäusern werden auch Privatquartiere angeboten.

Die Mährisch-Schlesischen Beskiden (Tschechien)

Wer in die Slowakei aus nordwestlicher Richtung einreist, kommt meistens durch die Walachei. Ein Teil der ursprünglich in Rumänien beheimateten Walachen siedelte sich ab dem 16. Jahrhundert hier an, sie gaben der Region ihren spezifischen Charakter in Architektur und Folklore.

Die Stadt Rožnov pod Radhoštěm liegt kurz vor einem Grenzübergang am Fuße der Mährisch-Schlesischen Beskiden (Moravskoslezské Beskydy). Ihre größte Attraktion ist der Skansen (Valašské muzeum v prirodě) mit etwa 60 Gebäuden. Sein Aufbau begann bereits 1925. Heute gehört er zu den meistbesuchten Skansen Europas. Jedes Areal dieses dreiteiligen Museumskomplexes (Rathausplatz, Mühlental, Bauernhäuser am Hang) kann man einzeln besuchen. Die meiste Zeit ist wahrscheinlich für die weitläufige Hangwiese einzuplanen.

Von Rožnov führen Wanderwege auf den Radhošt (Radegast, 1129 Meter). Auf dem Gipfel findet man eine Holzkapelle mit Kuppelturm sowie ein Denkmal für Kyrill und Method.

Vom Radhošt aus empfiehlt sich eine kleine Kammwanderung zum Wintersportzentrum Pustevny. Am Wege steht die große Statue des heidnischen Gottes Radhošt. Trotz seiner Zuständigkeit für Gastfreundschaft schaut dieser grimmig drein. Vielleicht hat er einen Kater vom guten Radhošt-Bier. Die von Albín Polášek 1930 geschaffene Figur ist inzwischen durch eine Kopie ersetzt worden. Pustevny ist das bekannteste Touristenzentrum direkt in den Beskiden. Die hübschen Holzhäuser wurden noch im 19. Jahrhundert vom Gebirgsverein Radegast errichtet. Der Archtiekt Dušan Jankovič orientierte sich dabei sehr an der Fachwerkarchitektur der Walachen.

Unweit des höchsten Berges der Beskiden (Lysá hora, 1323 Meter) steht in Hukvaldy das Geburtshaus des bekannten Komponisten Leoš Janáček (1854–1928). Seine Werke nehmen oft Bezug zur Volksmusik der Region. Typisch dafür sind die Lachischen Tänze. Oberhalb von Hukvaldy steht die Ruine der größten Burg Ostmährens. Gern besucht wird auch der Urwald Mionši.

Ein kleineres Museum über traditionelles Handwerk der Region gibt es in Velké Karlovice. Interessant ist auch die barocke Holzkirche von 1754. Von Velké Karlovice ist es nicht weit zu den Gipfeln des Mittelgebirges Javorníky. Die höchsten Berge liegen im Bereich der tschechisch-slowakischen Grenze. Von slowakischer Seite aus sind die Stichstraßen aus dem Tal der Waag bis an die Berghänge größtenteils über 20 Kilometer lang, von der tschechischen Seite aus sind die Berggipfel einfacher zu erreichen.

Empfehlenswert ist auch ein Besuch in der Kreisstadt Zlín, wo es im Zentrum Gründerzeitarchitektur und im Vorort Lešná einen der schönsten Zoos Tschechiens zu sehen gibt.

Winterspaß in Pustevny

Am Grenzübergang bei Bumbalka führt in südwestliche Richtung genau auf dem die Grenze bildenden Kamm des Javorníky ein Naturlehrpfad bis zum Berg Portáš, er ist im Winter auch per Ski passierbar, für die 28 Kilometer sollten acht Stunden eingeplant werden.

 Hotel Pancava, in Makov, kurz vor dem Grenzübergang nach Rožnov, 041/436 44 15.

Ein massives Öko-Blockhaus als Ferienquartier (bequem für zehn Personen) in Velké Karlovice kann beim Autor in Deutschland gebucht werden, 03 32 05/238 01.

 In der Glasfabrik in Karolinka sowie in der berühmten Schnapsfabrik von Rudolf Jelínek in Vizovice kann man nicht nur einkaufen, sondern auch an Werksbesichtigungen teilnehmen.

Čadca und Umgebung

Zwischen den Gebirgszügen Javorníky, Turzovská vrchovina und Kysucké Beskydy liegt das Industriestädtchen Čadca (Tschadsa), heute größte Stadt des Gebietes Kysuce (Kischütz). Zum modernsten Wintersportzentrum des Gebietes hat sich der zum Ort Oščadnica gehörende Berg Veľká Rača (1236 Meter) entwickelt. Die Skipisten liegen unmittelbar an der polnischen Grenze.

In Čadca gibt es ein Regionalmuseum und im Schloß Radola bei Kysucké Nové Mesto (Oberneustadt) eine Ausstellung zur Frühgeschichte.

30 Kilometer östlich von Čadca entsteht seit 1974 der Skansen Vychylovka. Die derzeit 25 Gebäude stammen größtenteils aus dem Tal des Flüßchens Bystrica. Insbesondere Objekte aus den vom Stausee Nová Bystrica (Neubistritz) überfluteten Dörfern wurden berücksichtigt. Die Innenräume sind original eingerichtet und die Giebel teilweise mit Schmuckelementen versehen. Besonders bemerkenswert sind die schönen gemauerten Öfen. Oft weist nur der größte Raum eines Wohnhauses einen Ofen auf, dieser diente dann gleichzeitig zum Heizen und zum Kochen. Diagonal gegenüber befindet sich ein Eßtisch mit Bänken. Außer Wohn- und Wirtschaftsgebäuden gibt es eine Schenke und Saisonhirtensitze zu sehen. Auf dem Friedhof neben dem Kirchlein sieht man alte gußeiserne Grabplatten. Der Skansen Vychylovka gehörte zu den ersten Freilichtmuseen mit Vorführungen aus Handwerk und Brauchtum. Das Museum betreut weiterhin die letzten sechs Kilometer des ehemals 110 Kilometer langen Waldeisenbahnnetzes zwischen Krásno nad Kysucou und Lokca. Das Depot für die Dampflokomotiven und Waggons der Schmalspurstrecke befindet sich am Eingang des Geländes. Höhenunterschiede dieser Bahnlinie wurden vorwiegend durch Richtungswechsel auf Stichstrecken bewältigt. Am Skansen endet die Besiedelung des Bystrica-Tales und auf dem dahinter ansteigenden Bergrücken beginnt die Region Orava.

Im Freilichtmuseum Vychylovka bei Čadca

 Informačna kancelária, Námestie slobody 30, 02201 Čadca, 041/433 26 11, Fax 433 23 22.

 Reger Zugverkehr durch Čadca bis nach Košice, Prag und Krakau, außerdem Kursbuchstrecke 128 nach Makov, 70 min, zehnmal täglich.
Saisonbetrieb der Waldeisenbahn im Skansen Vychylovka Mai bis Oktober, etwa achtmal täglich, 45 min.

 Regionalmuseum Kischütz in Čadca, Palárikova, Di bis Fr 8 bis 16.30, Sa und So 9 bis 15 Uhr.
Schloß Radola in Kysucké Nové Mesto, Di bis Fr 8 bis 16 Uhr, Sa und So 10 bis 16 Uhr.
Museum des Kischützer Dorfes (Skansen Vychylovka), Mai bis Oktober Di bis So 9 bis 17 Uhr, mit betriebener Dorfschenke.

 Hotel Kriváň, Kysucké Nové Mesto, 041/421 53 85.

 Ein vierstündiger Weg führt von Dedovka zum Gipfel des Veľká Rača (6 Tafeln), auch per Ski möglich.

 Ein Sessellift und neun Skilifte in Veľká Rača, auf dem Gebirgskamm führt eine gespurte Loipe entlang.

 Slovenská reštauracia, slowakische Küche, Čadca, 041/439 72 28.
Jeleň, auch Wildgerichte, Nová Bystrica, 041/433 21 32.

Traditionsreiche Kurbäder und alte Bergbaustädte, die alle einen Besuch wert sind, prägen das Bild der Region, die fast jeder auf dem Weg in die Tatra durchquert.

Auf dem Weg
in die Tatra

Bergbaustädte in der Landesmitte

Topoľčany und Partizánske

Die Städte Topoľčany (Topoltschan) und Partizánske (zeitweise Baťovany genannt) an der Nitra haben beide eine interessante Wirtschaftsgeschichte. In Topoľčany gab es eine Glockengießerei und einen regen Safranhandel. Ab dem 18. Jahrhundert siedelten sich immer mehr Juden an. Schmalspurbahnen dienten dem Transport von Holz und Zuckerrüben. In Bošany entstand 1866 die größte Gerberei Ungarns. In Partizánske ließ der berühmte Schuhfabrikant Tomaš Baťa ab 1938 eine Produktionsstätte errichten. Dabei förderte er Arbeiterwohnungen.

Wertvollstes Objekt des Heimatmuseums Topoľčany sind Schädelteile des Urelefanten Mastodon. In jüngster Zeit werden verstärkt Exponate aus dem Brauereigewerbe gezeigt. Beachtenswert sind außerdem Glaserzeugnisse aus Uhrovec sowie die Waffen- und Münzsammlungen des Barons Stummer. Die Burgruine Topoľčany liegt am Bergmassiv Považský Inovec (Inowetz) oberhalb des Dorfes Podhradie, westlich von Topoľčany. Ihr noch recht gut erhaltener Turm kann bestiegen werden. In der Umgebung von Topoľčany gibt es mehrere Badeseen bei Krtovce, Duchonka und Nemečky.

Partizánske verfügt über ein frührenaissancezeitliches Kastell mit Park im Stadtteil Brodzany. Die schmucklose Fassade kontrastiert mit der wohnlichen Einrichtung. 1844 erwarb ein Verwandter des russischen Dichters Alexander Puschkin die Anlage. Puschkin weilte öfter in Brodzany. Seine Schwägerin Alexandra Goncharov-Friesenhof wurde hier bestattet. 1979 wurde im Kastell ein Literaturmuseum eingerichtet.

 Kursbuchstrecke 140 nach Prievidza über Topoľčany und Partizánske.

 Heimatmuseum Topoľčany, Mo bis Fr 8 bis 16 Uhr. Alexander-Puschkin-Museum Brodzany, Di bis So 9 bis 17 Uhr.

 Chalmová, Bystričany, 046/5493320.

 Camping Chalmová, ganzjährig geöffnet, Bystričany, Nešpora 1, 046/549 33 20.

Bojnice und Umgebung

Schloß Bojnice (Weinitz), westlich von Prievidza, stellt ebenso wie das bayrische Märchenschloß Neuschwanstein ein Bauwerk dar, das seine Gestalt den romantischen Schwärmereien der Besitzer im 19. Jahrhundert verdankt. Zugegebenermaßen ist Schloß Bojnice etwas kleiner und nicht ganz so exponiert gelegen, auch ist das romantische Erscheinungsbild nicht als Neubau entstanden. Bereits um 1100 stand auf dem Travertinhügel eine Burg, die von 1528 bis 1569 von der Familie Thurzo zum Wohnsitz umgestaltet wurde. Auch König Matthias Corvinus war für kurze Zeit Besitzer, einige seiner offiziellen Urkunden um 1487 diktierte er unter dem inzwischen nur noch rudimentär vorhandenen Lindenbaum gegenüber des Burgeingangs. Nach längerer Stagnation erbte Graf Ján František Pálffy (1829–1908) 1852 die Burg, die er ab 1889 zum Schloß im Stil der Spätgotik umgestalten ließ. Die prächtigen Decken- und Wandverkleidungen entwarf der Hausherr größtenteils selbst, viele Einrichtungsgegenstände und Gemälde erwarb er auf Antiquitäten-Auktionen, darunter den einzigen komplett erhaltenen Altar von Nardo di Cione (eigentlich Leonardo Orcagna).

Außer üblichen geschmack- und prunkvollen Räumen verfügt das Schloß über einen Wintergarten und eine Kapelle sowie über eine in den Keller einbezogene natürliche Travertinhöhle, die bereits in der Altsteinzeit als Zufluchtsort diente. In seinem Testament verfügte Pálffy, daß vier seiner acht Wohnsitze mit ihren

Schloß Bojnice

Blick vom Schloß Bojnice zum Bergmassiv Vtáčnik

Kunstwerken für öffentliche Besichtigungen zugänglich gemacht werden sollen. Heute wird das Schloß von einem cleveren jungen Team verwaltet, es gibt einen effektvollen Internet-Auftritt und originelle alljährliche Kulturveranstaltungen. Am bekanntesten ist das Gespensterfestival, das sich inzwischen über zehn Tage hinzieht. Es ist auch möglich, eine Nachtführung zu bestellen oder Räume für Privatfeiern zu mieten. Schloß Bojnice ist das Kulturdenkmal mit den größten Besucherzahlen in der Slowakei.

Das Städtchen Bojnice hat aber noch mehr zu bieten. Beispielsweise liegt der älteste und größte slowakische Zoo unmittelbar neben dem Schloß. Er beherbergt fast 300 Arten. Im Bereich des grünen Marktplatzes stehen schmucke einstöckige Häuser. Die sehenswerte Inneneinrichtung der mehrmals umgebauen Martinskirche stammt aus dem 17. Jahrhundert. Pfarrhaus und Nepomuk-Kapelle sind Barockbauten aus dem 18. Jahrhundert.

Bojnice ist eine alte Kurstadt. Bereits ein Dokument von 1113 erwähnt die heißen Quellen. Auch das Freibad Čajka (Möwe) neben dem Schloß wird von Thermalwasser gespeist. Verschiedene Kurgebäude wurden seit dem 16. Jahrhundert errichtet. Im Kurviertel befindet sich ein Park mit dem dicksten Baum der Slowakei.

Bei einem längeren Slowakeiurlaub sollte ein ganzer Tag für Schloß Bojnice und Umgebung eingeplant werden. Die Wegweiser nach Bojnice führen zu Parkplätzen am Ortsrand. Außerhalb der Ferienzeit kann man getrost bis an das von weitem sichtbare Schloß heranfahren und findet wahrscheinlich eine Parkmöglichkeit am Marktplatz.

Talwärts blickt man vom Schloß Bojnice über die Stadt Prievidza (Priwitz) an der Nitra zum Bergmassiv Vtáčnik (Vogelgebirge, Vtáčnik 1346 Meter, Biely kameň 1136 Meter). Bojnice und Prievidza sind nur durch einen schmalen Feldstreifen voneinander getrennt. Prievidza hat einen grünen Marktplatz und mehrere hübsche Kirchen. Das 1985 gegründete Regionalmuseum ist schnell gewachsen und befindet sich im Piaristenkloster.

Hinter dem Schloß Bojnice beginnt der kleine Gebirgszug Malá Magura (Magura, 1146 Meter). Im übernächsten Örtchen Poruba gibt es eine sehenswerte gotische Kirche. Gut als Ausgangspunkt für Wanderungen eignet sich die zu Nitrianske Pravno (Deutschproben) gehörende ehemalige Bergbaugemeinde Chvojnica (Fundstollen).

 Informačná kancelária Horná Nitra, Slobody 4, 97101 Prievidza, 045/161 86, Fax 045/5423135.

 Es gibt nur zwei durchgehende Zugpaare täglich zwischen Bratislava und Prievidza.

 Schloß Bojnice, Mai bis September 9 bis 17 Uhr, Oktober bis April Di bis So 10 bis 15 Uhr. Regionalmuseum des oberen Nitra-Tales Prievidza, Hlinku 44, Mo bis Fr 8 bis 16 Uhr.

 Von Kamenec pod Vtáčnikom führt ein gegabelter Naturlehrpfad in das Gebiet des Andesitberges Končitá (12 Tafeln), ein weiterer durchquert das Naturschutzgebiet Buchlov (8 Tafeln).

 Čajka, Rybničky 6, 046/543 05 28.

 Mastino, mit Terasse, Nitrianske Pravno, 046/544 74 45. Es gibt mehrere Restaurants im Bereich des Marktplatzes von Bojnice.

 Berghotel Chvojnica, Nitrianske Pravno, 046/544 74 18 oder 544 73 79. Hotel Lipa, Sládkovičova 14, 046/543 03 08. Hotel pod zámkom, Hurbanovo 2, 046/540 26 50. Pension Juko, Sládkovičova 15, 046/542 25 77. Pension Mado, Jesenského 15, 046/543 01 70.

 Camping, 15. Mai bis September, Bojnice, 046/541 38 45. Camping, 15. Juni bis 15. September, Nitrianske Rudno, 046/545 54 03.

Kremnica und Umgebung

Kremnica (Kremnitz) war eine der bedeutensten Bergbaustädte der Region. 1329 begannen Einwanderer aus Kutná Hora (Sitz des böhmischen Münzhauses) mit der Prägung von Groschen und Dukaten. Damals betrug die Ausbeute der Goldadern bis 400 Kilogramm jährlich, deshalb wurde die Stadt auch ›Goldenes Kremnitz‹ genannt. Ab 1355 wurden jährlich 400 000 der berühmten Kremnitzer Dukaten aus reinem Gold geprägt. Das Münzhaus arbeitet ohne nennenswerte Unterbrechung bis heute und ist somit eine der ältesten Firmen der Welt. Schwerpunkt des derzeitigen Exports sind Rupien. Die Papiermühle der Stadt wurde in ganz Ungarn bekannt. In Kremnické Bane (Johannesberg) entwickelte sich die Spitzenklöppelei. Die Lage der Stadt im hügligen Terrain machte Schwierigkeiten beim Anlegen von Straßen. Auffälligste Gebäude am Marktplatz sind Rathaus und Franziskanerkloster. Am Rande der kleinen Altstadt befindet sich die Burg. Ihre Verteidigungsanlagen gehen in die Stadtmauer über. Einige Befestigungtürme sind erhalten geblieben. Dominierendes Gebäude des Burghofes ist die Katharinenkirche mit der Jahreszahl 1488. Der Klopfturm nordwestlich des Zentrums diente als Signalgeber.

Östlich von Kremnica liegt das nach der Stadt benannte Vulkangebirge (Kremnické vrchy). Hier befand sich die erste Sprungschanze Ungarns. Das Örtchen Krahule (Blaufuß) ist bekannt für den größten Skilanglaufwettbewerb des Landes.

Am Mittellauf des Hron bei der Ortschaft Šašovské Podhradie liegt die Ruine der 1677 zerstörten Burg Šašov (Sachsenstein) mit markanter Silhouette. Eine Vielzahl alter Eisenbahntunnel ist an den Rändern der Kremnické vrchy zu finden. Der kurvige Abschnitt zwischen dem Tal des Hron und dem Oberlauf des Turiec wird sogar mit der Semmeringstrecke in Österreich verglichen. Beim Überwinden eines Höhenunterschiedes von über 500 Metern bieten sich zahlreiche schöne Ausblicke.

 Informačné centrum, Štefánikovo 35/44, 967 01 Kremnica, 045/674 28 56, auch Fax.

 Kursbuchstrecke 171 Diviaky-Zvolen über Kremnica, 50 min bis Zvolen, sechsmal täglich.

 Zum Stadtmuseum gehören die Stadtburg, das Münzen-museum in der Štefánikovo 10/19 und die Skilaufausstellung in der Štefánikovo 33/38. Di bis Sa 8.30 Uhr bis 16.30 Uhr, kurze Mittagspause.

 Ein dreistündiger Weg über Krokuswiesen und durch alte Baumbestände beginnt in Vejmutovka.

 Kúpalisko, Krizku, 045/674 28 55.

Berghotel Minciar, Skalka,
045/674 41 24.

Hotel Centrál, Dolná 40,
045/674 42 14.

Hotel Veterník, Veternícka 19,
045/674 27 09.

 Caravan, 15. Mai bis 15. September, Dolná, 045/674 28 57.

Banská Štiavnica und Umgebung

Ein weiteres Vulkangebirge schließt sich südlich an die Kremnitzer Berge an. Es sind die Schemnitzer Berge (Štiavnické vrchy). In ihrer Mitte liegt die älteste Bergbaustadt der Slowakei. Von 1156 stammt die erste Niederschrift über Silbererzfunde. Aber schon früher wurden die stellenweise an der Erdoberfläche sichtbaren Erzadern genutzt. Das Stadtrecht erhielt Banská Štiavnica (deutsch Schemnitz, ungarisch Selmeczbánya) 1238, das Stadtwappen ist das älteste in Ungarn. Schon im 13. Jahrhundert gab es zwei Kirchen. Allmählich wurden die Bergbauanlagen aus dem unmittelbaren Stadtzentrum verdrängt, im 16. Jahrhundert stagnierte der Bergbau. Ein zentrales Problem war das Wasser in den Gruben. Es wurden weitere Paläste und die weitverzweigte Kanalisation errichtet. Eine Bergbauschule eröffnete 1735 und wurde 1762 zur Akademie ernannt. Die Bergakademie von Freiberg in Sachsen wurde dagegen erst 1765 gegründet und ist somit nicht die älteste Montanhochschule der Welt, wie oft behauptet wird. Zu dieser Zeit betrug die Silberausbeute in Banská Štiavnica über 15 Tonnen jährlich, was der Stadt den Namen ›Silbernes Schemnitz‹ eintrug. Die alten Stollen erreichen Längen bis über 16 Kilometer. Die Stadt wuchs nach nach Bratislava und Debrecen zur drittgrößten in Ungarn heran. Zu den Studenten gehörte Ungarns Nationaldichter Sándor Petöfi (1823–1849). Um 1900 war der Bergbau jedoch endgültig erloschen, und die Stadt verfiel. Die 20 Kilometer lange Bahnstrecke aus dem Hrontal nach Banská Štiavnica wurde erst 1949 fertiggestellt. Seit 1993 steht Banská Štiavnica mit den technischen Denkmälern der Umgebung in der UNESCO-Weltkulturerbeliste.

Die breite Streuung der Besiedlung und das hüglige Terrain führten zu einer ganz untypischen Verteidigungsanlage. Üblicherweise wurde die Stadtmauer eng um die Stadt gezogen oder strategische Überlegungen führten zu regelmäßigen Festungsgeometrien. In Banská Štiavnica wurden Mauerstreifen mit Toren etwas abgerückt unterhalb der Stadt in die Landschaft eingepaßt. Dazu kommt der Bau des Neuen Schlosses von 1564 bis 1571 als Wachfestung. Das weiße turmartige Renaissancegebäude hat sechs Etagen mit Schießscharten und Eckbasteien. In ihm befindet sich eine Ausstellung über die Zeit der türkischen Expansion. Am Berghang gibt es einen jüdischen Friedhof.

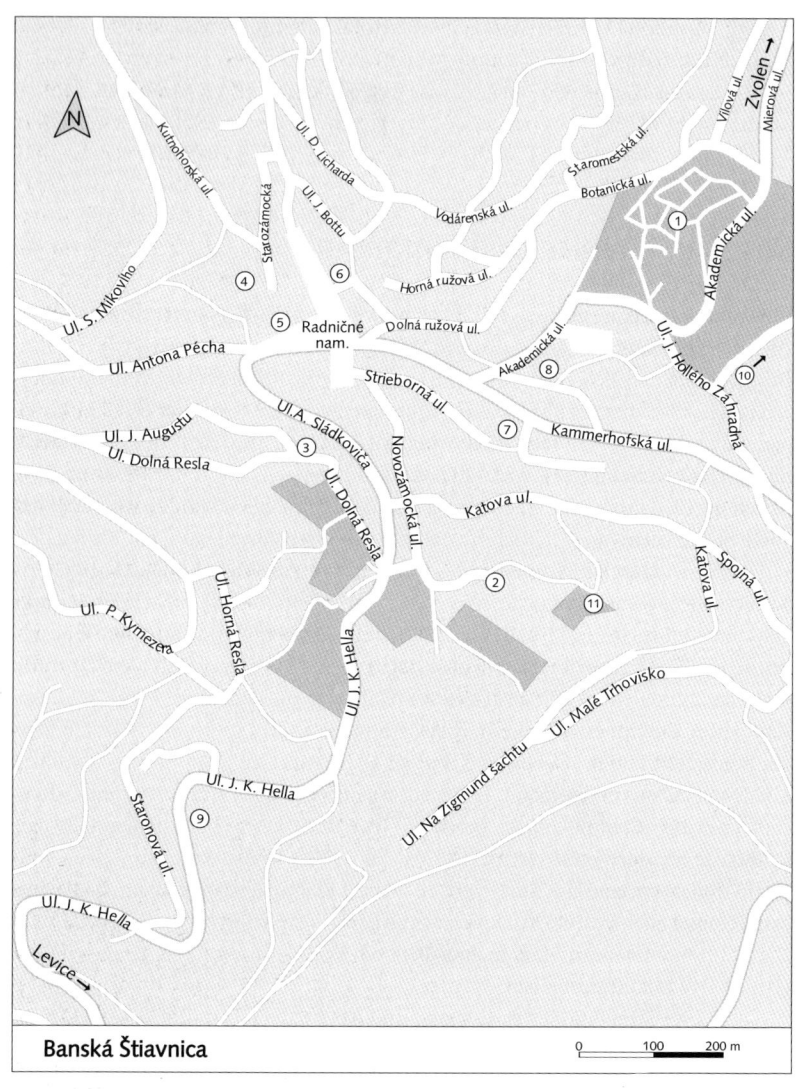

Banská Štiavnica

0   100   200 m

Legende

1 Botanischer Garten
2 Neues Schloß
3 Klopfturm
4 Altes Schloß
5 Rathaus mit Tourismusinformation

6 ehemaliges Bergbaugericht
7 Kammerhof
8 Marienkirche
9 Freigelände des Bergbaumuseums
10 Kalvarienberg
11 jüdischer Friedhof

Zwischen Neuem und Alten Schloß stehen ehemalige Gebäude der Bergbauakademie und der barocke Klopfturm von 1681. Dort kann man eine Ausstellung über Bergbautraditionen besuchen. Das Alte Schloß beherbergt eine Basilika und die wertvollsten Ausstellungen des Bergbaumuseums. Das Rathaus mit seinem Ecktürmchen ist heute noch Sitz des Magistrats. Am Rathausplatz befinden sich die Katharinenkirche und die Evangelische Kirche. Im ehemaligen Bergbaugericht (Hellenbach-Haus) beginnt ein 76 Meter langer Stollen. Das Gebäude sowie die Jozef-Kollar-Galerie daneben sind heute ebenfalls Teile des Bergbaumuseums. Der Hauptsitz des Bergbaumuseums ist der Kammerhof. Unweit davon wiederum kann man die Marienkirche mit Resten des Dominikanerklosters sehen. Mehrere Bürgerhäuser in diesem Viertel tragen längere deutsche oder lateinische Aufschriften.

Im nordöstlichen Teil der Stadt befindet sich das Arboretum Kysihýbel mit Gebäuden des Forstinstitutes. Noch weiter nordöstlich liegt der steile Kalvarienberg. Die Sakralbauten wurden von 1744 bis 1751 errichtet. Es gibt eine obere und eine untere Kirche. Die serpentinenförmige Treppe dazwischen wird von 17 Kapellen gesäumt.

Das in der Art eines Skansens errichtete Freigelände des Bergbaumuseums liegt in einem Nadelwald etwa zwei Kilometer außerhalb der Stadt. Es besteht aus zwei unterirdischen Besichtigungsgängen (Bartholomäus- und Johann-Stollen) sowie sechs oberirdischen Gebäudegruppen (zwei davon noch im Aufbau). Auf dem Gelände kann man außer Exponaten aus der Arbeitswelt und alten Fördermaschinen eine Kapelle sowie einen See bestaunen.

Die Anlage der kleinen Teiche (tajchy) rings um die Stadt diente ebenfalls dem Bergbau, 40 von 54 dieser Gewässer sind noch erhalten. An vielen davon existieren beliebte Badestellen. Zur reichen Tierwelt der Gegend gehören Fledermäuse und auffällig viele Schmetterlinge.

Nördlich von Banská Štiavnica liegt der kleine Kurort Sklené Teplice (Glashütten) mit zwölf Thermalquellen. Das heiße Wasser wurde früher sogar bei der Glasherstellung genutzt. Besonders stolz ist man auf das Thermalbassin Parenica in einer natürlichen Grotte.

In Banská Štiavnica

Unweit südöstlich von Banská Štiavnica liegt Svätý Anton (bis 1996 Antol). Auf einem Hügel über dem Dorf steht das von 1744 bis 1750 erbaute Barockschloß. Das Äußere wirkt relativ schlicht. Letzter Schloßherr bis 1944 war der bulgarische Zar Ferdinand. Das Museum zeigt neben Originalmobiliar Ausstellungen zu Jagd und Falknerei. Es kann nur im Rahmen von Führungen betreten werden. Besonders wertvoll sind die französischen Repräsentationsmöbel von Georges Jacob. Im Nachbarort Ilija steht eine kleine romanische Kirche aus dem 13. Jahrhundert mit reich verziertem Portal.

Der höchste der Schemnitzer Berge heißt Sitno (1009 Meter). Die Besteigung ist unkompliziert. Er bietet eine gute Rundumsicht und eine Außenstelle des Museums für Naturschutz und Höhlenkunde.

 Turistická informačná kancelária, Radničné 1, 969 01 Banská Štiavnica, 045/6911859, auch Fax.

 Kursbuchstrecke 154 nach Hronská Dúbrava, 30 min, zehnmal täglich, dort Anschlüsse nach Zvolen und Bratislava.

 Das Bergbaumuseum (Slovenské banské múzeum) hat von Mai bis September 8 bis 17 Uhr und von Oktober bis April Mo bis Fr 8 bis 15 Uhr geöffnet. Es besteht aus folgenden Standorten: Kammerhof, Kammerhofská 2; Hellenbach-Haus, sväty Trojice 6; Jozef-Kollar-Galerie, sväty Trojice 8; Altes Schloß (Starý zámok), Starozámocká 11; Neues Schloß (Nový zámok), Novozámocká 22; Klopfturm (Klopačka), Sládkovičova 21; Freigelände, Hella 12. Schloß Antol hat von Mai bis September Di bis So 8.30 bis 16 Uhr und Oktober bis April Di bis Sa 8 bis 15 Uhr geöffnet. Naturschutzausstellung Sitno (Specia-

lizovaná expozícia ochrany prírody), Juni bis August Di bis So 9 bis 17.30 Uhr, September bis Mai Sa und So 9 bis 17.30 Uhr.

 Ein Naturlehrpfad führt direkt durch die Stadt (11 Tafeln). Das Arboretum Kysihýbel ist Ausgangspunkt einer etwa dreistündigen Runde mit zahlreichen botanischen Raritäten (16 Tafeln). Im Bergbaugebiet ›Milan Kapusta po žile Terézia‹ westlich der Stadt schließt sich eine weitere als Naturlehrpfad ausgeschilderte Runde an (16 Tafeln). Schwerpunkt eines Weges bei Štiavnické Bane sind die kleinen für den Bergbau angelegten Teiche (8 Tafeln). Durch das Gebiet des Berges Sitno führt eine zweistündige Runde (13 Tafeln).

 Kúpalisko, Sklené Teplice, 045/6771070. Strojár, Vyhne, 045/6772185.

 In Banská Štiavnica: Hotel Salamander, Paláriková 1, 045/6913992.

Hotel Topky, Počúvadlianske jazero 199, 045/699 41 15.

Pension Steingrube, Akademičá 15, 045/691 25 09.

Pension Tomino, Akademičá 9, 045/692 13 07.

In der Umgebung:

Antolský mlyn, Svätý Anton, 045/693 13 11.

Pension pod Lipou, Kopanice, 048/412 38 08.

 Camping Počúvadlianske Jazero, 1. Juli bis 31. August, 045/699 41 12.

Camping Lipovina, Bátovce, 1. Juli bis 31. August, 036/639 41 90.

Camping Strojár, Vyhne, 1. Mai bis 31. Oktober, 045/677 21 85.

Zvolen und Umgebung

Wahrzeichen von Zvolen (deutsch Altsohl, ungarisch Zólyom) ist die breite gotische Burg Ludwigs des Großen aus dem Jahren von 1370 bis 1382. Sie wurde als zweietagiges Jagdschloß nach dem Vorbild italienischer Stadtkastelle erbaut. Das Untergeschoß hat Gewölbe und das Obergeschoß Balkendecken. 1548 wurde eine weitere Etage mit Eckerkern aufgesetzt. Zahlreiche Umbauten gaben der Fassade ein renaissancezeitliches und einigen Innenräumen ein barockes Aussehen. Die regelmäßigen Quader im Außenputz setzen sich nicht im Mauerwerk fort. Die Kassettendecke im sogenannten Königshof enthält 78 Königsporträts. Heute beherbergt die Burg Abteilungen der Slowakischen Nationalgalerie. Gezeigt werden bis zum 18. Jahrhundert außerhalb der Slowakei entstandene Gemälde.

Etwa gleichzeitig mit der Burg entstand die heutige Stadtanlage, Teile der Stadtmauer sind erhalten geblieben. Am langgezogenen Marktplatz befinden sich

Grubenfahrzeug im Bergbaumuseum von Banská Štiavnica

Die Technische Hochschule Zvolen

zwei Kirchen. Große Bedeutung hat Zvolen als Verkehrsknotenpunkt. Den Bahnhofsbetrieb kann man von der Brücke neben dem Schloß aus gut beobachten.

Naturfreunde kennen Zvolen als das Zentrum der Forstwissenschaft in der Slowakei. 1992 wurde das Heimatmuseum im ehemaligen Rathaus an der westlichen Seite des Marktplatzes in ein Forstmuseum umgestaltet. Die Forsthochschule mit der UFO-förmigen Aula sieht man gegenüber vom Bahnhof.

Viele Sagen ranken sich um die Burgruine Pustý hrad südwestlich der Stadt. So tötete ein Kastellan versehentlich die von ihm geliebte Fischerstochter und spukt bis heute mit deren Vater in den alten Mauern herum. Ein vielseitiger Naturlehrpfad führt vom Winterstadion über die Burgruine und nach einigen Schleifen wieder zum Fluß. Die zehn Erläuterungstafeln beschreiben die reiche Blumenwelt ebenso wie die Mineralquelle Červený medokýš. Ein weiterer Naturlehrpfad mit 13 Tafeln führt durch das Naturschutzgebiet Boky bei Hronská Dúbrava.

Unweit von Zvolen liegen die Kurorte Sliač und Kováčová. Sliač ist bekannt für die Behandlung von Herzkreislauferkrankungen. Der erste Bericht über einen großen warmen Teich stammt von 1244. Eine 1512 angefertigte Glocke von über fünf Tonnen hängt im Turm vor der Nikolauskirche. Auf das 19. Jahrhundert gehen die meisten Kurhäuser von Sliač zurück. Unter den Gästen waren viele Prominente aus Politik und Literatur (Lajos Kossuth, Franz Grillparzer, Božena Némcová, Hviezdoslav). Das durch Bohrungen 1967 erschlossene Thermalwasser von Kováčová wird hauptsächlich für Kinderkuren verwendet.

Hronsek liegt am östlichen Ufer der Waag auf halber Strecke nach Banská Bystrica. Hier steht eine 1728 fertiggestellte und seitdem nahezu unveränderte Artikularkirche. Für eine alte Holzkirche ist der ungewöhnliche Bau recht schlank und hoch. Das Fachwerk zeigt nach außen und die Verschalung nach innen. Der freistehende Glockenturm besteht ebenfalls aus Holz. Außerdem hat Hronsek zwei alte Herrenhäuser zu bieten.

Reichlich 20 Kilometer östlich von Zvolen berührt die Hauptstraße Detva. Stadt und Umgebung sind bekannt für ihre typische Folklore. Oberhalb von Detva beginnt das höchste slowakische Vulkangebirge Poľana. Es hat einen bewaldeten Krater aus dem Tertiär mit einem Durchmesser von fast fünf Kilometern. Der höchste Berg (Poľana, 1458 Meter) liegt auf dem Kraterrand, leider ist der Blick in das ehemalige Kraterinnere zugewachsen. Ausländische Touristen sind hier selten anzutreffen. Aber der Aufstieg lohnt sich. Der Weg vom Berghotel Poľana (großer Parkplatz, gute Küche) zum Gipfel ist auch Familien mit ungeübten Kindern zumutbar.

 Informačné centrum, Trhová 4, 96001 Zvolen, 045/542 92 68, auch Fax.

 Die Stadt ist ein wichtiger Verkehrsknotenpunkt, es halten auch Schnellzüge zwischen Bratislava und Košice sowie über Fiľakovo nach Budapest.

 Schloßgalerie Zvolen, Di bis Fr 10 bis 17 Uhr, Sa 9 bis 17 Uhr, So 10 bis 16 Uhr.
Forstmuseum Zvolen, SNP 31, Di bis Fr, So 9 bis 17 Uhr.
Regionalmuseum Detva, SNP 1, Mo bis Sa 8 bis 16 Uhr.

 Recent, Kováčová, Tajovského 23, 045/544 53 19.

 Mehrere Restaurants im Zentrum.
Salaš Hron, slowakische Küche, Kováčová, 045/544 54 50.

 Mestský hotel, Trhová 4, 045/532 51 08.
Berghotel Poľana, Hriňová, 045/5497-204, -304 oder -665.
Pension Quattro, SNP 32, 045/532 32 59.

 Ranč pod Bukmi, Látty, 045/532 53 56.

 Camping Neresnica, April bis Oktober, Zvolen, 045/533 26 51.
Camping, Juni bis August, Kováčová, Kúpeľná, 045/544 52 20.

Banská Bystrica und Umgebung

Am Marktplatz von Banská Bystrica

Banská Bystrica (deutsch Neusohl, ungarisch Besztercebánya) ist wohl nach Bratislava und Košice die wichtigste slowakische Stadt für Touristen. Auch Banken und Zeitungsverlage haben hier ihren Sitz. Das in den letzten Jahren renovierte Zentrum mit attraktiven kleinen Läden zieht insbesondere viele Tagesausflügler an. Manche Touristen bezeichnen die fast genau in der Landesmitte gelegene Stadt mit ihren 85 000 Einwohnern als die schönste des Landes.

Die erste Urkunde von 1255 erwähnt schon die Metallgewinnung. In der Folgezeit wurde Banská Bystrica eine reiche Bergbaustadt. Aus einer Begegnung des Krakauer Unternehmers Ján Thurzo (1437 – 1508) und des Augsburger Bankiers

Legende

1 Tourismusinformation
2 Stadtturm
3 Altes Rathaus
4 Marienkirche
5 Kreuzkirche
6 Museum des Slowakischen Nationalaufstandes
7 Jesuitenkathedrale
8 Thurzo-Haus (Mittelslowakisches Museum)
9 Benický-Haus
10 Staatsoper

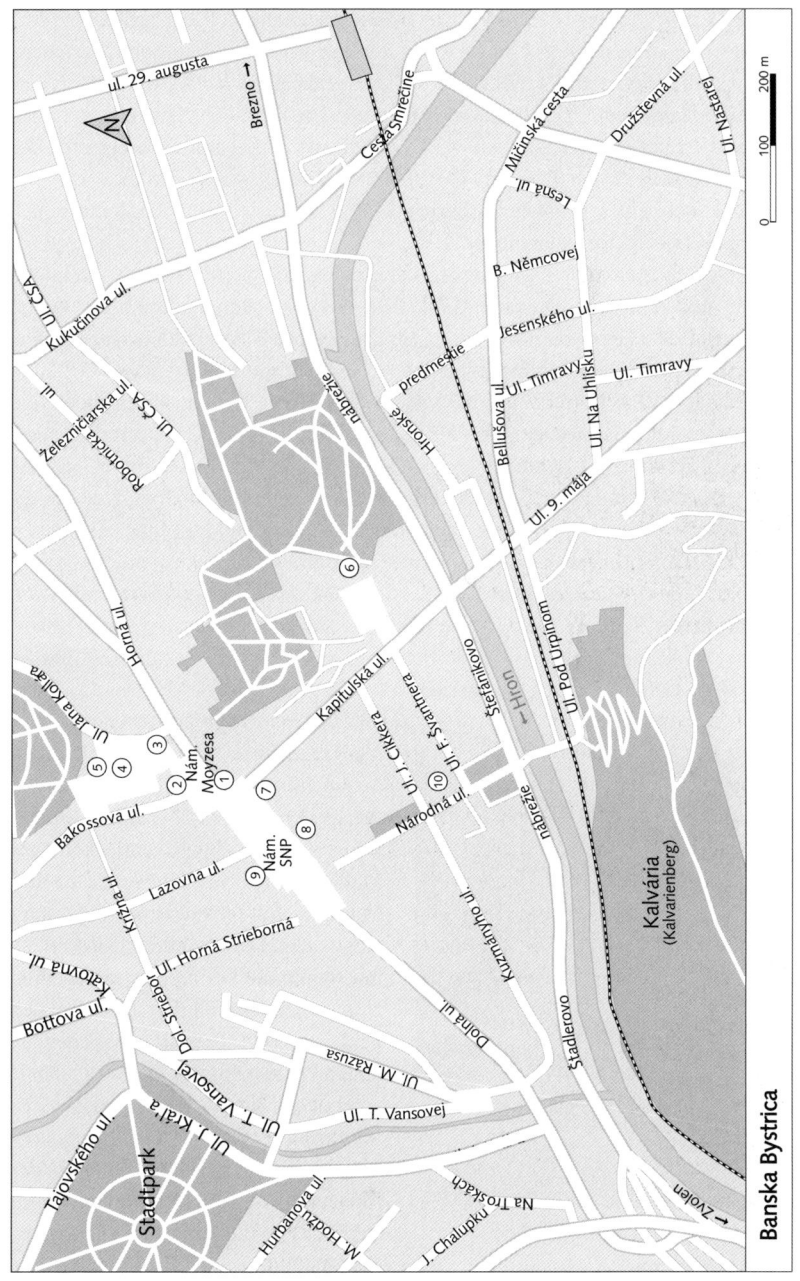

ul. 29. augusta

Brezno

Cesta Smrečine

Mičinská cesta

Družstevná ul.

Ul. Nastarej

Lesná ul.

B. Němcovej

Jesenského ul.

Ul. ČSA

Kukučínova ul.

Železničiarska ul.

Robotnícka ul.

ul.

Ul. ČSA

nábrežie

predmestie

Hronské

Bellušova ul.

Ul. Timravy

Ul. Timravy

Ul. Na Uhlisku

Ul. 9. mája

Ul. Pod Urpínom

Hron

Horná ul.

Ul. Jána Kollára

⑥

Kapitulská ul.

Ul. J. Cikkera

Štefánikovo

Ul. F. Švantnera

③

⑤ ④

② Nám.
Moyzesa ①

⑦

⑩

Bakossova ul.

⑧

Národná ul.

nábrežie

Kalvária
(Kalvarienberg)

Krížna ul.

Lazovna ul.

⑨ Nám.
SNP

Kuzmányho ul.

Katovná ul.

Ul. Horná Strieborná

Ul. Dol. Strieborná

Bottova ul.

Dolná ul.

Štadlerovo

Ul. J. Kráľa

Ul. T. Vansovej

Ul. M. Rázusa

Ul. T. Vansovej

Tajovského ul.

Stadtpark

M. Hodžu ul.

Hurbanova ul.

J. Chalupku

Na Troškách

Zvolen

Banská Bystrica

Jakob Fugger (1459–1525) im Jahre 1493 entwickelte sich der größte Kupfer-produzent Europas. Die Familien traten auch in verwandtschaftliche Beziehungen, was die wirtschaftliche Macht des Unternehmens noch stärkte. Bald erreichte die Jahresausbeute 1550 Tonnen Kupfer, was der Stadt den Namen ›Kupfernes Neusohl‹ eintrug. Um 1525 kam es zu Grubenaufständen und 1546 zog sich der Geschäftsführer Anton Fugger (1493–1560) aus der Slowakei zurück.

1761 tobte ein vernichtender Brand. 1944 war Banská Bystrica Zentrum des Slowakischen Nationalaufstandes.

Die wichtigsten Sehenswürdigkeiten befinden sich am Marktplatz und in den angrenzenden Straßen. Die alten Gebäude der sogenannten Stadtburg am oberen Ende des Platzes erwecken weder den Eindruck einer Burg noch überhaupt eines zusammengehörigen Gebäudeensembles. Nichtsdesdotrotz ist jedes Gebäude auch einzeln eine Betrachtung wert. Zum Marktplatz hin weist der ehemalige Eingangsbereich Barbakane mit dem Stadtturm. Der dicke Turm mit dem spät-barocken Helm ist das Wahrzeichen der Stadt. Rechts daneben befindet sich das Alte Rathaus (Pretorium). Es beherbergt die Staatsgalerie. Mittelpunkt des Burg-areals ist die Marienkirche (Deutsche Kirche). Die ältesten Mauerstücke stammen von 1255. In der Barbarakapelle der Kirche befindet sich ein bedeutender Altar des Meisters Paul aus Leutschau von 1509. Die Bilder des Hauptaltares stammen von Johann Lukas Kracker. Die Gruppe ›Christus auf dem Ölberg‹ in einer Außen-nische der Marienkirche wird Veit Stoß zugeschrieben. Ein schlankes fünfge-schossiges Gebäude an der Stadtmauer trägt das Wappen des Matthias Corvinus und die Jahreszahl 1479. Angebaut ist die Kreuzkirche (Slowakische Kirche).

Noch innerhalb der Stadtmauern an der östlichen Ecke über dem Fluß befindet sich ein experimentierfreudiger Stahlbetonbau von 1969. Es ist das Museum des Slowakischen National-aufstandes. Der Architekt Dušan Kuz-ma wählte die Form eines in der Mitte zerhauenen Hirtenhutes. Zwischen den beiden Teilen brennt ein Feuer an einem Partisanengrab. Das Freigelände zeigt neben Kanonen aus dem Zweiten Weltkrieg natürlich den legendären Russenpanzer T-34. Im Bereich des Museums ist die Stadtmauer ein-schließlich Basteitürmen besonders gut erhalten.

Am Museum des Slowakischen Nationalaufstandes

Am Markplatz selbst, der den Namen des Slowakischen Nationalaufstandes trägt, steht der um 40 Zentimeter aus dem Lot geratene Uhrturm von 1552. In der gleichen Ecke des Platzes befindet sich die 1709 fertiggestellte Jesuitenkathedrale mit den 1844 ergänzten Türmen. Das Thurzo-Haus mit Fresken aus dem 16. Jahrhundert beherbergt das Mittelslowakische Museum. Gegenüber sieht man das auffällige Benický-Haus mit farbenfrohem Relief über dem Portal und offener Loggia im Mittelgeschoß.

Im Stadtteil Radvaň (Burgstädtl) stehen drei Kastelle. Im sogenannten Tihányi-Schloß ist das Naturwissenschaftliche Museum untergebracht. In der Antonskirche des Stadtteils Sásová (Sachsendorf) kann man Arbeiten aus der Werkstatt des Meisters Paul aus Leutschau sehen.

Nördlich von Banská Bystrica liegen Harmanec (Hermannsdorf) und Špania Dolina (Herrengrund). Bei Harmanec gibt es eine Tropfsteinhöhle und einen Eibenwald zu erkunden. Der Izbica (Zimmerchen) genannte Eingangsraum der Höhle ist seit langem bekannt, ab 1932 wurden weitere Partien erschlossen. In der Höhle beeindrucken hohe Schlote und tiefe Abgründe die Besucher. Die Sinterverzierungen sind oft fast weiß. Unter den pagodenartigen Stalakmiten gibt es sehr große Exemplare. Die Tropfsteinhöhle Harmanec hat einen eigenen Bahnhof, westlich davon befindet sich der längste Eisenbahntunnel des Landes. Im Volksarchitekturreservat Špania Dolina sind größtenteils einstöckige Bergarbeiterhäuser und eine Kirche mit langer Holztreppe davor pittoresk an einem Hang angeordnet. Eine technische Meisterleistung war die Wasserversorgung des Ortes durch kilometerlange Holzrinnen. Nach dem Rückgang der Kupfergewinnung wurden Klöppelspitzen zum bedeutendsten Produkt des Ortes. Weiterhin ist Špania Dolina für Trinkbecher aus Eisen mit einer Kupferbeschichtung durch Bergbauabwässer bekannt. Knapp 300 Stück sind noch erhalten. Die stets vorhandenen Inschriften bestehen meistens aus altertümlichen deutschen Sprüchen.

An der Hauptstraße in östlicher Richtung erblickt man bald das Schloß von Slovenská Ľupča (Slowakischliptsch). Das festungsartige Aussehen stammt aus der Zeit der Türkeneinfälle. Die knappen Öffnungszeiten werden durch die häufige Verfügbarkeit des Verwalters relativiert, der gegen ein Trinkgeld Sonderführungen vom Keller bis zum Turm macht.

20 Kilometer östlich von Banská Bystrica liegt der kleine Kurort Brusno. Eine etwa fünfstündige Wanderung führt auf die Berge Košariská (1694 Meter) und Veľká Chochuľa (1753 Meter). Noch ein kleines Stückchen weiter an der Hauptstraße findet man in Nemecká (Deutschendorf an der Gran) ein eindrucksvolles Denkmal, das an den Slowakischen Nationalaufstand erinnert. Hier wurden etwa 1000 Partisanen aus mehreren Nationen erschossen und im Ofen des Kalkwerkes verbrannt. Darunter befanden sich auch Kinder.

Informačné stredisko, Moysesa 26, 974 01 Banská Bystrica, 048/415 50 85, Fax 415 29 14.

  Kursbuchstrecken 170 und 172 über Banská Bystrica, auch direkte Verbindungen nach Bratislava und Košice. Bahnhof und Busbahnhof befinden sich südöstlich der Altstadt.

 Das Mittelslowakische Museum (Stredoslovenské múzeum) besteht aus der Historischen Abteilung im Thurzo-Haus und der Naturwissenschaftlichen Abteilung im Tihányi-Schloß, geöffnet sind beide täglich von 9 bis 12 Uhr und von 13 bis 16 Uhr.
Museum des Slowakischen Nationalaufstandes, Kapitulská 23, Mai bis September Di bis So 8 bis 18 Uhr, Oktober bis April Di bis So 9 bis 16 Uhr.
Schloß Slovenská Ľupča, Sa und So 14 bis 16 Uhr.
Tropfsteinhöhle Harmanec (Harmanecká jaskyňa), Führungen außer Mo 15. Mai bis Oktober dreimal täglich (letzte 14 Uhr), 15. Juni bis 15. September 10 bis 16 Uhr stündlich.

 Ein einstündiger Weg führt zur Höhle Harmanec (7 Tafeln).
Eine einstündige Runde führt durch den Ortsteil Jakub in Špania Dolina (24 Tafeln).

 Es gibt vier Skilifte am Gipfel Panský diel bei Špania Dolina.

 Slovenská pivnica, slowakische Spezialitäten, Laznová 18, 048/415 50 36.
U Tigra, vorbildliche Menüzusammenstellungen, Dolná 36, 048/412 49 19.

 Hotel Arcade, gehobene Preisklasse, SNP 5, 048/430 21 11.
Hotel Dixon, Švermova 32, 048/415 22 72.
Hotel Kaštieľ Bočian, Matúškova 26, Vlkanová, 048/418 83 87.
Pension Kúria, Bakossova 4, 048/415 22 72.
Pension Bella, Sládkovičova 9, 048/416 11 07.
Pension Uhlisko, Lesná 3, 048/414 56 12.

 Camping Turist, ganzjährig geöffnet, Tajovského 68, 048/423 07 45.

Brezno und Umgebung

Die ehemalige Bergbaustadt Brezno (Bries an der Gran) war Schauplatz vieler historischer Auseinandersetzungen. Heute ist sie größte Stadt des Gebietes Horehronie und spielt eine zentrale Rolle in der Folklore (Literatur, Theater, Tanz).

Wie andernorts auch geht der für die Slowakei untypische quadratische Marktplatz auf die Anlage durch deutsche Bergleute zurück. Der große Platz trug unter anderem schon die Namen von Hitler und Gottwald. Hier befinden sich ein klassizistischer Stadtturm von 1830 und das 1780 barock umgestaltete Rathaus. Es beherbergt das Regionalmuseum mit Bibliothek. An der Stelle der 1571 abgebrannten ersten Kirche steht eine Mariensäule. Im Stadtzentrum befinden sich mehrere Kirchen und die 1902 fertiggestellte Synagoge.

Rund um die Stadt sind mehrere kleine Naturschutzgebiete wie die Breznoer Felsen (946 Meter) oder der Erlenhain Rohoc verteilt.

Hronec liegt ein kleines Stück westlich von Brezno und war ein Zentrum der ungarischen Eisenindustrie. Schöne Beispiele der alten Gußeisenproduktion sind im Ort zu sehen (Brücke von 1810, Pavillon auf dem Kalvarienberg).

Die mit Abstand bekannteste traditionelle Schmalspurbahn der Slowakei ist die Waldeisenbahn am Čierny Hron (Čiernohronská železnica, ČHŽ). Am Anfang des letzten Jahrhunderts erreichten derartige Bahnen allein im Gebiet Horehronie eine Streckenlänge von etwa 130 km. Sie transportierten Holz zu den Sägewerken. 1982 wurde der letzte Teil von 36 Kilometer stillgelegt. Die Initiativen zur Rettung der Bahnstrecken waren übrigens eine Keimzelle heutiger demokratischer und ökologischer Bewegungen. Auf dem Abschnitt von Hronec über Čierny Balog nach Vydrovo fährt die Bahn seit 1992 wieder an Wochenenden. Im Bahnhof Čierny Balog informiert ein kleines Museum über die Bahn. Es werden auch Exkursionen in den Urwald Dobrač angeboten. Die erneute Inbetriebnahme der Zweigstrecke nach Osrblie ist geplant. In Osrblie finden regelmäßig Biathlon-Wettkämpfe unterschiedlicher Bedeutung bis hin zu Weltmeisterschaften statt.

Ein kleines Stückchen östlich davon fährt zwischen Brezno und Tisovec eine Zahnradbahn. Die einstündige Fahrt bietet auf 30 Kilometern unter anderem zwei hohe Brücken. Nördlich von Tisovec wiederum liegt der relativ unbekannte Nationalpark Muránska Planina. Die Ruine der 1760 ausgebrannten Burg Muráň am Berg Cigánka ist die höchstgelegene des Landes (935 Meter).

 Informačná kancelária, Štefánika 3, 977 01 Brezno, 048/611 42 21, auch Fax.

 Kursbuchstrecke 172 Banská Bystrica–Brezno, 70 min, zwölfmal täglich. Infos zur Waldeisenbahn: 048/6191 5 00.

 Regionalmuseum des oberen Hrontales in Brezno, Štefánika 55/47, Mo bis Fr 8 bis 16 Uhr.

 Einstündiger Weg vom Forsthaus Veľká lúka bei Muránska Huta bis zur Burgruine Muráň (7 Tafeln), auch für Radler geeignet.

 Skilifte in Čierny Balog, Michalová, Muráň und Muránska Dlhá Lúka, gespurte Loipen in Osrblie.

Zwischen Fatra und Tatra

Am Oberlauf der Waag bündeln sich die Verkehrswege in die Tatra. Die hier gelegenen Städte laden auf den ersten Blick nicht zum Verweilen ein. Ihre Sehenswürdigkeiten findet man oft nur nach entsprechenden Hinweisen. Dann entpuppt sich jede dieser Städte als potentielles Ziel für einen Tagesbesuch. Und nur wenig abseits der Hauptstraße warten mehr oder weniger versteckt weitere lohnenswerte Ziele.

Anfahrt von Westen in die Kleine Fatra

Žilina und Umgebung

Bereits im 14. Jahrhundert war Žilina (deutsch Sillein, ungarisch Zsolna) die wichtigste Stadt der nordwestlichen Slowakei. Eine weitere Blütezeit folgte im 16. Jahrhundert. Žilina wurde zeitweise wichtigstes Zentrum des Protestantismus. 1610 entstand unter dem Schutz Ján Thurzos die erste Organisation evangelischer Kirchen in Ungarn.

Der Aufschwung Žilinas in neuerer Zeit ist seiner Rolle als Verkehrsknotenpunkt zu verdanken. Hier trifft die Bahnstrecke zwischen Bohumín und Košice auf die Strecke von Bratislava. Auch wichtige Straßen kreuzen sich. Die Stadt hat heute etwa 84 000 Einwohner.

Die Altstadt ist konzentrisch um den Marienplatz herum aufgebaut. Im 17. Jahrhundert war die heutige Platzaufteilung und Fassadengestaltung bis auf Details abgeschlossen. Die Bürgerhäuser unmittelbar an diesem quadratischen Marktplatz sind zweistöckig und haben hübsche Bogengänge. Das Obergeschoß diente Wohnzwecken. Keller und Erdgeschoß waren dem Gewerbe vorbehalten. Trotz mehrerer Umbauwellen blieben die Bogengänge immer erhalten. Am Platz stehen außerdem ein vorzüglich diesem Baustil angepaßtes Rathaus mit der Hausnummer Eins und das Jesuitenkloster mit der Paulskirche. Dieser Barockkomplex wurde 1743 errichtet. Im Kloster befindet sich heute eine Galerie.

Weiteres und weithin sichtbares Wahrzeichen der Stadt ist die Dreifaltigkeitskirche mit dem verkantet zu ihr stehenden Burianturm. Dieser Glockenturm war wohl Bestandteil einer nicht mehr erhaltenen Burg und wurde bei Umbauten dem Kirchturm angepaßt. Die Kirche wurde 1400 auf älteren Fundamenten erbaut. Ihre Inneneinrichtung stammt größtenteils aus dem 19. Jahrhundert. Die Treppengestaltung vor der Kirche stammt aus dem Jahre 1943.

Zum Stadtgebiet von Žilina gehört das Schloß Budatín. Es steht am Zusammenfluß von Waag und Kysuce. Trotz mehrerer Umbauten blieb der renaissancezeitliche Charakter erhalten. Die Restaurierung nach dem Brand von 1849 zog sich bis 1923 hin. Im Schloß befindet sich das Museum des Waag-Tales. Es zeigt unter anderem die 1992 eröffnete weltgrößte Ausstellung über das Drahtbinder- und Kesselflickerhandwerk.

15 Kilometer flußabwärts von Žilina liegt Bytča (Großbitsch). Das interessante Renaissanceschloß mit exakt quadratischem Grundriß wurde 1571 erbaut. Es hat vier dicke Ecktürme und einen Arkadenhof. 1601 wurde es anläßlich der Hochzeit Judith Thurzos durch einen Hochzeitspalast ergänzt. Gegenüber des Schlosses steht eine verfallene Synagoge.

Südwestlich von Žilina befinden sich die Súľover Felsen (Súľovské Skaly). Der bizarre Bergrücken mit Zacken und Toren ist überregional kaum bekannt. Dabei eignet sich das malerische und abwechslungsreiche Kalkgebilde hervorragend für eine Tageswanderung. Unter Kletterern gilt Súľov als eines der attraktivsten Gebiete des Landes. Ein-

Die Súľover Felsen

Kuranlagen in Rajecké Teplice

zelne Felsgebilde haben so phantasie-volle Namen wie Schlafender Dinosau-rier, Morchel, Indianer, Maria Theresia, Drachenhöhle oder Katerohren. Die steilsten Stellen der markierten Wan-derwege sind mit Leitern und Halte-ketten gesichert. 578 Meter hoch liegt an einer schwer zugänglichen Stelle die Burgruine Súľov. 1780 wurde sie verlassen und verfiel. Ihre ursprüngli-che Größe mit 18 Räumen und einer Vorburg kann man sich heute kaum noch vorstellen. Eine weitere eng mit der Landschaft verwachsene Burg-ruine steht bei Dolný Hričov. Die drit-te Burgruine im Umfeld der Súľover Felsen befindet sich bei Lietava.

Ein moderner kleiner Kurort mit zwei Thermalhallenbädern ist Rajecké Teplice (Bad Rajetz) 14 Kilometer süd-lich von Žilina. Der See im Kurpark wird je nach Jahreszeit für eine Boots-ausleihe oder als Schlittschuhareal genutzt. Das Örtchen bietet vielseitige Erho-lungsmöglichkeiten von Waldwanderwegen bis zur Saturday-Night-Boogie-Party. Einen spezifischen Charakter mit verspielt-naivem Orienteinfluß bietet das elegante Kurhaus Aphrodite. Der ältere Nachbarort Rajec (Rajetz) besitzt ein spätbarockes Schloß mit Park.

Von Rajecké Teplice aus zweigt ein Weg in die Berge zum Schloß Kunerad ab. Das Gebäude im Sezessionsstil dient heute als Sanatorium. Sechs Kilometer süd-lich von Rajec liegt Rajecká Lesná (Freiwald) mit der Schnitzausstellung ›Slowa-kisches Bethlehem‹ in der Dorfkirche. An dem zehn Meter langen Panorama arbeitete der Volkskünstler Jozef Pekara 17 Jahre lang. Von Kunerad und Rajecká Lesná aus führen Gebirgstäler in den südlichen Teil der Kleinen Fatra (Lučianská Malá Fatra).

Die bei ausländischen Touristen wohl bekanntesten Burgruinen der Slowakei sind Strečno und Starý hrad. Sie liegen auffällig zwölf Kilometer südöstlich von Žilina beiderseits der Waag. An dieser Stelle durchbricht der Fluß den Gebirgszug Kleine Fatra. Die leichter erreichbare Ruine ist Strečno. Sie wurde im 13. Jahr-hundert gebaut und im 17. Jahrhundert zerstört. Einzelne Räume wurden unlängst rekonstruiert und bieten Platz für ein kleines Burgmuseum. Auf dem nahen Gipfel Zvonica ist ein Denkmal der Beteiligung französischer Partisanen am Slowakischen Nationalaufstand gewidmet. In Strečno kann die Waag per Autofähre oder über eine Fußgängerbrückke überquert werden. Das Freibad im Nachbarort Stráňavy wird von Thermalwasser gespeist. Hinter Starý hrad beginnt der nördliche Teil der Kleinen Fatra (Krivánska Malá Fatra).

 CK Selinan, Burianova medzierka 4, 01001 Žilina, 041/562 07 89 oder 562 14 78, Fax 562 31 71.

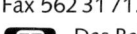 Das Bahnhofsgelände von Žilina nördlich der Altstadt ist Knotenpunkt von Fernbahnlinien (Kursbuchstrecken 120, 127, 180) mit direkten Verbindungen nach Prag (zwei verschiedene Routen, etwa 8 h), Bratislava und Košice, außerdem Kursbuchstrecke 126 nach Rajec, 40 min, zehnmal täglich.

 Floßfahrten unterhalb der Burg Strečno, etwa 4 Euro für 7 Kilometer.

 Museum des Waag-Tales, Schloß Budatín, Di bis So 8 bis 16 Uhr.
Kunstgalerie des Waag-Tales, Štefánikova 2, Di bis Fr 9 bis 17 Uhr, Sa und So 10 bis 17 Uhr.
Stadtmuseum Rajec, SNP, Di bis So 9 bis 12 Uhr, 14 bis 17 Uhr.
Schnitzereiausstellung ›Slowakisches Bethlehem‹ in Rajecká Lesná, Dorfkirche, 9 bis 18 Uhr.
Burg Strečno, April bis September Di bis So 9 bis 17 Uhr, Oktober bis März Mo bis Fr 8 bis 15 Uhr.

 Zweieinhalbstündige Runde durch die Súľover Felsen (17 Tafeln).
Viereinhalbstündige Runde bei Varín (15 Tafeln).
Zweistündiger Weg von Rajecké Teplice nach Porúbka (16 Tafeln).

 Laura, Rajecké Teplice, 1. maja, 041/549 39 15.
Veronika, Rajec, Bystrická 57, 041/542 24 57.
Kúpalisko, Štraňavy, 041/596 64 21.

 In Žilina: Hotel Astoria, Národná 1, 041/562 47 11.
Pension Majovej, Milica 3, 041/562 41 52.
In der Umgebung:
Hotel Veľka Fatra, Kuneradská, Rajecké Teplice, 041/549 37 27.
Pension Talisman, Súľovského, Rajecké Teplice, 041/549 38 34.
Pension Stráňavy, Viťažstva, Stráňavy, 041/596 92 68.

 Camping Slnečne skaly, Mai bis September, Poluvsie, 041/5493404.
Camping Varín, Mai bis 15. Oktober, Varín, 041/562 14 78.

Die Nördliche Kleine Fatra

Das Vrátna-Tal (Vrátna dolina) ist eindeutig das touristische Zentrum der Kleinen Fatra (Malá Fatra). Den Talkessel riegeln hohe Berge fast vollständig ab, was zu einem eigenen Kleinklima führt. Die Tiesňavy-Schlucht des Flüßchens Vrátňanka zwischen den Bergen Sokolie und Boboty stellt die einzige Zufahrt dar. Erst mit dem Ausbau der dortigen Straße 1964 begann eine nennenswerte Erschließung des Talkessels für den Sommer- und Wintertourismus. Am Talende bieten sich die höchsten Gipfel der Kleinen Fatra für Rundblicke an. Als schönster Gipfel gilt der markante Kalkkegel des Veľký Rosutec. Unmittelbar unterhalb der Berge liegt das malerische Örtchen Štefanová. Weitere beliebte Wanderungen sind auf beiden Seiten der Tiesňavy-Schlucht sowie durch die Canyons Horné und Dolné diery möglich. Bei dickem Schnee kennzeichnen Holzstangen die wichtigsten Wanderwege. Die Seilbahnen im Vrátna-Tal transportieren bis zu 8000 Personen pro Stunde.

Im Bergbauerndorf Terchová am Beginn des Tales konzentrieren sich die Touristenunterkünfte. Der Geburtsort von Juraj Jánošík (1688–1713) ist auch ein wichtiges Folklorezentrum des Landes. In Richtung der Berge wurde zum runden Geburtstag des ›slowakischen Robin Hood‹ 1988 ein großes glänzendes Metalldenkmal eingeweiht.

 Združenie turizmu, Cyrilla a Methoda 96, 013 06 Terchová, 041/569 53 07, auch Fax.

 Juraj-Jánošík-Ausstellung Terchová, Di bis So 8 bis 16 Uhr.

 Dreistündige Runde ab Štefanová durch Canyons (14 Tafeln).

 Zwölf Skilifte im Vrátna-Tal (drei im Areal Paseky, drei in Príslop, drei in Poludňový Grúň, zwei in Chleb, einer in Oštiepková mulda), bei entsprechenden Schneeverhältnissen können Teile des Hauptkamms in eine Skiwanderung einbezogen werden.

 Starý Majer, Terchová, 041/569 54 19.

 Berghotel Mak, Terchová, Holúbkova Roveň, 041/569 59 37.

Hotel Terchová, Terchová, Vrátňanská cesta, 041/569 56 25.

Hotel Diery, Terchová, Biely Potok, 041/569 53 22.

Berghütte pod Suchým, 041/569 73 94.

Berghütte na Grúni, 041/569 53 24.

Berghütte pod Lampášom, 041/569 53 92.

 Camping Nižné Kamence, Mai bis 15. Oktober, Terchová, 041/569 52 33.

Tageswanderung:
Aufstieg zum Veľký Kriván

Route

Štefanová – Chata na Grúni–Poľudňoví Grúň – Chleb – Liftstation unter dem Veľký Kriváň.

Schwierigkeit

Sechs Stunden, vor allem mit Kindern auf das Erreichen des letzten Liftes nach unten achten, langer steiler Aufstieg, ab Chata na Grúni bis zum Kamm bei Feuchtigkeit sehr rutschig.

Die Wanderung beginnt am zentralen Parkplatz unterhalb von Štefanová (Stephansdorf, 625 Meter). Von hier führt der blau markierte Weg durch Mischwälder (Fichten, Tannen, Buchen) zur Berghütte Chata na Grúni (989 Meter). Auf halber Strecke gelingt über eine Schlagfläche erstmals der freie Blick auf den Veľký Rozsutec (1610 Meter). Um die Chata öffnen sich die ersten Bergwiesen. Der gelb markierte Weg führt nach links hinter dem sanften Sattel die Skipiste steil hinauf. Alpine Wiesen beginnen erst kurz vor dem Hauptkamm. Dieser ist am Poľudňoví Grúň (1460 Meter) erreicht. Links ragt die sanfte Pyramide des Stoh (1608 Meter) auf. Nach rechts führt der rot markierte Kammweg ohne große Anstrengung zum Chleb (1646 Meter). Bis dahin zeigen kleine Grate die bunte Blumenwelt typischer Kalkstein-Hochgebirgsarten. Überraschend ist manche aus den Buchenwäldern hinaufkletternde Pflanze wie beispielsweise die Türkenbundlilie. Wald- und Baumgrenze sind außer von Kälte und Schnee vor allem an den südlichen Hängen und im östlichen Regenschatten durch beträchtliche Trockenheit beeinflußt. Der Kammweg ermöglicht Fernsichten nach allen Himmelsrichtungen über polnische und slowakische Gebirge. Bei klarer Sicht sind über längere Wegstrecken Hohe und Niedere Tatra zu erkennen.

Am Chleb öffnet sich der Blick in die Kulturlandschaft des Waag-Tales bei Martin. Der unzugängliche nördliche Hang des Chleb ist eine steile Gletscherkar mit einem winzigen Bergsee am Grund. Ein rot markierter Weg führt nun seicht abwärts. In westlicher Richtung ist der Snilovské sedlo (1520 Meter) mit der Bergstation des Sesselliftes schnell erreicht. Vor der Rückkehr ins Vrátna-Tal sollte man sich aber den auf ausgetretenen Wegen zügigen Aufstieg zum höchsten Gipfel des Gebirges nicht sparen. Am Gipfel des Veľký Kriváň (1708 Meter) öffnet sich das Panorama zum hinter der Waag gelegenen Teil der Kleinen Fatra. Dieser ist touristisch wesentlich weniger erschlossen.

Variante

Eine Verlängerung der Tour für rüstige Wanderer ist der Abstieg durch das Tal Malá Bránica. Man kommt direkt auf die von Terchová ins Waag-Tal führende Straße.

Martin und die Große Fatra

Heilkräutersammelnde Mönche machten die Region Turiec (Turz) schon vor langer Zeit bekannt. Später kamen Safrananbau und Ölherstellung dazu. Besonderheiten der Natur sind die Torfmoorwiesen und der zu den Lachsen gehörende seltene Donau-Huchen.

Martin (Sankt Martin in der Turz) ist das Zentrum der kleinen Region. Viele politische und kulturelle Entwicklungen gingen seit dem Revolutionsjahr 1848 von der Stadt aus. Beispielsweise ist Martin Sitz der 1863 gegründeten Kulturinstitution Matica slovenská (etwa mit Mutterlandsmission übersetzbar). Ein vierzehngeschossiger Bau von 1977 beherbergt unter anderem die Nationalbibliothek. Zur Zeit wird der Altmarkt renoviert.

Wichtigste Touristenattraktion sind die Museen. Im ältesten Gebäude der Matica slovenská ist das Slowakische Literaturmuseum untergebracht. Die Ethnographische Abteilung des Slowakischen Nationalmuseums wurde 1908 eröffnet und gehört zu den größten derartigen Ausstellungen Europas. Neben Kunsthandwerk und Kleidung werden Exponate aus der traditionellen Landwirtschaft vorgestellt. Auch Festtagsbräuche sind anschaulich erklärt. Bestandteil des Ethnographischen Museums ist auch das Wohnhaus des Malers Martin Benka (1888 – 1971). Er pflegte einen plakathaften Stil mit pastellfarbenen Szenen aus dem slowakischen Dorfleben. Die Turiec-Galerie widmet sich der bildenden Kunst der Region. Weiterhin gibt es ein Museum mit naturwissenschaftlichen Sammlungen.

Das attraktivste Museum von Martin dürfte aber der Skansen sein. Seine Fläche beträgt fast einen Quadratkilometer. Überlegungen zum Aufbau stellte bereits die 1893 gegründete Slowakische Museumsgesellschaft in ihren ersten Jahren an. Die Konzeption sieht eine Trennung von Holz- und Lehmarchitektur sowie eine geographische Gliederung von 218 Objekten aus 113 Gemeinden der gesamten Slowakei vor. Der hohe Anspruch konnte bis jetzt nur für die drei nordwestlichen Regionen Orava, Kysuce und Javorníky sowie Liptov annähernd erfüllt werden. Trotz des noch unerreichten Zieles ist der Skansen von Martin bereits jetzt der größte der Slowakei.

Turany bei Martin ist Geburtsort des als Österreicher geltenden Physikers und Philosophen Ernst Mach (1838 – 1916). Besonders berühmt wurden seine Forschungen zum Schall (Doppler-Effekt, Machsche Zahl, Druckwellen und Überschallwellen). Er begründete den sich hauptsächlich mit erkenntnistheoretischen Fragen beschäftigenden Empiriokritizismus.

Zweitwichtigster Ort von Turiec ist die Kurstadt Turčianske Teplice (Bad Stuben). Die Thermalquellen sind spätestens seit dem 13. Jahrhundert bekannt und wurden seit dem 16. Jahrhundert für den Kurbetrieb genutzt.

Weiterhin verfügt die Region Turiec über drei attraktive Burgruinen, nämlich Blatnica, Kláštor pod Znievom und Sklabiňa. Auch zahlreiche alte Herrenhäuser finden sich hier, darunter Diviaky, Košťany, Mošovce, Slovenské Pravno, Trebostovo, Turčianska Štiavnička, Turčiansky Peter, Valča und Záturčie. Allein in Necpaly stehen vier davon.

Sowohl bei den Gipfelhöhen als auch bei den Besucherzahlen steht die Große Fatra (Veľká Fatra) trotz ihres Namens hinter der Kleinen Fatra zurück. Dafür bietet sie viel Wald und viel Ruhe. Dementsprechend eignet sich die Große Fatra besonders als Wander- und Skilanglaufgebiet. Beliebt dafür ist das Tal Jasenská dolina bei Martin. Mit 25 Kilometern ist das Tal Ľubochňanská dolina das längste Gebirgstal des Landes. Die schönsten Felsen der Großen Fatra stehen jedoch rechts und links der von Blatnica ausgehenden Täler.

 CK Stahlreisen, 29. augusta 9, 036 01 Martin, 043/413 14 07, Fax 413 29 94. Informačné centrum JASED, Jasenská dolina, 038 11 Belá-Dulice, 043/429 77 17, auch Fax.

 Von Vrutký an der Hauptstrecke zwischen Žilina und Košice gibt es einen Abzweig nach Zvolen (Kursbuchstrecke 170, Stadtmitte Martin 10 min, Turčianske Teplice 30 min, zehnmal täglich).

 Slowakisches Literaturmuseum (Národné literárne múzeum Matice slovenskej), Osloboditeľov 11, Di bis So 9 bis 17 Uhr.
Ethnographisches Museum: Hauptgebäude, Malá hora 2, Di bis So 9 bis 17.30 Uhr; Martin-Benka-Museum, Kuzmányho 30, Di bis So 9 bis 17 Uhr.
Turiec-Galerie, Daxnerova 2, Di bis Fr, So 10 bis 17 Uhr, Sa 10 bis 13 Uhr.
Regionalmuseum Turiec, Kmeťa 20,

April bis Oktober Di bis So 8 bis 16 Uhr, November bis März Mo bis Fr 8 bis 16 Uhr.
Museum des Slowakischen Dorfes (Skansen Martin), Jahodnícke háje, Mai bis Oktober Di bis So 9 bis 17 Uhr.
Karol-Plicka-Museum Blatnica, Mai bis September Di bis Sa 9 bis 17 Uhr.

 Kúpalisko, Turčianske Teplice, Hajská (Pool I), Kollarova (Pool II), 043/492 34 64.

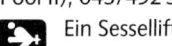 Ein Sessellift und sechs weitere Skilifte am Martinské hole (häufig Stau an der Zufahrtsstraße), ein Sessellift und sieben weitere Skilifte im Jasenská dolina.

 Pension Jarabina, Jasenská dolina, 043/429 71 53.

 Camping Trusalová, Juni bis 15. September, Turany, 043/429 26 36.
Camping Pod Záhorím, ganzjährig, Blatnica, 043/494 42 07.
Camping Dynamo, ganzjährig, Turčianske Teplice, 043/492 00 83.

Ružomberok und Umgebung

Zum ›Symbol der Nation‹ wurde die Industriestadt Ružomberok (Rosenberg) durch den im Vorort Černová geborenen Andrej Hlinka. Der Beginn der Politikerlaufbahn des suspendierten Priesters war 1907 die Einweihung der Kirche in Černová gegen den Willen der Staatsgewalt. Dabei kam es zu blutigen Auseinandersetzungen und in der Folge zu spektakulären Schauprozessen. Kurz nach Ausrufung der Tschechoslowakischen Republik 1918 gründete Hlinka eine sehr auf Autonomie der Slowaken bedachte Partei. Im weitläufigen Treppenbereich vor der 1585 erbauten Andreaskirche befindet sich sein Mausoleum. 1941 wurden die sterblichen Überreste des ›Führers der Nation‹ dorthin überführt. Die realsozialistische Politik ignorierte Hlinka weitgehend, und entsprechend verfiel das Gemäuer. 1991 erfolgte mit viel Pomp die Wiedereinweihung. Ružomberok verfügt noch über weitere Kirchen und eine Synagoge.

Am ehesten vermittelt die Einkaufsstraße Mostová ulica den Charakter eines älteren Stadtkerns. Ein vielseitiges Museum widmet sich der ganzen Region Liptov (Natur, Archäologie, Ethnographie, Handwerk, Papierherstellung, Sakralkunst). Zu den wichtigsten Profanbauten zählen das neobarocke Rathaus von 1897 und die Ľudovít-Fulla-Galerie von 1969. Der in der Stadt geborene Fulla (1902–1980) ist der international erfolgreichste slowakische Maler und Grafiker (Preise auf Weltausstellungen in Paris 1937 und in Brüssel 1958). Sein Stil ist von Expressionismus und Kubismus beeinflußt. Von ihm existieren auch Buchillustrationen und Mosaiken. Das von der Slowakischen Nationalgalerie verwaltete Museum zeigt Fullas Lebenswerk.

Das zum Stadtgebiet gehörende Dorf Vlkolínec (slowakisch vlk = Wolf) liegt isoliert und malerisch am Hang des kegelförmigen Berges Sidorovo (1099 Meter). Trotz seiner Größe oder vielmehr Kleinheit von nur 45 Häusern steht Vlkolínec

aufgrund seiner ›traditionellen Eigenschaften eines zentraleuropäischen Dorfes‹ als ›besterhaltenes Regionalensemble dieser Art‹ seit 1993 auf der UNESCO-Welterbeliste. Es gibt einen Holzglockenturm von 1770 und einen 13 Meter tiefen Balkenbrunnen von 1860. Ein 1886 erbautes Dreiraum-Bauernhaus ist als Museum hergerichtet. Hinter dem Berg Sidorovo beginnt der Skipark Málinné mit einer Transportkapazität der Seilbahnen von etwa 9000 Personen pro Stunde.

Straßenmusik im Zentrum von Ružomberok

Die einstige Bergbaustadt Partizánska Ľupča

Nördlich der Stadt thront die Ruine der 1707 zerstörten gotischen Burg Likava (657 Meter) malerisch auf einem Kalksteinfelsen des Choč-Massives. Zur näheren Umgebung der Stadt gehören außerdem mehrere Freibäder, wie der runde Thermalteich in Rojkov und der kleine Stausee in Hrabovo.

Einer der nächsten Orte in südöstlicher Richtung ist Liptovská Štiavnica. Dort befindet sich ein einstöckiges Kastell mit Ecktürmchen. Neben der Straße nach Liptovská Štiavnica steht auf einem Hügel die als Museum eingerichtete Allerheiligenkirche aus dem 13. Jahrhundert. Sie ist mit einer dicken Wehrmauer umgeben und mit Fresken aus dem 15. Jahrhundert ausgestattet.

Partizánska Ľupča (Deutschliptsch) als älteste Bergbaustadt der Region Liptov wirkt heute eher wie ein Bauerndorf. Bereits im 13. Jahrhundert fand man neben Gold und Silber auch Antimon. Drei Kirchen sind Zeugnisse der einstigen Blütezeit. Am auffälligsten ist die Matthiaskirche mit ihrem hohen Wachturm.

Die beiden Attraktionen des Ortes Bešeňová elf Kilometer östlich von Ružomberok sind das Jagdmuseum im Renaissanceschloß und ein ganzjährig geöffnetes großes Thermalfreibad. Außerdem gibt es schöne Travertinfelsen nördlich des Ortes. Ebenso wie das Waagehaus und der Klopfturm an der Straße von Liptovský Hrádok nach Kráľová Lehota gehört das Jagdmuseum Bešeňová zum Heimatmuseum Ružomberok. Das Freibad wird aus einer 1986 zufällig entdeckten Quelle gespeist. Eigentlich kommt das Heilwasser aus 1980 Metern Tiefe und ist 62 °C heiß. In den schwungvoll gestalteten fünf Becken hat es sich dann auf etwa 38 °C abgekühlt. Ein besonderes Erlebnis ist ein Bad in der kalten Jahreszeit mit Blick auf die schneebedeckten Choč-Berge.

Informačné centrum, Mada-čovo 3, 034 01 Ružomberok, 044/432 10 96, Fax 432 32 16. Eine Filiale befindet sich im Volksarchitekturmusem Vlkolínek, 044/432 10 23.

 Ružomberok liegt an der Hauptstrecke von Žilina nach Košice.

 Regionalmuseum Liptov, Hýroša 10, Juli bis September Mo bis Fr 8 bis 17 Uhr, Sa und So 9 bis 16 Uhr, Oktober bis Juni Mo bis Fr 8 bis 16 Uhr, Sa und So 9 bis 13 Uhr. Ľudovít-Fulla-Galerie, Májekova 1, Di bis So 10 bis 17 Uhr. Bauernhaus Vlkolínec, Juli bis September 9 bis 18 Uhr. Jagdmuseum Bešeňová, 15. Mai bis Oktober 9 bis 17 Uhr.

 In der Umgebung der Stadt sind elf Radrouten zwischen 16 und 55 Kilometer Länge ausgeschildert.

 Greikor, Bešeňová, 10 bis 21 Uhr, 044/439 24 29.

 Skipark Málinné mit Kabinenschwebebahn und acht Skiliften, auch gespurte Loipen für Skiwanderungen, kürzere Lifte in Smrekovica.

 Savoy, gelegentlich Livemusik, Podhorná 48, 044/432 58 26. Modranská reštaurácia, slowakische Küche, Podhorná 23, 044/432 91 78.

 Hotel Termál, Bešeňová, 044/439 24 29 oder 439 26 52. Pension Blesk, gehobene Preisklasse, Vajanského 9, 044/432 00 25. Pension Na farme Gejdak, Cesta na Vlkolínec 17, 044/432 02 97. Pension Janošikova Krčma, Valaská Dubová, 044/435 71 25 oder 435 71 50. Pension Flóra, Bešeňová, 044/439 24 09. Pension za Mlynom, Liptovská Teplá, 044/439 21 00. Pension u Luttyov, Ivachnová, 044/439 24 28.

Donovaly und Umgebung

Donovaly entstand aus kleinen Köhlergemeinden. Einige alte Häuser haben eine große verglaste Veranda. Diese in der Gegend einmalige Bauweise gilt als Beleg alpenländischer Einflüsse.

Durch den hochgelegen Ort führt die Straßenverbindung zwischen Katowice und Budapest. Zu den beiden wichtigsten Ost-West-Verkehrsadern der Slowakei ist es ebenfalls nicht weit. Aufgrund der zentralen Lage kann man einen Aufenthalt bestens in Rundreisen einbauen. Und hinter den nächsten Erhebungen spürt man die Hauptstraße tatsächlich nicht mehr. Die verstreute Bebauung führt zu keinem geschlossenen Ortsbild, aber trotzdem ist Donovaly ein beliebter Ausgangspunkt für Wintersportaktivitäten und Wanderungen. 1999 fand hier beispielsweise die

Weltmeisterschaft im Hundeschlitten-Sprint statt. Die Seilbahnen transportieren bis zu 11 000 Personen pro Stunde. Prächtige Bergwiesen umgeben den Ort.

Während andere Wintersportorte des Landes in Tälern liegen, befindet sich das Zentrum von Donovaly genau auf einem Bergsattel. Hier steht auch das Pfarrhaus, in dem der unternehmungslustige Ortspfarrer unter anderem ein Internetcafé einrichten möchte. In den letzten Jahren ist ein aufwendiger Bürgersteig angelegt worden, der im Zentrum mit einer neuen Fußgängerbrücke verbunden ist.

Geologen rechnen Donovaly zur Großen Fatra. Als Beginn der Niederen Tatra gilt inzwischen erst der Bergsattel Hiadeľské sedlo (1099 Meter) ein Stückchen östlich des Ortes. Der Weg dorthin führt über die zum kleinen Bergmassiv Starohorské vrchy gehörenden Gipfel Kečka und Kozí chrbát. Westlich der Hauptstaße erhebt sich der Berg Zvolen (1402 Meter) unmittelbar neben dem Ort. Er ist auch per Sessellift zu erreichen.

In der Umgebung gibt es zwei schöne längere Naturlehrpfade, für die man jeweils etwa fünf Stunden Zeit benötigt. Einer führt von Turecká bei Staré Horý über Bergwiesen und Gipfel der Großen Fatra (bis 1592 Meter) nach Borišov. Neun Tafeln am Wegesrand erläutern die Besonderheiten der Region. Den Aufstieg kann man sich teilweise von einem Sessellift bei Turecká abnehmen lassen. Der erste markante Aussichtspunkt ist der Berg Krížna (1574 Meter) am südlichen Ende der Großen Fatra. Schon der dortige Ausblick lohnt einen Ausflug. Der andere Naturlehrpfad verbindet Donovaly mit Šachtička bei Špania Dolina und besitzt elf Tafeln. Er ist auch für Radler und Skiwanderer geeignet.

 Wird vom Infozentrum in Banská Bystrica aus betreut.

 Hotel Žiar, Donovaly 18, 048/419 99 01.

Pension Encián, Donovaly 105, 048/419 97 12.

Pension Aurelia, Donovaly 7, 048/419 97 15.

Pension Daymont, Staré Hory, 048/419 91 05 oder 419 91 06.

 Camping Kamzík, ganzjährig, Donovaly, 048/419 97 35.

 Es gibt einen Sessellift und 14 Skilifte.

Liptovský Mikuláš und Umgebung

Liptovský Mikuláš (deutsch Sankt Nikolaus in der Liptau, ungarisch Liptószent-miklós) ist Sitz einiger touristischer Institutionen und drei bedeutender Museen. Man wird sich in diese Stadt kaum auf den ersten Blick verlieben. Für Bergfreunde mit fahrbarem Untersatz bietet Liptovský Mikuláš jedoch eine außergewöhnlich zentrale Lage. Es sind jeweils nur wenige Kilometer bis zum Fuße der Choč-Berge, der Westlichen und der Niederen Tatra. Die Hohe Tatra, die beiden Fatren und das Arwa-Bergland sind ebenso problemlos per Tagesausflug zu erreichen wie die Region Špis mit ihren vielen Kulturdenkmalen.

Ältestes Gebäude der Stadt ist die Nikolauskirche von 1280. Eine wichtige Rolle spielte die Stadt als Zentrum des Protestantismus. 1829 öffnete hier die erste öffentliche Bibliothek des Landes. In der evangelischen Kirche Tatrín wurde 1848 das erste politische Programm der Slowaken verfaßt. Mit dem Eisenbahnanschluß begann die Entwicklung zur Industriestadt.Das 1930 gegründete Museum für Naturschutz und Höhlenkunde hat seine Zentrale im ehemaligen Jesuitenkloster. Ein weiteres Gebäude ist zuständig für Karstlandschaften und Höhlen. Die 1955 errichtete Galerie sammelt bildende Kunst unter besonderer Berücksichtigung der Region. Das Spektrum der 5000 Kunstwerke reicht von gotischen Altären bis zu modernen Experimenten. Wesentlicher Teil ist die Porträtmalerei von Peter Michal Slovomil Bohúň (1822–1879). Das ebenfalls 1955 entstandene Literaturmuseum im ehemaligen Komitatshaus ist für Ausländer wahrscheinlich weniger interessant als die dazugehörende Außenausstellung im Renaissanceschloß des Ortsteiles Vranovo. Dort dreht sich vieles um dem Volkshelden Juraj Jánošík. Im Rittersaal finden gelegentlich Orgelkonzerte statt. Auch die Synagoge wird vom Literaturmuseum aus verwaltet. Das Gebäude aus dem Jahre 1846 wurde 1906 erweitert.

Das Umland bietet vielseitige Attraktionen. Besonders auffällig ist der nach einer untergegangenen Ortschaft benannte Stausee Liptovská Mara. Gegen die Errichtung gab es zahlreiche Einwände. Die drittgrößte Wasser-

Svätý Kríž, die größte Holzkirche der Slowakei

Am Fuße der Westlichen Tatra

fläche des Landes ist aufgrund ihrer Lage an stark frequentierten Verkehrswegen die bei Ausländern bekannteste. Außer privatem Motorbootverkehr sind praktisch alle Arten von Wassersport möglich. Im Jahre 2003 eröffnete unweit der Stadt am Nordufer des Stausees der größte Aquapark des Landes. Er wurde auf dem freien Feld angelegt und hat keine Verbindung zum See. Sechs Wasserflächen und diverse ›Adrenalinstoß-Elemente‹ mit reißerischen Namen sorgen eher für Aufregung als für Entspannung.

Seit einigen Jahren existiert eine Straßenverbindung mit schönen Ausblicken zwischen Liptovská Sielnica und Zuberec in der Region Orava. Bei Liptovská Sielnica liegt der Hügel Havránok, wo auf einer keltischen Opferstätte eine Siedlung der Púchover Kultur errichtet wurde. Das zum Heimatmuseum Ružomberok gehörende archäologische Freilichtmuseum zeigt einige Rekonstruktionen.

Von Prosiek beziehungsweise Kvačany aus führen zwei Karsttäler in die Berge. Besonders die romantischen Bachläufe im Kvačany-Tal mit Wassermühle und Wassersäge lohnen einen Ausflug. Oberhalb des Ortes Prosiek beginnt ein Naturlehrpfad, der einen etwa sechsstündigen Rundweg durch beide Täler bildet. Die Erläuterungen auf 18 Tafeln sind teilweise deutsch.

Die jetzt am Waldrand zwischen den Gemeinden Lazisko und Svätý Kríž stehende Artikularkirche ist die größte Holzkirche der Slowakei, sie soll bis zu 6000 Menschen Platz bieten. Baumeister war der Analphabet Josef Lang. Während der Anlage des Stausees Liptovaká Mara wurde der damals genau 200 Jahre alte Tonnengewölbe-Bau in Paludza abgetragen und fünf Kilometer entfernt wiedererrichtet. Freunde historischer Holzarchitektur sollten keinesfalls auf ein Betreten des Innenraumes verzichten. Besonders harmonisch wirken die beiden teilweise bemalten Emporenreihen mit der integrierten Orgel. Das Gefälle im Raum resultiert aus den strengen Auflagen für evangelische Kirchen zur Bauzeit. Als maximale Fundamenthöhe waren 30 Zentimeter erlaubt. Eigentlich ist diese mäßige Neigung Theatersaal-Neigung mit dem Altarbereich als ›Bühne‹ recht besucherfreundlich. Warum wurden Kirchen nicht öfter so gestaltet?

Auch alte interessante Steinkirchen findet man bei Liptovský Mikuláš, die Klosterkirche im östlichen Vorort Okoličné beispielsweise ist das bedeutendste gotische Bauwerk der Region. Eine weniger bekannte, hübsch proportionierte Kirche mit einem Hauptaltar von 1480 steht in Smrečany nördlich der Stadt.

 Informačné centrum, Mieru 1, 031 01 Liptovský Mikuláš, 044/552 24 18, Fax 551 44 48.

 Liptovský Mikuláš liegt an der Strecke von Žilina nach Košice.

 Museum für Naturschutz und Höhlenkunde (Slovenské múzeum Ochrany prírody a jaskyniarstva, SMOPaJ), Mo bis Fr 8 bis 16.30 Uhr, April bis Oktober auch Sa und So 10 bis 16.30 Uhr, kurze Mittagspause. Das Hauptgebäude befindet sich in der Školská 4, das Nebengebäude in der 1. maja 18. Literaturhistorisches Museum (Literárnohistorické múzeum Janka Kráľa): Hauptgebäude, Osloboditeľov 31, Di bis Sa 10 bis 16 Uhr; Schloß Vranovo, Palúčanská 1, Di bis Fr 8 bis 15.30 Uhr, Mai bis Oktober auch Sa und So 10 bis 16 Uhr. Peter-Michal-Bohúň-Galerie, Tranovského 3, Di bis So 10 bis 17 Uhr. Archäologisches Freilichtmuseum Havránok, Liptovská Sielnica, Juni bis September Di bis So 9 bis 18 Uhr.

 Artikularkirche Svätý Kríz, 9 bis 15 Uhr, Juni bis September bis 17 Uhr.

 Drei Skilifte in Závažná Poruba, kürzere Aufzüge in Podbreziny und Žiarska dolina. Eine gespurte Loipe führt von Liptovský Mikuláš bis Háj Nicovô.

 Aquapark Tatralandia, Richtung Liptovský Trnovec, 10 bis 20 Uhr, 044/547 45 36.

Das größte Angebot an Lebensmitteln hat inzwischen der blau-gelbe Hypermercato an der Hauptstraße. Das Hauptgeschäft des Outdoor-Ausrüsters Itoca Sport ist im ersten Obergeschoß eines Hauses am Altmarkt zu finden.

 Liptovská izba, slowakische Spezialitäten, Osloboditeľov 21, 044/551 48 53. Salaš Smrečany, regionale Schafskäsespezialitäten, Žiarska dolina, 044/558 61 12. Route 66, mit der großzügigsten Gästetoilette des Karpatenraumes, Gabiarska, 044/562 30 17.

Hotel Bocian, Palúčanská 2, 044/551 44 84.

Hotel Si, 1. mája 117, 044/552 29 11.
Hotel Bobrovník, Liptovská Sielnica, 044/554 00 40.
Hüttensiedlung Kožiar, Žiarska dolina 218, 044/558 61 30.
Berghütte Žiarská chata, Žiarska dolina 226, 044/559 15 25, nach Anmeldung Zufahrt auf der eigentlich gesperrten Straße möglich.
Hotel Elán, 1. Maja 155, 044/551 45 95 oder 551 44 14.

Pension Fraňa Kráľa, Žiarska dolina, 044/558 61 20.
Pension Villa Betula, Liptovská Sielnica, 044/559 84 64.
Pension Mária, Bodice 41, 09 08/91 01 71.
Apartmány pri kostole, Bodice 1, 044/551 43 34.

Camping, Mai bis Oktober, Liptovský Trnovec, 044/5597430.
Ein kleiner Caravan-Stellplatz befindet sich bei der Villa Betula.

Liptovský Hrádok und Umgebung

Liptovský Hrádok empfängt seine aus nördlicher Richtung von der Autobahn kommenden Besucher mit der Ruine einer 1803 zerstörten Burg. Ein erhalten gebliebener Flügel aus der Renaissancezeit beherbergt das Volkskundemuseum. Eine Abteilung des Museums widmet sich der längsten Waldeisenbahn des Landes, die infolge der um 1900 blühenden Holzindustrie entstand.

Der aufgrund mehrerer ›verhexter‹ Thermalquellen bekannte Ort Liptovský Ján (Sankt Johann in der Liptau) eignet sich sehr gut als Ausgangspunkt für Wanderungen. Neben dem Thermalfreibad gibt es weitere gratis zu-gängliche Plantschestellen, deren Wasser Schwefelwasserstoff und Kohlensäure enthält. Ein blau markierter langer Wanderweg im Tal Jánska dolina erreicht den Hauptkamm der Niederen Tatra kurz unter dessen höchstem Gipfel.

Der 1991 eröffnete Skansen Pribylina ist für Tatra-Touristen sehr einfach zu erreichen. Er gehört zum Volkskundemuseum und zeigt hauptsächlich Exponate

Im Freilichtmuseum von Prybilina

Eingang zum Soldatenfriedhof bei Važec

aus dem Überflutungsgebiet des naheliegenden Stausees. Dominierendes Gebäude ist die gotische Kirche von Liptovská Mara. Neben Wohnstätten aller Schich-
ten kann man auch die Schule von Valaská Dubová von innen besichtigen. Das
Gutshaus aus Parížovce wurde nach 1484 in ein Jagdschlößchen umgebaut. Das
steinerne Gebäude ist untypisch für einen Skansen und untypisch für die Slowakei. Es wird auch für Ausstellungen und Vorführungen genutzt. Besonders intensiv ist in Pribylina die Haustierhaltung in das Ausstellungskonzept einbezogen. Es
gelingt beispielsweise die Zucht des fast ausgestorbenen Huzulenpferdes. An einigen Tagen finden auf dem Museumsgelände Volksfeste zu bestimmten Themen
statt, so zum Beispiel ein Feuerwehrsonntag, ein Imkersonntag, der Schäfertag am
25. Juli oder das Erntedankfest.

Die große Gemeinde Východná hat mehrere sehr alte Holzhäuser zu bieten.
Ihre Bekanntheit verdankt sie aber vor allem dem größten Folklorefestival der
Slowakei. Es findet alljährlich auf dem Festgelände am östlichen Ortsende statt.
Nach Východná führt die Hauptstraße nördlich der etwa gleichgroßen Gemeinde
Važec vorbei. Ein Brand hatte 1931 fast den ganzen Ort zerstört. Hauptsehens-
würdigkeit ist die kleine Tropfsteinhöhle mit fast weißen Sinterverzierungen.
Eines der wenigen erhaltenen Holzhäuser stellt den volksverbundenen Maler Ján
Hála vor. An der Landstraße liegt ein deutscher Soldatenfriedhof.

Südlich von Východná befinden sich zwei kleine Stauseen.

Informačné centrum,
SNP 311, 03101 Liptovský
Hrádok, 044/522 50 60,
Fax 522 50 59.

 Liptovský Hrádok sowie
Východná und Važec liegen
an der Hauptstrecke von Žilina nach
Košice, aber Schnellzüge halten dort
nicht.

 Volkskundemuseum Liptovský
Hrádok, Hviezdoslavova 144,
Mo bis Fr 8 bis 16 Uhr.
Ján-Hála-Gedenkhaus Važec, Hálova,
Di bis So 12 bis 16 Uhr.
Museum des Liptauer Dorfes
(Skansen Pribylina), 9 bis 17 Uhr, mit
betriebener Dorfschenke.
Höhle Važec (Važecká jaskyňa),
Führungen außer Mo Februar bis
November viermal täglich (letzte
14 Uhr), 15. Mai bis 15. September
9 bis 16 Uhr stündlich.

 Kúpalisko, Liptovský Ján,
044/520 81 70.

 Vier Skilifte in Liptovský Ján.

 Berghotel Mier, Pribylina,
044/529 31 21.
Hotel Smrek, Liptovský Hrádok,
044/522 25 72.
Hotel Tatrín, Závažná Poruba,
044/554 71 89.
Hotel Sankt Johann, Liptovský Ján,
044/526 33 21.
Hotel Sorea Ďumbier, Liptovský Ján,
044/526 32 32.
Es gibt auch mehrere Pensionen in
Liptovský Ján.

 Camping Borová Sihoť, April
bis September, Liptovský
Hrádok, 044/522 40 39.
Camping Caravan, Mai bis
September, Vavrišovo,
044/527 10 87.
Camping Račková dolina, Mai bis
Oktober, Pribylina, 044/529 32 74.

Das Arwa-Bergland

Das Arwa-Bergland (Horná Orava) galt früher als eine der ärmsten Regionen des Landes. Ein Dörfchen in Richtung Zakopane heißt Hladovka (hlad = Hunger). Vielerorts wird noch traditionelle Landwirtschaft betrieben, man sieht Schafherden und Heuschober. Abgesehen von Gipfellagen ist das Gebiet um Oravská Lesná der ›Kältepol‹ der Slowakei und somit besonders schneesicher.

Der Stausee Oravská priehrada stellt die größte Wasserfläche des Landes dar. Die bekanntesten Badestellen befinden sich am südwestlichen Ufer. Im westlichen Teil des Sees existiert das Inselchen Slanický ostrov mit einer einfachen Dorfkirche, die für Kunstausstellungen genutzt wird. Insbesondere im Frühjahr und im Sommer versteckt sie sich unter Linden. Der ehemalige Kalvarienweg führt direkt ins Wasser. Ebenfalls an der westlichen Ecke des Sees liegt mit dem Industriestädtchen Námestovo der größte zum Arwa-Bergland gehörende Ort.

Die kleine Allerheiligenkirche auf einem Friedhof in Tvrdošín ist die älteste erhaltene Holzkirche des Landes. Bereits aus dem Jahr 1551 gibt es Belege für ihre Existenz. Dabei sieht das Gebäude mit dem zeltförmigen Dach und dem spitzen Türmchen äußerlich recht flott aus. Von der Ferne könnte man einen folkloristisch inspirierten Architekten der Gegenwart vermuten. Nur die winzigen Fenster sprechen dagegen. 1991 wurde die letzte Renovierung mit der Plakette Europa Nostra ausgezeichnet.

 Informačná kancelária CS TOURS, Trojicné 185/2, 02744 Tvrdošín, 043/532 31 11, auch Fax.

 In der Sommerferienzeit gibt es eine Fähre zur Inselkirche sowie Dampferrundfahrten.

 Kunstinsel (Slanicky ostrov umenia), Námestovo, Juni bis September 9 bis 17 Uhr. Allerheiligenkirche, Tvrdošín, Juni bis September 9 bis 17 Uhr.

 Oravice (im Umbau), Tvrdošín, 043/539 44 40.

 Zwei lange Skilifte in Brezovica bei Trstena (1500 und 2500 Meter), ein Skilift in Tvrdošín, je

zwei in Zákamenné und Novoť.

 Hotel Biela Farma, Sihelné bei Oravská Polhora, 043/ 559 51 35.
Hotel Tyrápol, Oravská Lesná, 043/559 31 42 oder 559 33 02.
Chata Kriváň, Oravská Osada, 043/552 39 46.

 Agrotur Jurky, Lokca, 043/559 12 91.
Agrofusión, Novoť, 043/559 01 86.

 Camping Stará Hora, Mai bis September, Námestovo, Oravská priehrada, 043/552 22 23.
Camping Slanická Osada, 15. Juni bis 15. September, Námestovo, Oravská priehrada, 043/552 27 77.

Tageswanderung: Babia hora

Route

Slaná voda – Hviezdoslavova horáreň – Babia hora – Malá Babia hora – Polovnícka chata – Slaná voda, nächste Bushaltestelle am oberen Ortsende von Rabča.

Schwierigkeit

Sieben Stunden, fast 1000 Meter Höhenunterschied, keine Klettereien.

Der Berg Babia hora gehört bezüglich seines Symbolgehaltes zu den wichtigsten slowakischen Bergen. Besteiger waren unter anderem Hviezdoslav 1883 und Lenin 1912. Von seinem freien Gipfelkamm hat man eine sehr weite Aussicht zu Fatra und Tatra sowie ins polnische Gebiet. Noch im 20. Jahrhundert gab es hier mehrere Grenzverschiebungen. Heute liegen Babia hora und Malá Babia hora genau auf der Grenze. Als Ausgangs- und Endpunkt der Wanderung eignet sich das Holzgebäudeensemble Slaná voda. Es liegt nordöstlich der durch Oravská Polhora führenden Hauptstraße. Vor 100 Jahren befand sich an den halogenidhaltigen Heilquellen (Chlor, Brom, Jod) ein kleiner Badeort. Von hier bis zum Gipfel gibt es eine gelbe Wanderwegsmarkierung und parallel die Beschilderung als Naturlehrpfad. Nach drei Kilometern ist ein ehemaliges Forsthaus erreicht. Der in der Gegend lebende slowakische Nationaldichter Hviezdoslav besuchte es oft und fand hier den Stoff zu seinem bekanntesten Werk ›Die Förstersfrau‹ (Hájniková žena). 1979 wurde ein Museum eingerichtet. Oberhalb von 1400 Metern lichtet sich der Wald allmählich. Unter dem Gipfel steht die letzte der acht Erläuterungstafeln des Naturlehrpfades. In etwa vier Stunden ist die Babia hora (1723 Meter) erreicht. Auf polnischer Seite schließt sich ein kleiner Nationalpark an. Nach ausgiebiger Rast folgt man dem grün markierten Weg nach links. Der Gipfelweg fällt zunächst über 300 Meter ab und führt dann auf die Malá Babia hora (1515 Meter). Auf einem rot markierten Weg steigt man zum Bach Vonžovec hinab und läuft an ihm entlang zum Ausgangspunkt zurück. Das Areal am Fuße des Berges eignet sich auch gut für Mountainbiker und Skiwanderer.

 Hviezdoslavs Forsthaus (Expozícia Hviezdoslavovej Hájnikovej ženy), Oravská Polhora, Mai bis Oktober Di bis So 9 bis 16.30 Uhr.

Dolný Kubín und Umgebung

Autotouristen werden auf der überdimensionierten Umgehungsstraße kaum etwas von Dolný Kubín (Unterkubin) sehen. Die größte Stadt der Region Orava ist im Nationalbewußtsein hauptsächlich mit dem Dichter Hviezdoslav verknüpft.

Das ihm gewidmete Museum befindet sich in dem für die wertvolle Bibliothek von Vavrinec Čaplovič 1911 errichteten Gebäude. Čaplovič war ein Mitbegründer der slowakischen Kulturinstitution Matica Slovenská. Nebenan kann man die Regionalgalerie besuchen. Über den Fluß führt eine neue Kolonnadenbrücke für Fußgänger und Radfahrer. Im Stadtteil Mokraď befindet sich ein eindrucksvolles Schloß. Zwei kleine Artikularkirchen stehen abseits der Hauptstraße in Istebné und in Leštiny.

Zehn Kilometer flußaufwärts folgt hinter Dolný Kubín Burg Arwa (Oravský hrad). Sie ist zu Recht eine der bekanntesten Burgen der Slowakei. Mehrere malerische Felsspitzen erheben sich bis zu 112 Meter über den Fluß Orava.

Die jetzige Burg stammt aus dem 13. Jahrhundert und wurde bis zum 17. Jahrhundert erweitert. Auf drei natürlichen Terassen des Felsens sind die Gebäude verteilt und durch Gänge miteinander verbunden. Bis zur Burgkapelle führen etwa 800 Stufen. Ein polnischer Burgherr raubte der Sage nach eine Braut kurz vor ihrer beab-

In der ältesten evangelischen Artikularkirche in Istebné

sichtigten Trauung und wurde noch am gleichen Tag vom Blitz erschlagen. Spätere Eigentümer waren unter anderem die ungarischen Familien Thurzo und Pállfy. Seit dem 19. Jahrhundert gibt es Probleme mit der Statik der alten Gemäuer. Von 1955 bis 1970 erfolgte eine umfassende Restaurierung. In der Burg finden auch Trauungen und Konzerte statt.

Innenhof der Burg Arwa (Oravský hrad)

Am Fuße der Burg wurden 1559 vier Pachthöfe mit vielseitiger Gewerbetätigkeit erwähnt (Zollstelle, Gasthaus, Brauerei, Mühle, Sägewerk, Schießpulverwerkstatt, Gärten und Fischzuchtbecken).

 Informačná kancelária Slovakotour, Gäceľska 1, 026 01 Dolný Kubín, 043/586 54 06, Fax 586 54 05.

 Kursbuchstrecke 181 Kraľovany – Trstená (gesamt 110 min, 30 min bis Dolný Kubín, zwölfmal täglich).

 Hviezdoslav-Museum, Hviezdoslavovo 7, April bis September Di bis So 8 bis 16 Uhr, Oktober bis März Mo bis Fr 8 bis 16 Uhr. Arwa-Galerie, Hviezdoslavovo 43, Di bis So 9 bis 17 Uhr. Oravský hrad, Oravský Podzámok,

Führungen Mai bis Oktober 8.30 bis 16.30 Uhr.

 Drei Skilifte in Kuzmínovo, sechs Skilifte zur Kubínska Hoľa, ein Sessellift und drei Skilifte in Malá Lučivná.

 Hotel Oravan, Oravský Podzámok, 043/589 31 15. Hotel Sipox Castle, gehobene Preisklasse, Horná Lehota, 043/589 31 86.

 Camping Gäceľ, Mai bis 15. September, Dolný Kubín, 043/586 51 10. Camping Oravice, April bis Oktober, Liesek, 043/539 41 14.

Gipfel mit über
2400 Metern Höhe
machen das Granit-
gebirge der Tatra
zu einem Magneten für
Wanderer und
Skifahrer. Zahlreiche
sehenswerte Höhlen
sind für Besucher
zugänglich.

Die Tatra

Die Westliche Tatra

Die Westliche Tatra (Západné Tatry) ist ein selbstständiges Gebirge und grenzt am Bergsattel Ľaliové sedlo (Lilienpaß, 1947 Meter) an die Hohe Tatra. Der Hauptkamm bildet stellenweise die slowakisch-polnische Grenze. In der Literatur werden mitunter Begriffe durcheinandergebracht. Insbesondere werden die einzelnen Gebirgsteile Roháče und Liptauer Alpen gelegentlich synonym für die ganze Westliche Tatra benutzt. Außer diesen beiden Teilen gehören zum Gebirge die kleineren separaten Bergmassive Osobitá und Sivý vrch bei Zuberec. Im Übergangsbereich zur Hohen Tatra befinden sich die Liptovské kopy (Liptauer Kuppen) sowie die von polnischer Seite aus gut erreichbaren Červené vrchy (Rote Berge).

Eine alte Häusergruppe in Podbiel hat den Status eines Volksarchitekturreservates. Das weitläufige Dorf Zuberec ist Zentrum des Roháče-Massivs. Am Flüßchen Studená befindet sich der Skansen von Zuberec, ein vielbesuchtes Freilichtmuseum der Slowakei. Nach Diskussionen über den Standort wurde 1966 die Baugenehmigung für die Lichtung Brestová erteilt. Heute ist die Gemeinde Zuberec Betreiber des Museums. Neben umgesetzten Gebäuden gibt es einige Kopien und Rekonstruktionen. Häuser des Landadels wurden stärker als in anderen Skansen berücksichtigt, so zum Beispiel Gebäude vom Markt von Dolná Orava.

Interieur eines Hauses aus der Region Orawa im Freilichtmuseum Zuberec

Tri kopy in der Westlichen Tatra

Besonders interessant sind die spätgotische römisch-katholische Holzkirche von Zábrežie aus dem 15. Jahrhundert und eine Wassermühle. Die Renaissancemalereien an Empore und Decke, schwungvolle Ranken auf weißem Untergrund, verleihen dem Kircheninneren einen ungewöhnlich heiteren Charakter.

 Informačna kancelária, Zuberec 289, 027 01 Zuberec, 043/539 51 97, Fax 539 53 59.

 Museum des Arwa-Dorfes (Skansen Zuberec), Januar bis April Mo bis Fr 8 bis 16 Uhr, Mai bis Oktober Di bis So 8 bis 17 Uhr, mit betriebener Dorfschenke.

 Es gibt einen Naturlehrpfad im Tal Juráňova dolina bei Oravice, drei Stunden.

Ein Rundweg führt zu den Bergseen Roháčske plesá, vier Stunden.

 Zwei Skilifte in Zuberec, drei Skilifte in Zverovka, auch gespurte Loipen für Skiwanderungen.

 Koliba Josu, Zuberec, 043/539 59 15.

 Hotel Primula, Zuberec, Roháčska dolina 373, 043/539 50 01.
Mehrere Pensionen in Zuberec.

Tageswanderung: Roháče

Route
Chata Zverovka – Spálená
dolina – Baníkovské sedlo – Banikov –
Baníkovské sedlo – Roháčske plesá –
Chata Zverovka.
Die An- und Abreise mit öffentlichen
Verkehrsmitteln ist ziemlich aufwen-
dig und daher nicht zu empfehlen.

Schwierigkeit
Neun Stunden, keine Kraxelstellen.

Etwa 10 Kilometer östlich von Zuberec,
vorbei am Freilichtmuseum, erreicht
man einen Parkplatz hinter der Chata
Zverovka im oberen Bereich des
Roháčska dolina. Von dort sind es
noch zwei Kilometer bis zum Abzweig
des gelb markierten Weges nach
rechts. Über die Wiese Adamcula läuft
man das Spálená dolina (Verbranntes

An den Roháčer Seen

Tal) aufwärts zum Wasserfall Roháč-
sky vodopád. Der Heidelbeerwald
geht allmählich in die Knieholzzone
über. Ein steiler Aufstieg führt zum
Bergsattel Baníkovské sedlo (2045
Meter). Dort kreuzt der Weg den rot
markierten Kammweg. Auf ihm ist
nach links der Gipfel des Baníkov
(2178 Meter) nicht mehr weit.
Beim Abstieg orientiert man sich ab
dem Sattel an der grünen Markierung. Sie zweigt nach rechts vom
bekannten gelben Weg ab und führt
zu den malerischen Roháčske plesá.
Rechts neben den vier Bergseen
(1718 Meter, 1653 Meter, 1650
Meter, 1563 Meter) befindet sich der
Hauptkamm kaum einen Kilometer
Luftlinie entfernt. In Blickrichtung
dominiert der Volovec (2063 Meter).
Dann führt der Weg durch das Smut-
ná dolina (Trauriges Tal) wieder auf
die Teerstraße im Haupttal.

Varianten
▸ Statt nach links zum Baníkov kann
man den rot markierten Weg ein
Stück nach rechts gehen und erreicht
die Gipfel Pachola (2166 Meter) und
Spálená (2083 Meter).
▸ Die Tour ist auch in Gegenrichtung
möglich. Im Falle großer
Kraftreserven könnte man dann sogar
vom Baníkov über Pachola und Spálé-
ná bis zur Brestová (1902 Meter) auf
dem Hauptkamm entlanglaufen.
▸ Biegt man vom Spálená dolina
gleich zu den Seen ab, ergibt sich eine
weniger anstrengende Runde,
allerdings ohne Gipfelblick.

Tageswanderung: Liptauer Alpen

Route

Erholungsheim Tesla –Jakubiná –Jamnická dolina –Erholungsheim Tesla, ab der Weggabelung im Račkova dolina nur vom 1. Juli bis zum 30. Oktober erlaubt, nächste Bushaltestelle vier Kilometer vom Start- und Zielpunkt enfernt am Hotel Esperanto bei Pribylina.

Schwierigkeit

Sieben Stunden, keine Kraxelstellen.

Diese einsame Wanderung durch die Liptauer Alpen (Liptovské Tatry) bietet Heidel- und Preiselbeerverpflegung beim Aufstieg. Der Bergrücken Otrhance liegt größtenteils oberhalb der Baumgrenze und gewährt schöne Ausblicke.

Am Parkplatz beim Erholungsheim Tesla etwa vier Kilometer nördlich von Pribylina führen markierte Wanderwege vorbei. Man läuft am Bach bergauf und trifft nach knapp zwei Kilometern auf eine Weggabelung. Links führt der blau markierte Weg ins Jamnicka dolina. Rechts führt der gelb markierte ins Račkova dolina. Man sollte sich aber den leichteren Wegabschnitt im Tal für den Rückweg aufheben und mit der Besteigung der Berge beginnen. Der mittlere Weg ist grün markiert und führt bald steil nach oben. Der erste Gipfel mit Rundblick heißt Ostredok (1674 Meter). Unter mäßigem

Auf und Ab führt der Weg dicht neben der Nižná Magura (1919 Meter) vorbei zu einem zweiten Ostredok (2049 Meter). Nun sind die steilsten Aufstiege überstanden, und man kann das Panorama noch unbeschwerter genießen. Es folgen die Vyšna Magura (2093 Meter) und als höchster Gipfel des Tages die Jakubiná (2194 Meter).

Am Hrubý vrch (2137 Meter) erreicht der Wanderweg den Hauptkamm. Man hat einen schönen Blick in das polnische Tal Chochołowska hinein. Auf dem Kamm läuft ein rot markierter Wanderweg entlang. Ihm kann man nach links folgen. Bald zweigt wiederum links der grün markierte Weg ins Jamnická dolina ab. Er führt über Geröll und durch die Krummholzzone schließlich in den Wald. Nun muß man dem Bach Jamnický potok nur noch abwärts folgen.

Variante

Am Hauptkamm biegt man auf dem rot markierten Weg nach rechts ab. Man erreicht den Končistá (1993 Meter) und hat schöne Ausblicke nach unten auf die kleinen Bergseen Račkove plesá. Am Bergsattel Račkovo sedlo (1956 Meter) biegt man wiederum nach rechts ab und folgt nunmehr dem Bach Račková. Diese Variante dauert wegen der zusätzlichen Gipfelbesteigung etwas länger.

Die Hohe Tatra

Von der Hohen Tatra (Vysoké Tatry) heißt es, sie sei das kleinste Hochgebirge der Welt. Welches Gebirge sich eigentlich Hochgebirge nennen darf, wird in verschiedenen Nachschlagewerken unterschiedlich definiert. Jedenfalls ist das Granitgebirge die bekannteste Touristenattraktion der Slowakei, dementsprechend hoch ist der Besucherandrang zur Ferienzeit. Da fast alle Wanderwege in höheren Berglagen seit 1978 nur vom 1. Juli bis zum 30. Oktober geöffnet sind, können Wanderfreunde der Ferienzeit nur zum Herbstanfang ausweichen. Ein Verlassen der Wege auf dem Gelände des Nationalparkes ist offiziell verboten, Rastpausen ein paar Meter daneben werden aber geduldet. Schäden in der Vegetation und bezüglich der Stabilität der angelegten Wanderwege entstehen oft dadurch, daß Touristen Schlängelwege abkürzen.

Der Zusammenschluß der 15 Tatragemeinden zwischen Podbanské und Tatranská Kotlina hat den Status einer Stadt. Vier kleinere dieser Gemeinden sind erst im vorigen Jahrhundert entstanden. Verwaltungszentrum ist der zentral gelegene Ort Starý Smokovec. Die Katasterfläche der Großgemeinde (398 qkm) übertrifft sogar die der Hauptstadt (368 qkm). Angrenzende Gemeinden fordern aber ehemalige Territorien zurück. Das gesunde Gebirgsklima war von Anfang an Werbefaktor des Tourismus in der Hohen Tatra. Der gegenwärtige Kurbetrieb

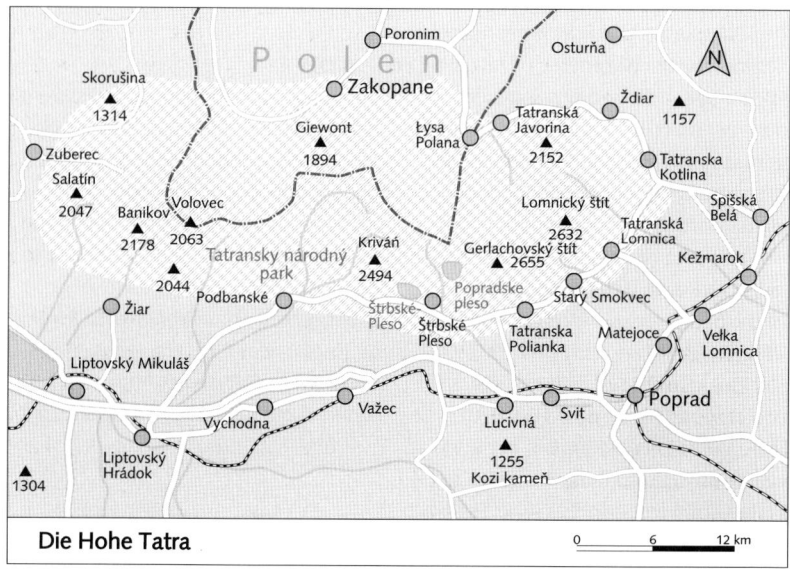

Die Hohe Tatra

0   6   12 km

Das angeblich kleinste Hochgebirge der Welt, die Hohe Tatra

konzentriert sich in Štrbské Pleso (550 Betten) und Nový Smokovec (320 Betten). Behandelt werden Erkrankungen der Atemwege.

Südlich und südöstlich der Berge bietet sich an vielen Stellen ein beeindruckender Blick auf die ziemlich schroff ansteigende Bergwelt. 20 Berge erreichen Höhen über 2400 Meter. Typisch für die Tatra sind die vielen attraktiven Bergseen. Ihre Kar genannten Kessel wurden von Gletschern geformt. Während der Eiszeiten reichten diese bis unter die heutige Straße zwischen Podbanské und Tatranská Lomnica hinaus. Die letzten Gletscher schmolzen vor etwa 8000 Jahren. Die größten Tatraseen liegen auf polnischen Gebiet. Einige sind salzhaltig, Sagen berichten von Verbindungen mit dem Meer. Streckenweise bildet der Hauptkamm die Staatsgrenze.

39 Blütenpflanzen existieren weltweit nur in der Hohen Tatra. Der Bestand an Säugetieren ist relativ gering. Man schätzt unter anderem 1000 Murmeltiere und 500 Gemsen. Auch Luchse kommen vor. Spektakuläre Touristenberichte handeln von Begegnungen mit Braunbären, zu lebensgefährlichen Verletzungen ist es jedoch seit Jahrzehnten nicht gekommen. Trotzdem sollte man bei einer Bärenbeobachtung keinen Schnelligkeitstest provozieren.

Ausgebildete Bergführer für anspruchsvolle Gipfelbesteigungen auch abseits markierter Wanderwege (für bis zu fünf Personen je nach Route bis zu 4000 Sk) vermittelt die Kancelária horských vodcov in Starý Smokovec, 052/ 442 20 66.

 Zum Lebensmitteleinkauf in der Hohen Tatra eignen sich am besten die Bahnhofsumgebungen der drei bekanntesten Orte Štrbské Pleso, Starý Smokovec und Tatranská Lomnica.

Je eine Informationstafel mit Telefon befindet sich in Starý Smokovec und Tatranská Lomnica, von diesen Telefonen aus kann man die auf der Tafel erwähnten Herbergen gratis anrufen. In Nová und Stará Lesná wird während der Sommerferienzeit und der Wintersportsaison aus jedem Haus eine mehr oder weniger legale Pension, meinen Einheimische. Auf alle Fälle ist es preisgünstiger, als in den Hotels der Tatragemeinde zu übernachten. Gleiches gilt für Tatranská Štrba, der nur wenig von der Tatragemeinde entfernte Ort bietet viele Unterkünfte.

Ruhepause

Tourismus in der Tatra

Wildromantische Karpatenberge,
könnt Euch wohl bewundern, doch
nicht lieben.
Fremd sind Eure Wälder, kahlen
Höhen
immer meiner Phantasie geblieben.

Sándor Petöfi

Was der im Tiefland geborene ungarische Nationaldichter da von sich
gab, war wohl schon zu seiner Zeit
nicht mehrheitsfähig. Wann und wie
weit die ersten Menschen in die Tatra
vordrangen, wird wohl nie genau zu
ermitteln sein. Sicher dürfte dabei
nicht der Wunsch nach Erholung in
intakter Natur im Vordergrund
gestanden haben, sondern die Suche
nach Eßbarem oder die Flucht vor
Feinden. Zeitweise wurde in den Bergen nach Eisenerz und Gold gesucht,
entsprechende Funde reichen bis in
das Mittelalter zurück.
Landwirtschaft dagegen fand mit
Ausnahme eines Hofes in Tatranské
Matliare nicht statt, Bauernhäuser
fehlen im Areal der Gebirgskurorte.
Den ersten historisch belegten
Ausflug in die Bergwelt unternahm
1565 Beata Łaská. Die Burgfrau aus
Kežmarok wanderte mit mehreren
Begleiterinnen zum Zelené pleso
(Grüner See, 1545 Meter). Diese
nach heutigen Begriffen harmlose
Emanzipationstat war willkommener
Anlaß für ihren Mann, seine 21 Jahre

ältere und sehr vermögendere Frau
sechs Jahre lang einzukerkern. 1615
wird der Student Dávis Fröhlich aus
Kežmarok als Gipfelbesteiger
genannt, wahrscheinlich handelt es
sich um den Kežmarský štít (Käsmar-
ker Spitze, 2556 Meter). 1664 erfolgte die erste Besteigung mit genau
rekonstruierbarer Bergangabe, als der
Pfarrer Georg Buchholtz der Ältere
aus Veľká Lomnica den Slavkovský
štít erreichte (Schlagendorfer Spitze,
2452 Meter). Er verfaßte ein Buch
mit topographischen Angaben, das
aber erst viel später gedruckt wurde.
1793 besuchten Robert Townson aus
Edinburgh und Belsazar Haquet aus
Lemberg die Tatra, um barometrische
Messungen durchzuführen. 1813
durchquerte der Botanik-Professor
Göran Wahlenberg aus Uppsala die
Berge, nach ihm wurden zwei
Bergseen benannt. Er hielt sich in
verschiedenen Gebirgsteilen auf und
entdeckte eine nur in der Tatra wach-
sende Schöterich-Art, das aus seiner
Reise resultierende Buch ›Flora
Carpathorum‹ erschien 1814.
Starý Smokovec ist die älteste Tatra-
Siedlung, 1793 ließ der Pfarrer
Thomas Mauksch aus Veľký Slavkov
hier an Mineralquellen eine Sommer-
frische mit Blockhäusern anlegen.
1839 erfolge eine genaue Vermes-
sung des nach einem unbedeutenden
Ort im Tal benannten Gerlachovský
štít (Gerlsdorfer Spitze, 2655 Meter),
vorher galten fälschlicherweise andere Berge als höher. 1863 entstand die
erste Touristenhütte in den Bergen,

nach ihrem Erbauer Johann Georg Rainer aus Spišská Sobota Rainerhütte genannt. 1871 wurde die Bahnstrecke zwischen Bohumín und Košice fertiggestellt, was als eigentlicher Beginn eines gewerblich organisierten Tatra-Tourismus angesehen wird. Seit 1874 existiert ein Bergführer- und Rettungsdienst, um diese Zeit wurden auch längere Wanderwege befestigt. Bis zum ersten Weltkrieg wurden praktisch alle Gipfel bestiegen, woran merkwürdigerweise Slowaken selten beteiligt waren. Die Eiskunstlaufwettkämpfe 1900 in Štrbské Pleso waren das erste Sportereignis in der Hohen Tatra mit internationaler Beteiligung. Der erste Schlepplift wurde 1942 eröffnet und führte zur Berghütte am Solisko. 1949 wurde der Fernwanderweg Tatranská magistrála (Tatramagistrale) fertiggestellt, er schlängelt sich 70 Kilometer meistens im Wald südlich der Hauptkämme von Westlicher und Hoher Tatra entlang. Eine besondere Rolle in der Phantasie der Menschen spielt der Kriváň (2494 Meter) mit seiner markanten Spitze. Eine Übersetzung mit ›Gekrümmter‹ liegt nahe. Tatsächlich kommt der Name aber vom keltischen Wort für Fels und taucht auch noch in weiteren slowakischen Gebirgen auf. Die Sage berichtet, daß ein von der Tatra begeisterter Engel beim unvorsichtigen Umherflattern mit einem Flügel am Kriváň anstieß und ihn dadurch verbog. Der relativ freistehende Berg wurde lange für die höchste Erhebung der Tatra gehalten, weil die tatsächlich höheren Gipfel versteckter im Gebirgsinneren liegen. Die erste nachweisbare Besteigung führte Jonáš Czirbesz 1772 durch, zu den prominentesten Nachfolgern gehörte 1840 König Friedrich August von Sachsen. Zur Zeit des erstarkenden slowakischen Nationalbewußtseins war der Berg Ziel vieler Exkursionsgruppen, die teilweise von den führenden Patrioten selbst geleitet wurden. Der Kriváň belegte mit Abstand den ersten Platz bei einer Umfrage, welcher slowakische Berg der schönste sei. Es ist der Nationalberg der Slowaken, die ihn überschwenglich mit dem Olymp und dem Fuji-San vergleichen. In vielen Liedern wird er besungen, unter anderem 1972 in einer 18 Minuten langen Hymne von Skaldowie, einer der ersten polnischen Rock-Bands. Als schönster Rundblick der Tatra gilt aber der Rysy (Meeraugspitze, 2499 Meter). 1840 gelang die erste Besteigung und 1884 die erste Winterbesteigung.

Bergwelt in der Nähe des Popradské pleso (Poppersee) in der Hohen Tatra
An den Roháčer Seen in der westlichen Tatra; Im Freilichtmuseum des Arwaer
Dorfes bei Zuberec

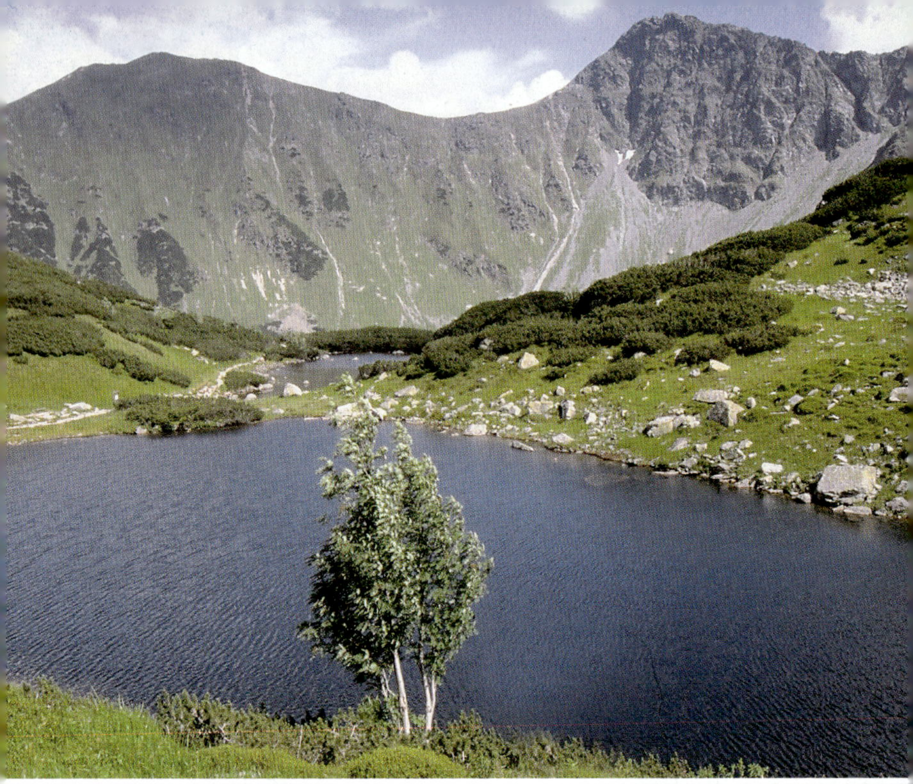

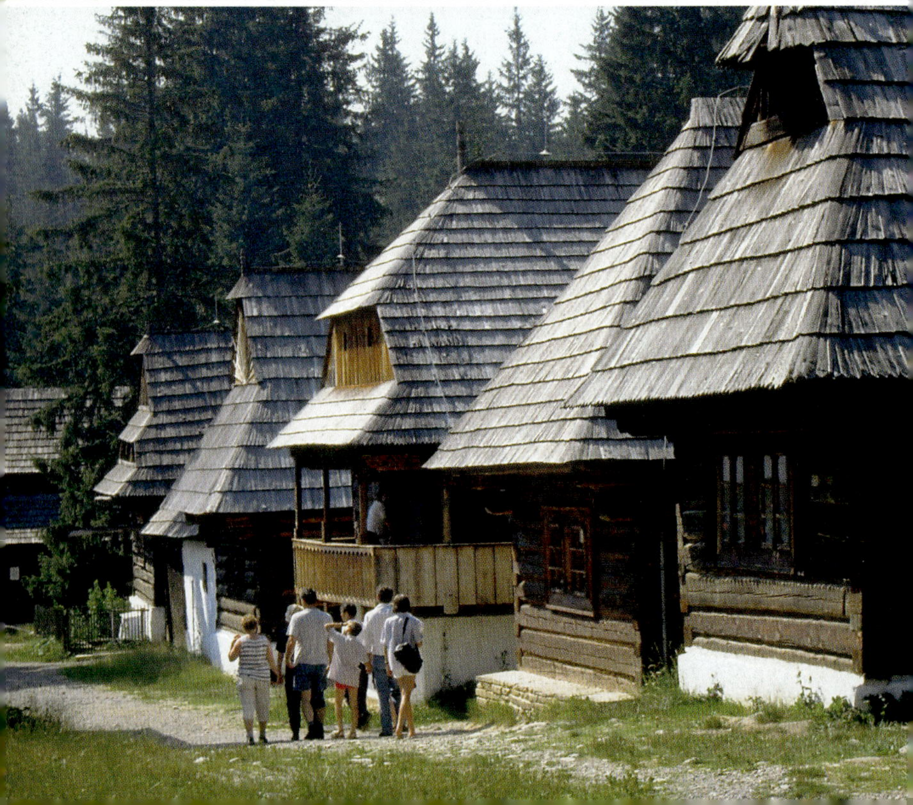

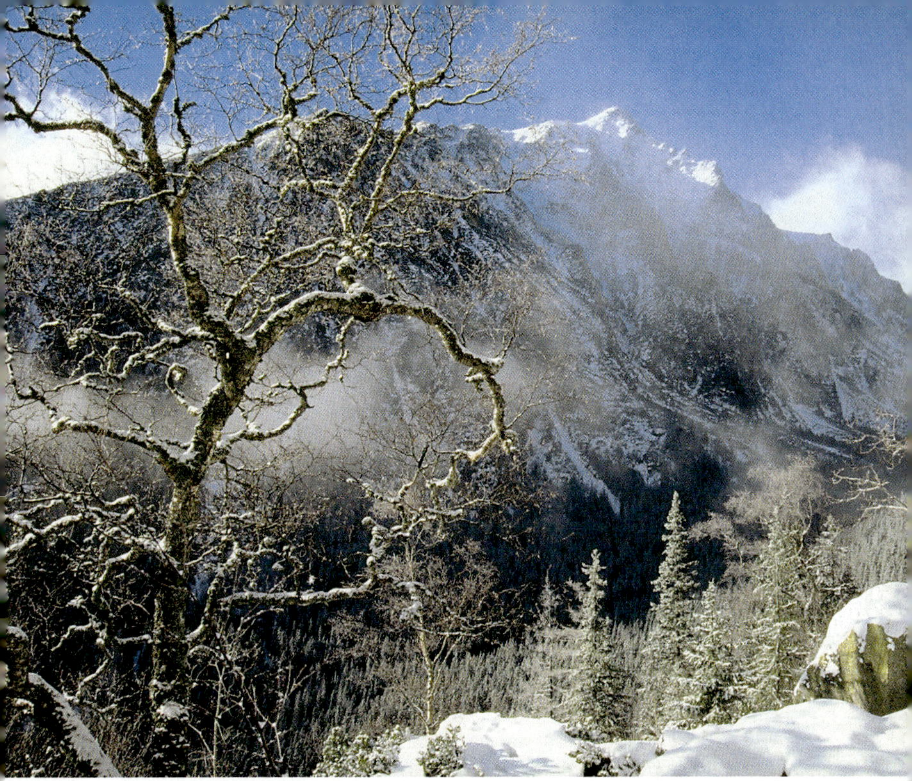

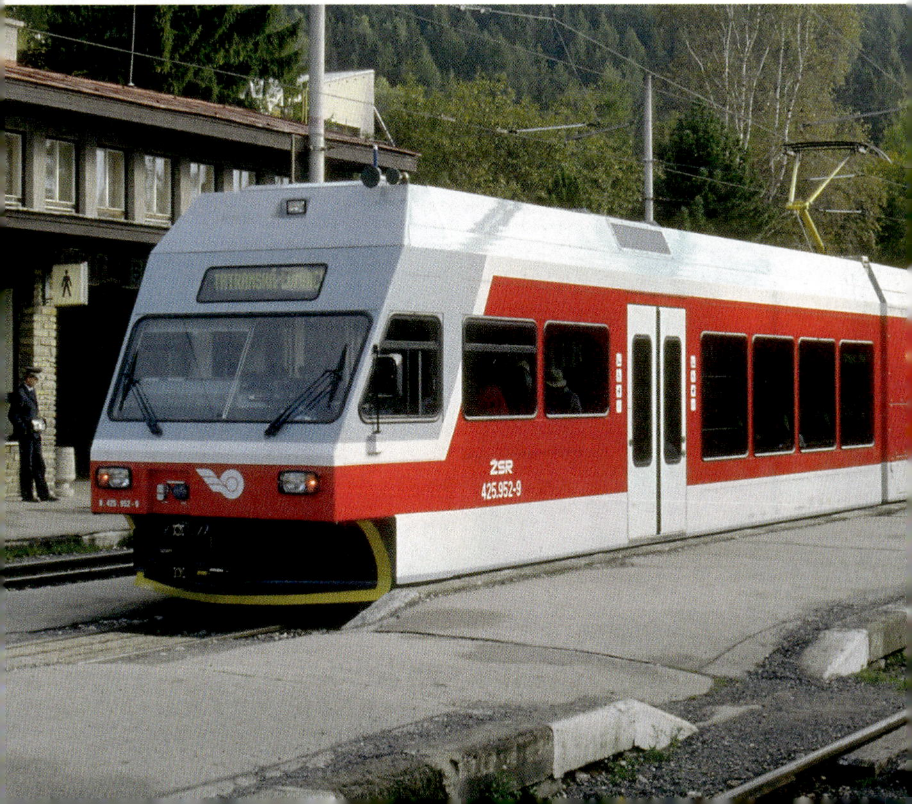
ŽSR
425.952-9

Štrbské Pleso und Umgebung

Der höchstgelegene slowakische Ort Štrbské Pleso (Tschirmersee) entstand ab 1872 und gruppiert sich um die östliche Hälfte des gleichnamigen Sees (1350 Meter) herum. Der zu- und abflußlose See ist mit einer Fläche von 19 Hektar der zweitgrößte auf der slowakischen Seite der Tatra. Von Ende November bis Anfang Mai hält sich die Eisschicht. Einige große Bauwerke aus realsozialistischer Zeit fügen sich nur schlecht in die Landschaft ein. Damals galt diese Klotzigkeit als Ausdruck eines fortschrittsorientierten Selbstbewußtseins. Alte Reklamefotos zeigen beispielsweise Fahrzeuge der Marke Trabant vor diesem Gebäude- und Gebirgspanorama. Man sieht Štrbské Pleso schon von der Talstraße am Oberlauf der Waag aus. Auf den Sprungschanzen fanden viele internationale Wettkämpfe statt, bei ihnen gab es zumindest eine funktionelle Notwendigkeit für die auffällige Bauweise. Nichtsdestotrotz ist Štrbské Pleso einer der günstigsten Ausgangspunkte für Wanderungen in der Hohen Tatra.

Die 1936 eingestellte Zahnradbahn wurde 1970 wiedereröffnet. In Richtung der Berghütte am Predné Solisko (2093 Meter) führt ein Sessellift. Im Tal Furkotská dolina (Murmeltal) steht ein großer Zirbelkiefernwald.

Der westliche Nachbarort Podbanské ist einer der besten und beliebtesten Ausgangspunkte für längere Skiwanderungen. Hier beginnt das mit 14 Kilometer längste Tatratal Tichá dolina (Stilles Tal). 1995 wurden Dinosaurierspuren entdeckt, es handelt sich um dreizehige Abdrücke im Sandstein, die etwa 195 Millionen Jahre alt sind. Von Podbanské aus sind Wanderungen auf den höchsten Gipfel der Westlichen Tatra (Bystrá, 2248 Meter) möglich, außerdem führen von hier aus zwei ausgeschilderte längere, aber unkomplizierte Mountain-Bike-Routen in das Tichá dolina, etwa 23 Kilometer, und das Kôprová dolina, etwa 17 Kilometer.

Unterhalb von Štrbské Pleso befindet sich der Ort Tatranská Štrba (Tschirmer Sattel). Hier verläuft die Wasserscheide zwischen dem Schwarzen Meer und der Ostsee. Vom östlichen Nachbarort Vyšné Hágy (Hochhagi) führt ein steiler Weg zum See Batizovské pleso (1879 Meter). Das kurze Talende wird vom Gipfel Batizovský štít (2456 Meter) beherrscht.

Der Berg Slavkovský štít (Schlagendorfer Spitze) in der Hohen Tatra; Die neuen Wagen der Tatrabahn
Das Berghotel Popradské Pleso in der Hohen Tatra

Tatranská Štrba liegt an der Hauptstrecke von Žilina nach Košice. Außerdem befinden sich Tatranská Štrba und Štrbské Pleso im Netzbereich der Tatrabahn (Betriebszeiten etwa 5 bis 22 Uhr).

 Fünf Skilifte in Štrbské Pleso, zwei in Podbanské, zwei in Tatranská Štrba, zwei in Mengusovce. Knotenpunkt gespurter Rundkurse unterschiedlicher Länge ist das Skistadion Štrbské Pleso. Es existieren gespurte Loipen bis nach Liptovský Mikuláš. Rundkurse von Podbanské aus führen in das Gebiet Surový Hrádok.

 Berghotel Popradské Pleso (ehemals Chata kapitana Morávku), Mengusovská dolina, 052/449 21 77.
Berghütte Chata pod Rysmi, Juni bis Oktober, Mengusovská dolina, 052/442 23 14.
Hotel FIS, Štrbské Pleso, 052/449 22 21 oder 449 22 25.
Hotel Permon, Podbanské 18, 052/448 44 56.
Hotel Sorea Stavbár, Tatranská Štrba, 052/448 44 56.

 Camping, Mai bis 15. Oktober, Tatranská Štrba, 052/448 41 73.

Tageswanderung: Besteigung des Kriváň

Route
Štrbské pleso – Jamské ples –Kriváň – Tri studničky – Štrbské pleso, zwischen Jamské pleso und Veľke Biele pleso nur vom 1. Juli bis zum 30. Oktober erlaubt, Haltestelle der Tatrabahn am Start- und Zielpunkt, die Tour kann auch an der Bushaltestelle Važecká chata beendet werden.

Schwierigkeit
Acht Stunden, Felsspalten im Gipfelbereich.

Daß der Kriváň (2494 Meter) für die Slowaken eine große symbolische Bedeutung hat, wurde schon erläutert. Er stellt den krönenden Abschluß eines Seitenkamms dar, der am Gipfel Čubrina (2378 Meter) vom Hauptkamm der Hohen Tatra in südwestliche Richtung abzweigt. Weitere bekannte Gipfel dieses Seitenkamms heißen Kôprovský štít (2367 Meter), Hrubý vrch (2428 Meter) und Furkotský štít (2405 Meter). Nebenkämme dieses Seitenkammes wiederum enden in den Gipfeln Predné Solisko (2093 Meter) und Patria (2203 Meter), die jeweils nur etwa drei Kilometer von Štrbské Pleso entfernt liegen. Angesichts des Symbolwertes und des Panoramablickes ist der Aufstieg auf den Kriváň unbedingt lohnenswert, in solche Höhen führt kein leichterer Wanderweg. Die Wanderung beginnt am See Štrbské pleso. Man folgt der roten Markierung, die am Ufer verläuft, nach links. Vor dem kleinen Jamské pleso wechselt man zur blauen

Markierung bergauf. Die letzten Meter zum Gipfel sind recht anstrengend. Vom Kriváň sieht man unter anderem den Seitenkamm Liptovské kopý, hinter dem der steil abfallende Teil des Hauptkammes mit der Be-zeichnung Červené vrchy hervorschaut. Nordwestlich des Gipfels liegt das lange Tal Kôprová dolina, die beiden größeren Bergseen heißen Krivánské Zelené pleso (2017 Meter) und Nižné Terianske pleso (1940 Meter).

Beim Rückweg biegt man unter dem Nebengipfel Malý Kriváň (2334 Meter) rechts auf den grün markierten Weg ein. Vom Weg aus sind sowohl Relikte alter Goldsucherstollen als auch Bunkeranlagen aus dem zweiten Weltkrieg zu sehen.

Am Grúnik (1576 Meter) taucht man wieder in den Wald ein und am Forsthaus Tri studničky (Drei Brünnlein, 1140 Meter) stößt man auf die Talstraße. An der 1999 abgebrannten Važecká chata vorbei führt ein grün markierter Weg parallel zur Straße wieder nach Štrbské Pleso.

Varianten

▶ Statt des Wegabschnittes an der Talstraße folgt man der roten markierten Tatranská magistrála und kommt wieder zum Jamské pleso.

▶ Man kann einen der hier als Auf- und Abstieg beschriebenen Wege auch hin und zurück benutzen.

Tageswanderung: Hincovské plesá

Die eigentliche Bergwanderung der nächsten beiden Touren zu den Hincovské plesá und zum Rysy beginnt am Popradské pleso (Poppersee, 1494 Meter), der auch wegen seines

Am Veľké Hinzovo pleso (Großer Hinzensee)

natürlichen Forellenbestandes bekannt ist. Dorthin gelangt man entweder vom See Štrbské pleso oder von der Tatrabahn-Station Popradské pleso aus mit jeweils etwa einer Stunde Fußweg in gemütlichem Tempo. Am Popradské pleso liegt ein Berghotel. Hier herrscht bei starkem Besucherverkehr mitunter fast Bierzeltstimmung. Kurz unterhalb des Sees befindet sich am gelb markierten Weg der ›Symbolische Friedhof‹ (Symbolický cintorín) mit 200 Gedenkplatten und 60 Holzkreuzen für Verunglückte in der Bergwelt. Der Wegabschnitt zwischen dem Štrbské pleso und den Hincovské plesá ist auch als Naturlehrpfad eingerichtet.

Route
Štrbské pleso – Popradské pleso – Hincovské plesá – Vyšné Kôprovské sedlo – Kôprovský štít, gleicher Rückweg, nur vom 1. Juli bis zum 30. Oktober erlaubt.

Schwierigkeit
Sieben Stunden, bis zu den Seen einfach, danach steiler.

Am Popradské pleso wählt man den blau markierten Wanderweg im Mengusovská dolina (Mengsdorfer Tal) bergaufwärts. Es folgt eine ausgeprägte Krummholzzone. Dann erklimmt der Weg größere Schwellen im Geländeprofil. Die Serpentinen des Weges zum Rysy sind von dort aus gut zu sehen. Links folgt der Malé Hincovo pleso (Kleiner Hinzensee, 1923 Meter). Kurz darauf führt der Weg rechts unmittelbar an den Veľké Hinzovo pleso (Großer Hinzensee, 1946 Meter) heran. Dieser ist mit einer Ausdehnung von 20 Hektar und einer Tiefe von 53 Metern der größte Tatrasee auf slowakischem Gebiet und die Quelle des Flusses Poprad. Eingerahmt wird der Eingang des Seenkessels durch den Hlinská veža (2330 Meter) und den Volovec (2227 Meter). Am Talende befinden sich Čubrina (2378 Meter) sowie drei Gipfel mit dem Namen Mengusovský štít (2438 Meter, 2393 Meter, 2398 Meter). Weiter führt die blaue Markierung in Serpentinen zum Vyšné Kôprovské sedlo (Diller Sattel, 2180 Meter). Von dort ist die Besteigung des Kôprovský štít (Diller Gipfel, 2367 Meter) auf dem gelb markierten Weg nicht mehr schwer. Von ihm blickt man in das oberste Seitental des Kôprová dolina (Diller Tal) und den Seen Temnosmrečinské plesá. In nördlicher Richtung endet der Blick an der die Landesgrenze zu Polen bildenden Bergkette. Man sieht alle bedeutenden Gipfel bis hin zum Svinica (2301 Meter). Südwestlich liegt der Hrubý vrch.

Variante
Rückweg ab Vyšné Kôprovské sedlo durch die Täler Hlinská dolina und Kôprová dolina nach Tri studničky, diese Strecke ist allerdings bedeutend länger. Im Kôprová dolina wurde zeitweise Antimon gewonnen, heute ist es als Gemsen- und Bärengelände bekannt.

Tageswanderung: Besteigung des Rysy

Route
Štrbské pleso – Popradské pleso – Žabie plesá – Chata pod Rysmi – Rysy, gleicher Rückweg, nur vom 1. Juli bis zum 30. Oktober erlaubt.

Schwierigkeit
Acht Stunden, Kraxelstellen über schrägliegende Felsen, Schneereste möglich.

Der Beginn der Tour ist der gleiche wie zu den Hincovské plesá. Einen Kilometer nach dem Popradské pleso zweigt rechts ein rot markierter Weg ab. Ein munterer Bach begleitet ihn. An den drei Žabie plesá (Froschseen) bietet sich eine erste Rast an. Die Vegetation ist hier schon sehr spärlich. Es folgen eine mit Halteketten gesicherte Stelle und steile Serpentinen. Unterhalb des Gipfels befindet sich die höchstgelegene Tatrahütte, die Chata pod Rysmi auf 2250 Metern. Schon mehrmals rollten Lawinen über sie hinweg. Die letzte Wiedereröffnung fand im Juli 2001 statt. Zu den täglichen Arbeiten des seit 1979 amtierenden Hüttenchefs Viktor Beránek zählt ein Fußmarsch aus dem Tal mit etwa 80 Kilogramm Proviant. Da verwundert es nicht, daß Beránek Sieger der ersten slowakischen Sherpa-Ralley im Jahre 1985 war. Der weitere Weg führt über anstrengende Geröllfelder. Im sedlo Váha

(Waagsattel, 2237 Meter) hat man einen schönen Blick auf die steile Wand des Ganek (2459 Meter). Der Rysy (Meeraugspitze, 2499 Meter) befindet sich genau auf der slowakisch-polnischen Grenze und ist der höchste Berg Polens. Er liegt innerhalb des Hauptkammes der Hohen Tatra ziemlich zentral und bietet ein großartiges Panorama mit Blick auf große Bergseen. Eine ausgiebige Rast belohnt die Mühen des Aufstiegs. In der Nähe ragt die noch etwas höhere Vysoká (Tatraspitze, 2547 Meter) auf.

1913 war der Gründer der Sowjetunion Wladimir I. Lenin von polnischer Seite aus auf dem Rysy. Er wollte dort den Sonnenaufgang erleben und wählte in Alltagskleidung unter Zeitdruck im Halbdunkel eine gefährliche Abkürzung. »Ein Revolutionär hat nicht das Recht, sich von seiner Angst besiegen zu lassen«, war der angebliche Kommentar des körperlich kleinen Mannes.

Variante
Bei Übernachtung in der Chata pod Rysmi verteilt sich die Anstrengung auf zwei Tage, man hat mehr Zeit zum Naturgenuß, außerdem wird die kameradschaftliche Stimmung in der Hütte oft gelobt.

Tageswanderung: An der Bergwiese Kvetnica vorbei zur Východná Vysoká

Route

Tatranská Polianka – Slieszky dom – Kvetnica – Poľský hrebeň – Východná Vysoká, gleicher Rückweg, ab Slieszky dom nur vom 1. Juli bis zum 30. Oktober erlaubt, Tatrabahn-Stationen am Start- und am Zielpunkt.

Schwierigkeit

Neun Stunden, großer Höhenunterschied von über 1400 Metern, holprige Wurzeln im Waldbereich und mehrere Kraxelstellen in Hochlagen, Schneereste möglich.

Von Tatranská Polianka aus führt ein grün markierter Weg zum Berghotel Slieszky dom (Schlesisches Haus, 1670 Meter) oberhalb der Waldgrenze. Trotz seiner nicht allzu phantasievollen Architektur paßt es sich gut in die Umgebung ein. Das mehrmals abgebrannte Gebäude entstand 1968 neu. Es folgen der Velické pleso (Felker See, 1663 Meter) und ein 15 Meter hoher Wasserfall. Über die Felsschwelle Večný dážď (Ewiger Regen) gelangt man zur Bergwiese Kvetnica (Blumengarten). Links sieht man die Wand des höchsten Tatragipfels Gerlachovský štít (Gerlsdorfer Spitze, 2655 Meter) und den kleinen Dlhé pleso (Langer See, 1929 Meter). Östlich ragen Veľká Granátová (Felker Granat, 2313 Meter) und Bradavica (Warze, 2476 Meter) auf.

Dann führt der Weg steil über Geröll. Eine Felswand vor dem Sattel Poľský hrebeň (Polnischer Kamm, 2200 Meter) kann man mit Hilfe von Drahtseilen passieren. Der Paß wurde früher gern von Schmugglern benutzt. Vom Sattel führt ein kurzer steiler Weg mit gelber Markierung auf die Východná Vysoká (Ostspitze, 2428 Meter). Sie bietet einen ausgezeichneten Rundblick.

Varianten:

▶ Das Berghotel Slieszky dom ist nicht nur mit Tatranská Polianka, sondern auch mit Tatranské Zruby und Starý Smokovec durch geringfügig längere Wanderwege verbunden.

▶ In Tatranská Polianka beginnt auch eine etwa 14 Kilometer lange ausgeschilderte Radroute (Höhenunterschied 605 Meter), die zum Berghotel Slieszky dom führt.

▶ Man folgt am Poľský hrebeň noch ein kleines Stück der grünen Markierung, biegt dann bei der blauen Markierung nach links in das 10 Kilometer lange und sehr schöne Bielovodská dolina (Weißwassertal) ab. Der untere Talbereich ist gekennzeichnet durch breite Wiesen und einen wilden Bach. Der Gletscher im Bielovodská dolina soll in der Eiszeit eine Stärke von 280 Metern erreicht haben. Diese Variante erreicht weit vom Ausgangspunkt entfernt in Tatranská Javorina wieder eine Hauptstraße mit Bushaltestelle, sie ist auch von dort aus in umgekehrter Richtung realisierbar.

Starý Smokovec und Umgebung

Starý Smokovec (Altschmecks) ist das Zentrum der Hohen Tatra, von hier wird die Großgemeinde Hohe Tatra verwaltet. Der Ortskern ist überschaubar, auch zu Fuß hat man ihn schnell durchquert. Die Plural-Form Smokovce faßt den Ort mit seinen jüngeren Vororten Horný Smokovec (Schöne Aussicht), Dolný Smokovec (Unterschmecks) und Nový Smokovec (Neuschmecks) zusammen.

In der Nähe von sauren Quellen wurden zwischen 1793 und 1797 einige Häuser für Jäger und Ausflügler gebaut. Prägende Persönlichkeiten für den Aufschwung des Ortes waren der Gastwirt Johann Georg Rainer und der Bäderarzt Nikolaus Szontágh der Ältere. Unter allen slowakischen Orten vermittelt das Zentrum von Starý Smokovec am ehesten den Eindruck mondäner Schweizer Gebirgskurorte. Dazu tragen besonders die eleganten Fachwerkbauten aus dem 19. Jahrhundert bei. In der Tat hatte Nikolaus Szontágh der Ältere enge Kontakte nach Davos und Meran. Ganz aus Holz ist die schlanke römisch-katholische Marienkirche von 1888. Architekt war wie bei vielen anderen markanten Bauten Gedeon Majunke. Oberhalb der Kirche befindet sich die Talstation der Standseilbahn zum Hrebienok (Kämmchen).

 Tatranská informačná kancelariá, Dom služieb, 062 01 Starý Smokovec, 052/442 34 40, Fax 442 31 27.

 Die beschriebenen Orte liegen im Netzbereich der Tatrabahn (Betriebszeiten etwa 5 bis 22 Uhr). Die Standseilbahn steht unter der Nummer 182 ebenfalls im Kursbuch (Betriebszeiten 7.05 bis 19.40 Uhr).

 Es gibt eine Rodelbahn vom Hrebienok ins Tal, desweiteren vier Skilifte in Starý Smokovec und zwei in Nový Smokovec.

 Berghotel Slieszky dom, Velická dolina, 052/442 52 02. Berghotel Sorea Hrebienok, Hrebienok, 052/442 50 60. Berghütte Bílková Chata, Hrebienok, 052/442 24 39.

Berghütte Zamkovského chata (ehemals Chata kapitana Nálepku), Malá Studená dolina, 052/442 26 36. Berghütte Téryho chata, Malá Studená dolina, 052/442 52 45. Berghütte Zbojnícka chata, Veľká Studená dolina, 0903/61 90 00. Hotel Bellevue, Horný Smokovec, 052/442 27 19. Hotel Junior, Horný Smokovec, 052/442 26 61 oder 442 26 62. Hotel Park, Nový Smokovec, 052/442 23 42 oder 442 23 44. Pension Sorea Poľana, Horný Smokovec, 052/442 25 18. Pension Diana, Nový Smokovec, 052/442 31 54.

 Camping Jupela, Mai bis September, 05952 Stará Lesná, 052/496 74 93.

Tageswanderung: Malá und Veľká Studená dolina

Route

Starý Smokovec – Hrebienok – Zamkovského chata – Téryho chata – Priečne sedlo – Zbojnícka chata – Hrebienok – Starý Smokovec, zwischen Téryho chata und Zbojnícka chata nur vom 1. Juli bis zum 30. Oktober erlaubt, Tatrabahn-Station am Start- und Zielpunkt.

Schwierigkeit

Acht Stunden, heftige Kletterstelle an der Wand des Priečne sedlo, dort nur in der angegebenen Richtung erlaubt, die Wanderung ist nicht für ungeübte Wanderer und Kinder geeignet.

Malá und Veľká Studená dolina (Kleines und Großes Kohlbachtal) sind Terrassentäler mit engen Eingängen. Im oberen Teil der Talkessel befinden sich jeweils viele kleine Seen. Von Starý Smokovec fährt eine Standseilbahn zwei Kilometer bergauf und bietet sich zur Benutzung an. Zum Endpunkt Hrebienok (1285 Meter) führt aber auch ein grün markierter Wanderweg. Nach einem weiteren Kilometer passiert man die Studeno-vodské vodopády (Kohlbachwasser-fälle, auch Kaltwasserfälle) und den Obrovský vodopád (Riesenwasserfall). Es dürften die attraktivsten Wasserfälle des Gebirges sein. Weiter führt die grüne Markierung an der Berghütte Zamkovského chata (1475 Meter) in das Malá Studená dolina hinein. Hier wurde zeitweise nach Kupfer und Gold gesucht. Zu den das Tal umgebenden Bergen gehören Lomnický štít und Ľadový štít. Kurz vor der zweithöchsten Tatrahütte Téryho chata (2015 Meter) und den sie umgebenden Seen ist eine etwa 200 Meter hohe Schwelle zu überwinden.

Hinter der Hütte beginnt der gelb markierte Weg und führt an die Fels-wände unterhalb des Priečne sedlo (Quersattel, 2352 Meter). Eine fast senkrechte Felswand muß mit Hilfe von Halteketten beklettert werden. Die jeweils nächsten Fußtritte können beim Aufstieg in dieser Wegrichtung mit den Augen bedeutend besser kon-trolliert werden als beim Abstieg in der Gegenrichtung. Der zweithöchste Tatrapaß Priečne sedlo (2312 Meter) ist höher als viele Gipfel und bietet einen schönen Blick auf beide Täler mit ihren Seen.

Nun führt der Weg hinunter in das Veľká Studená dolina zur Zbojnícka chata (1960 Meter). Im Tal befinden sich 26 kleine Seen. Man folgt der blauen Markierung über kleinere Schwellen und eine einfachere Passa-ge mit Halteketten zum Bach hinab. Kurz vor dem Talausgang befindet sich links der markante Slavkovský štít. Allmählich wird der Wald dichter. Bei der Wiese Starolesnianska poľana kommt man wieder an die Wasser-fälle.

Varianten

▶ Auch ein Ausflug ›nur‹ zu den Wasserfällen im unteren Bereich der beschriebenen Wanderung lohnt sich.

▶ Die Wasserfälle sind auf einem gelb markierten Weg mit Tatranská Lesná verbunden.

▶ In jedes der beiden Täler kann man hin- und zurücklaufen und spart sich damit die schwierige Verbindung über den Priečne sedlo.

▶ Oberhalb der Téryho chata folgt am grün markierten Weg kurz hinter dem Abzweig zum Priečne sedlo der allerhöchste Tatrasee, der Modré pleso (Blauer See, 2157 Meter).

Das Malá Studená dolina im Winter, am unteren Bildrand die Téryho chata

Poprad

Poprad (Deutschendorf) ist mit 53 000 Einwohnern die größte Stadt im Umfeld der Hohen Tatra und mit allen Verkehrsmitteln bequem zu erreichen. Die heutige Stadt entstand aus einem Zusammenschluß mehrerer Städtchen. Viele Touristen machen hier einen Einkaufsbummel. Poprad hat aber auch Sehenswürdigkeiten zu bieten. Auf dem Marktplatz stehen zwei Kirchen, ein renaissancezeitlicher Glokkenturm und ein klassizistisches Rathaus. In der Ägidiuskirche aus dem 13. Jahrhundert ist eine Wandmalerei aus dem 15. Jahrhundert zu besichtigen, die die Auferstehungsszene vor dem Tatrapanorama zeigt. Im Gegensatz zu deklarierten Altstadt-Denkmalreservaten ließ man im Zentrum Poprads große Teile der historischen Bausubstanz verfallen, deren Lücken mit teilweise phantasielosen Bauten gefüllt wurden.

Der historisch bedeutsamste Stadtteil von Poprad ist Spišská Sobota (Georgenberg, auch Sankt Georgen) nordwestlich des Zentrums. Ein Fußweg zum 1945 eingemeindeten Städtchen führt hinter dem Fluß entlang. Die ursprünglich spätromanische Georgskirche wurde im 13. Jahrhundert errichtet und später mehrmals umgebaut. Der Hauptaltar ist ein Werk des Meisters Paul aus Leutschau von 1516, die Seitenaltäre entstanden hauptsächlich um 1500. Neben der Kirche befin-

Spišská Sobota, der interessanteste Stadtteil von Poprad

det sich ein renaissancezeitlicher Glockenturm, mehrere der alten Glocken stammen aus der berühmten Werkstatt Ján Wagners in Spišská Nová Ves. Berühmtester Pfarrer hier war Samuel Augustin ab Hortis (1729–1792), zuvor Subrektor am Evangelischen Lyzeum in Kežmarok. Er hatte Theologie und Mathematik in Greifswald und Wittenberg studiert, interessierte sich aber auch für Botanik und Mineralogie. Der Getreidemeßbehälter von 1725 auf dem Marktplatz erinnert an die frühere Bedeutung Spišská Sobotas als Handelszentrum. Schwerpunkt des Museums im gotischen Werner-Haus am Marktplatz von Spišská Sobota ist das Handwerk seit dem Mittelalter. Außerdem gibt es eine Bibliothek mit wertvollen alten Büchern und eine schöne Mineraliensammlung. Aus dem 16. Jahrhundert stammen das Rathaus, eine Steinbrücke und die Trinkwasserversorgung.

Einen weiteren Altar des Meisters Paul aus Leutschau gibt es in Mlynica (Mühlenbach) nördlich von Poprad.

Südöstlich von Poprad liegt der schon von Neandertalern ›besuchte‹ Kurort Gánovce (Gehansdorf). Eine Nutzung des Thermalwassers erfolgt heute nur noch in geringem Umfang.

 Informačná agentúra, Egidia 3004/114, 05842 Poprad, 052/772 17 09, Fax 772 13 94.

 Poprad liegt an der Hauptstrecke von Žilina nach Košice, von hier verkehrt auch die Tatrabahn. Die Bereitstellungsfläche für den Autoreisezug liegt 150 Meter westlich des Bahnhofsgebäudes an den Gleisen, Fahrkarten sind üblicherweise noch drei Stunden vorher erhältlich.

 Tatravorlandmuseum, Mo bis Sa 9 bis 16 Uhr, das Hauptgebäude findet man in der Vajanského 72/4; Handwerksausstellung im Werner-Haus, Sobotské 33.

 Es gibt von Poprad aus gut erreichbare kleinere Wintersportzentren auch in der Niederen Tatra, mit fünf Skiliften in Lopušná dolina bei Svit, jeweils vier in Liptovská Teplička und Vernár.

 In der westlichen Hälfte Poprads sind alle drei großen Supermarktketten vertreten: Prior mit vielen regionalen Spezialitäten am Ende der Fußgängerzone, Billa unweit des Bahnhofes, Tesco an der Ausfallstraße.

 Egýdus, kreative Atmosphäre, Mnohelova 18, 052/772 28 98. Slovenská reštaurácia, slowakische Spezialitäten, 1. mája 216, 052/772 28 70.

 Hotel Olympia, Partizánska, 052/776 57 55. Pension Vojtaššáková, Magurská 3319, 052/776 77 05. Orlík SAZP, Sobotské 62, 052/776 95 33.

Tatranská Lomnica und Umgebung

Tatranská Lomnica (Tatralomnitz) ist der größte Ort der Großgemeinde Hohe Tatra. Die Gründung 1892 war eine staatliche Initiative. Durch die behutsame Errichtung von Gebäuden im Wald entstand ein parkartiges Ortsbild. Bereits 1895 erhielt Tatranská Lomnica Bahnanschluß. Im Ort befindet sich seit der Gründung des Tatra-Nationalparkes 1949 dessen Verwaltung. 1969 wurde das Nationalpark-Museum eingeweiht, es ist auch für Familien mit Kindern gut geeignet. Neben der Natur wird die Besiedelungsgeschichte erläutert, die Filmvorführung ist sehr zu empfehlen. Ein botanischer Garten liegt nicht weit entfernt.

Bei der Markierung von Wanderwegen ist die Slowakei Weltspitze

Bekanntester Touristenmagnet sind die Seilbahnen zum zweithöchsten Tatragipfel. In der Ferienzeit bilden sich lange Warteschlangen. Aber auch ohne Wartezeit sollte man für eine Auffahrt mit ausgiebigem Rundumblick einen halben Tag einplanen. Allerdings sind Seilbahnfahrten, verglichen mit den Preisen anderer Tourismusdienstleistungen, relativ teuer.

Die Kabinenschwebebahn vom Grandhotel Praha mit Zwischenstation am Skalnaté pleso (Steinbachsee, 1751 Meter) zum Lomnický štít (Lomnitzer Spitze, 2632 Meter) wurde zwischen 1934 und 1942 errichtet. Die Fahrzeit beträgt zwölf Minuten für den unteren und neun Minuten für den oberen Abschnitt. Bis 1958 hielt die Bahn mehrere Rekorde, beispielsweise beträgt die Entfernung zum Erdboden bis zu 240 Meter. Hinter dem Grandhotel Praha wurde auch die erste künstliche Rodelbahn der Tatra gebaut. Eine weitere Seilbahn mit kleineren Gondeln fährt seit 1973 vom Erholungsheim Morava ebenfalls zum Skalnaté pleso. Außerdem führt seit 1959 ein Sessellift vom Skalnaté pleso zum Lomnické sedlo (Lomnitzer Kamm, 2190 Meter).

Ein malerisches Örtchen mit wenigen Häusern ist Kežmarské Žlaby (Kesmarker Tränke) nordöstlich von Tatranská Lomnica. In der Nähe beginnen zwei ausgeschilderte Mountain-Bike-Routen, die weitaus schwierigere (Höhenunterschied 636 Meter) führt über 17 Kilometer bergauf zum Zelené pleso.

Von Kežmarské Žlaby führt ein leichter Wanderweg nach Tatranská Kotlina (Höhlenhain). Ursprung waren Kur- und Ferieneinrichtungen bei der Tropfsteinhöhle Belá. Mit einem Rundgang von über einen Kilometer gehört sie zu den größten Schauhöhlen. In einigen Räumen stehen dicke Stalagmiten wie der ›Turm von Pisa‹. Die gute Akustik wurde bereits für Musikveranstaltungen genutzt.

 Nationalparkmuseum (Múzeum pri správe Tatranského národného Parku), Tatranská Lomnica, Mo bis Fr 8 bis 12 und 13 bis 16 Uhr. Tropfsteinhöhle Belá (Belianska jaskyňa), Tatranská Kotlina, Führungen außer Mo 15. Dezember bis 15. November viermal täglich (letzte 14 Uhr), Juni bis 15. September 9 bis 16 Uhr stündlich.

 Ein kurzer Weg führt von Tatranská Kotlina zur Höhle (sechs Tafeln, auch deutsch).

 Es gibt eine Rodelbahn und fünf Skilifte.

 Júlia, Tatranská Lomnica, 0969/46 79 47.

 Berghütte Skalnatá chata, Skalnatá dolina, 052/446 70 75. Berghütte Chata pri Zelenom plese (ehemals Brnčalová chata), Dolina Zeleného plesa, 052/446 74 20.

Berghütte Chata Plesnivec, Dolina siedmych prameňov, 0905/25 67 22. Grandhotel Praha, Tatranská Lomnica, 052/446 79 41. Hotel Sorea Morava, Tatranská Lomnica, 052/446 76 41 oder 446 76 43. Hotel Sorea Hutník, Tatranské Matliare, 052/446 74 41. RZ MV Kremenec, ehemaliges Betriebsferienheim, Tatranská Lomnica, 052/446 72 33. Pension Erika, Tatranská Lesná, 052/442 23 97. Pension Smrek, Tatranská Lomnica, 052/446 78 49. Pension Koliba, Tatranská Kotlina, 052/446 82 74.

 Eurocamp FICC, ganzjährig, Tatranská Lomnica, 052/446 77 41. Camping Tatranec, April bis Oktober, Tatranská Lomnica, 052/446 70 92. Camping Šport, Mai bis September, Tatranská Lomnica, 052/446 72 88.

Der geheime Autoreisenachtbummelzug in die Karpaten

Durch Zufall wurde ich bei einer Recherche zu touristischen Informationen über die Slowakei im Jahre 2001 auf diesen Zug aufmerksam. Im Kursbuch der Slowakischen Staatsbahn fiel mir ein bescheidenes Zettelchen mit der Überschrift AUTOVLAK auf, welches den besagten Autoreisezug beschrieb. Damals verkehrte er nur zweimal wöchentlich pro Richtung, inzwischen fährt er täglich. Später fand ich auch die Slowakische Staatsbahn im Internet, neben dem Zettelchen die einzige mir bekannte Informationsquelle über den Autoreisezug. Unter meinen Freunden und Geschäftspartnern der Slowakei kannte keiner diese Verbindung, sogar touristische Informationsbüros zeigten sich überrascht.

Eigentlich handelt es sich nicht um einen Autoreisezug, sondern um ein Anhängsel an den Schnellzug Laborec zwischen Prag und Humenné. Früher fuhr der Laborec noch 41 Kilometer weiter bis Medzilaborce, einer hinterwäldlerischen Kleinstadt mit der einzigen festen Andy-Warhol-Ausstellung Europas.

Zwischen Prag und Humenné liegt Poprad, die unter deutschen Touristen vielleicht bekannteste Stadt im Karpatenraum. Dort werden am Laborec ein Autowaggon und ein Liegewaggon abgehängt beziehungsweise in der Gegenrichtung angehängt, deshalb hat er in Poprad auch zehn Minuten Aufenthalt.

Besonders der Preis macht diesen Zug interessant, der Autostellplatz einschließlich Fahrerticket kostet umgerechnet nur 30 Euro. Das ist nicht mehr als das Benzingeld für diese Strecke, und Kinder bis zu sechs Jahren dürfen gratis mitfahren. Für die Bezeichnung Schnellzug sollte der Bahnkunde indes eine gewisse Toleranz mitbringen. Man bummelt mehr oder weniger schlafend 600 Kilometer in neun Stunden herum und erreicht sein Ziel am frühen Morgen, eine spätere Abfahrt in Poprad oder gar eine frühere Ankunft in Prag würden jedoch kaum Vorteile bringen. Oft hat der Zug 20 Minuten Verspätung, was dem Tagesrhythmus von Urlaubern sogar entgegenkommt.

Sich das entsprechende Ticket zu beschaffen, funktioniert nur in größeren Bahnhöfen der beiden betreffenden Länder, in der Slowakei sind das 71. Für deutsche Reisebüros ist dieser Zug exotischer als Flugverbindungen in der Südsee, selbst echte Profis wie die Bahnagentur Spindlersfeld oder Gleisnost werfen das Handtuch. Will man die Fahrkarte in der Slowakei an einem anderen als dem Poprader Bahnhof erwerben, muß man Geduld mitbringen.

Nie jedoch verließ ich einen Bahnhof mit funktionierendem PC-Zugang, ohne die (fast) korrekten Tickets für den Autoreisezug mitzunehmen (ein falscher Buchstabe beispielsweise beim Autokennzeichen führt nicht zu Problemen). Nie kam einer Bearbeiterin der Gedanke, die Flinte ins Korn zu werfen oder auch nur die Knobelei einer Kollegin weiterzugeben. Einmal wurde mir das im Autostellplatz schon enthaltene Fahrerticket nochmals berechnet, was ich am Reisetag gegen eine erträgliche Stornogebühr korrigieren konnte.

Meistens läuft es beispielsweise so: falls im Bahnhof mehrere Schalter geöffnet haben, steuere ich einen mit dem Wort ›International‹ oder ›Reservierung‹ gekennzeichneten an. Meistens sitzt hinter der Scheibe eine Frau um die 50 mit mittellangen Haaren ohne jegliche Fremdsprachenkenntnisse, die mich trotzdem prompt versteht. Daß es diesen Autoreisezug gibt, daran scheint sie nicht zu zweifeln. Aber irgendwann wird sie im Laufe unserer Kommunikation offenherzig eingestehen, daß sie erstmals dafür eine Fahrkarte ausstellt. Zunächst redet sie mit Kollegen und blättert in Nachschlagewerken, hinter mir stauen sich inzwischen weitere Bahnkunden. Ihnen wird kurz klargemacht, daß mein Fall eine Weile dauern kann. Niemand murrt, zumal die Schlange mitunter zu einem sich plötzlich öffnenden Nachbarschalter umgelenkt wird. Auf die Anforderung einiger Angaben zum Auto (Kennzeichen, Länge, Höhe) habe ich es mir angewöhnt, meiner Bearbeiterin gleich die Fahrzeugzulassung zu reichen. Ziemlich zügig wird nun am Bildschirm ein Formular ausgefüllt, erleichtert drückt die Frau den Befehl zum Ausdruck des Tickets. Aber die PC-Technik ist überall in der Welt stur, auch jetzt wird ein ›Syntax Error‹ erkannt. Der Bildschirm steht so, daß ich das ausgefüllte Formular kontrollieren kann. Meine Bearbeiterin schnappt sich einen Telefonhörer und ruft eine Bahnzentrale an, die mit uns mehrmals Schritt für Schritt das Formular erfolglos durchgeht. Irgendwann taucht dann beispielsweise die Idee auf, die Frage nach dem Hänger einfach freizulassen statt zu verneinen. So, nun hat das Auto seine Fahrkarte. Jetzt fehlt noch mein Liegeplatz, der souverän gebucht wird. In der Regel endet mein Schaltergespräch nach etwa 30 Minuten, mein bisheriger Rekord liegt bei 55 Minuten.

Lediglich das eingespielte Team in Poprad schafft es unter 10 Minuten, da es offensichtlich mit allen Stolperstellen des PC-Programms vertraut ist.

Verladeformalitäten und Verladung sind dagegen ein Kinderspiel. In Poprad ist die Rampe links neben dem Bahnhof schnell zu finden. Bei einem freundlichen ›Dobrý večer!‹ mit Germanenakzent schmelzen die Zöllner dahin. Danach soll ich auf einem Formular vorhandene Beulen am Auto angeben.

Mitunter beginne ich ein Gespräch mit dem Liegewagenschaffner. Einer legte mir eindringlich nahe, mein Abteil von innen mehrmals zu verriegeln. Dabei sprach er ein Deutsch, wie man es vom Puppentheater ›Spejbl & Hurvinek‹ her kennt. Ein anderer verkaufte mir das miserabelste Tschechenbier meines bisherigen Lebens, ›Das Bier Rudolfs II.‹ laut Etikett. Als versponnenen Alchimisten ohne Durchsetzungskraft kannte ich diesen Prager Renaissance-König bereits, offensichtlich war er auch Getränkemasochist.

Erst bei meiner fünften Tour gab mir der nette junge Liegewagenschaffner Radovan Vopalecký einen kleinen dreisprachigen Speiseplan, vorher hatte mir außer dem Bier noch niemand etwas angeboten.

Undurchsichtig ist, für welchen Liege- oder Schlafwaggon mein erworbenes Ticket gilt. Auch die Bearbeiterin am Schalter ist meistens absolut ahnungslos, wo sie mich einquartiert. Der Preis zwischen Liege- und Schlafplatz differiert nur minimal, im Schlafabteil ist es etwas bequemer, und es gibt hübsche Zugaben wie die Prager Zeitung (komplett in Deutsch). Am einfachsten ist es, wenn ich mich gleich in Poprad in dem am Autowaggon bereitstehenden Liegewaggon einrichten darf. Der Schaffner hat meist ein Einsehen und läßt mich in seinem halbleeren Waggon bleiben, obwohl ich laut Ticket in der Zugmitte durch die Nacht rumpeln sollte.

Im Abteil bin ich allein, je nach Jahreszeit dringen Reflexe im Schneematsch oder Zirpereien der Heuschrecken durchs Fenster. Die Temperatureinstellung des Abteils folgt nur sehr träge meinen Intentionen, manchmal wider-

setzt sie sich jeglichen Änderungswünschen. Auf den Bahnsteigen größerer Bahnhöfe hängen inzwischen meistens gut sichtbare Schilder, der Name steht in weißer Schrift auf blauem Grund.

Nach dem ersten Tiefschlaf ein forsches Klopfen an der Tür, die Tschechen wollen meinen Paß sehen. In Prag reihe ich mich wieder unter die Autofahrer ein und überquere die Moldau. Der schnellste Weg nach Berlin führt ein Stückchen auf einer gebührenpflichten Autobahn entlang. Dafür ist eine Vignette vorgeschrieben.

Ich kann also einen Umweg auf der Landstraße fahren, auf eine Autobahn ohne Polizeipräsenz hoffen (sehr riskant) oder Geld tauschen und die Vignette anbringen (eher der Zeitaufwand als der Preis hält mich meistens davon ab). Egal wie ich mich entscheide, mit der Beschaulichkeit ist es jedenfalls vorbei.

Letztes Jahr waren meine Kinder mit in der Slowakei. Vor allem für den Dreijährigen stellte der Autoreisezug den Höhepunkt des Urlaubs dar. Immer noch höre ich regelmäßig: »Martin wieder Autozug fahren? Von die Lobakei?«

Ždiar und Umgebung

Das sieben Kilometer lange Dorf Ždiar (Morgenröthe) ist die bekannteste Goralensiedlung auf slowakischem Gebiet. Der Ort eignet sich gut als Ausgangspunkt für Bergwanderungen sowie für Ausflüge nach Polen, zum Beispiel nach Zakopane oder Krakau. Zu realsozialistischer Zeit war Ždiar eine Hochburg der DDR-Touristen.

Wegen der bunt bemalten Holzhäuser findet man Ortsansichten in vielen Tourismusprospekten. Traditionsgemäß verrät die Bemalung Details über den Hauseigentümer wie den Familienstand. Bis zur Erklärung als Volksarchitekturreservat 1977 wurde das Ortsbild durch den Bau billiger Massivhäuser für Touristenquartiere zunehmend beeinträchtigt. Auch der allmähliche Ersatz der Holzschindeldächer durch Blechdächer stört den Gesamteindruck. In der Kopie eines traditionellen Hauses mit der Hausnummer 491 befindet sich das kleine Dorfmuseum.

Die beiden höchsten Berge der Spišská Magura (Zipser Magura, 1209 und 1157 Meter) liegen in Ortsnähe. Das Gebiet ist für seine großflächigen Heidelbeerareale bekannt. Hinter diesen Bergen befinden sich das nächste Volksarchitekturreservat Osturňa sowie die geschützten Teiche Veľké osturňanské jazero und Jezerské jazero. Die Gegend rund um Ždiar ist eines der besten Areale für Skianfäger, denn alle ausgewiesenen Abfahrtsstrecken sind unkompliziert.

Letzter Ort vor der polnischen Grenze ist Tatranská Javorina (Urengarten). Zur Gründung des Örtchens führte die Verhüttung von Eisenerz. Nach Produktionseinstellung entstand eine Fabrik für Holzschliff und Pappe. 1879 erwarb der jagdbegeisterte Fürst Christian Kraft von Hohenlohe-Öhringen 80 Quadratkilometer in und um Javorina. Sein 1880 ausgesprochenes Zutrittsverbot für Touristen und Fremden verursachte viel Ärger. Mit dem Schloß von 1893 und der Holzkirche im Goralenstil von 1902 finanzierte der Fürst die markantesten Gebäude des Ortes. Im 20. Jahrhundert gab es mehrmals Grenzstreitigkeiten um Tatranská Javorina.

 Dorfmuseum (Ždiarsky dom), Mai bis Oktober Mo bis Fr 9 bis 17 Uhr, Sa und So 9 bis 14 Uhr, November bis April Mo bis Fr 9 bis 16 Uhr.

 Ein Naturlehrpfad führt durch das Monková dolina zum Kopské sedlo in vier Stunden (sechs Tafeln, auch deutsch), nur vom 1. Juli bis zum 30. Oktober erlaubt.

 Es gibt neun kürzere Skilifte im Ortsgebiet und einen Sessellift mit 1526 Metern Länge. Drei kürzere Lifte sind in Bachledova dolina in Betrieb, drei weitere Lifte findet man in Jezersko.

 Hotel Sorea Magura, 052/449 81 21 oder 449 80 92. Es gibt viele kleine Pensionen in Ždiar.

Tageswanderung: Belaer Kalkalpen

Die Strecke führt immer südwestlich unter den Belianske Tatry (Belaer Kalkalpen, auch Weiße Tatra) entlang. Die durchwanderten Täler liegen nur etwa einen Kilometer Luftlinie vom Kamm entfernt. Der Bergsattel Kopské sedlo ist der höchste Punkt der Wanderung. Er stellt den Übergang zwischen den Belaer Kalkalpen und der Hohen Tatra dar. Die Länge der Kalkalpen zwischen dem Kóň (1356 Meter) bei Tatranská Javorina und dem Kobylí vrch (1110 Meter) bei Tatranská Kotlina beträgt etwa zehn Kilometer. Ausgeprägte Seitenkämme sind nicht vorhanden. Höchster Berg ist der Havran (Rabenstein, 2152 Meter). In südöstlicher Richtung schließen sich Ždiarska vidla (Greiner, 2146 Meter) und Hlúpy (Dummer, 2061 Meter) an. Noch ein Stück weiter östlich halten sich viele Gemsen auf, ihr bekanntester Zufluchtsort ist eine 47 Meter lange Höhle unterhalb des Zadné jadky (Hinterer Schlachthof, 2020 Meter). Seit 1978 sind die größtenteils von Ždiar aus höher in die Kalkalpen führenden Wanderwege gesperrt. Erst 1993 wurde ein Naturlehrpfad durch das Monková dolina (Mönchstal) wiedereröffnet. Die nun beschriebene Wanderung stellte in diesen 25 Jahren den engstmöglichen Kontakt mit den Kalkalpen dar. Sie ermöglicht auch Eindrücke von der Blütenpracht des Kalkmassives.

Route

Tatranská Javorina – Pod Muráňom – Kopské sedlo – Veľké Biele pleso – Tatranská Kotlina, zwischen Pod Muráňom und Veľke Biele pleso nur vom 1. Juli bis zum 30. Oktober erlaubt, Bushaltestellen an den Start- und Zielpunkten.

Schwierigkeit

Sieben Stunden, keine Kraxelstellen.

Die Wanderung beginnt mit blauer Markierung in Tatranská Javorina am Informationszentrum des Nationalparks. Am Forsthaus Pod Muráňom biegt der Weg allmählich vom Bach Javorinka ab und führt steiler in die Berge. Hier wurde zeitweise Kupfererz gefördert. Es öffnet sich ein schöner Blick auf den Ostteil der Hohen Tatra zwischen Ľadový štít (Eistalspitze, 2627 Meter) und Jahňací štít (Lammspitze, 2229 Meter). Vor dem Bergsattel Kopské sedlo kommt man besonders nah an die höchsten Berge der Kalkalpen heran. Der Kopské sedlo (1749 Meter) eignet sich gut zur Rast.

Der Abstieg ist zunächst steiler als der Anstieg. Bald befindet man sich am Bergsee Veľké Biele pleso (Weißer See, 1612 Meter). Hier sieht man den Ostteil vom Hauptkamm der Hohen Tatra von der anderen Seite und zusätzlich den hohen Nebenkamm zwischen Lomnický štít und Veľká Svišťovka.

Blick auf den Gebirgszug der Belaer Kalkalpen

Jetzt führt eine grüne Markierung weiter. An der 1997 wiedereröffneten Berghütte Plesnivec (1290 Meter) führt der Weg nochmals dicht an den Kamm der Weißen Tatra heran. Das Skalné vráta (Felsentor, 1620 Meter) ist ein stark zerfurchter Dolomitenfelsen. Nun wird der Weg nach Tatranská Kotlina (760 Meter) immer ebener und breiter.

Varianten:

▶ Am Veľké Biele pleso kann man auf der rot markierten Tatranská magistrála zum Zelené pleso mit seiner Berghütte (1551 Meter) laufen, von dort aus bei guter Verfassung vielleicht sogar noch entlang der gelben Markierung steil hinauf zum Jahňací štít. Es ist zu empfehlen, aus dieser Variante eine Zweitagestour

mit Übernachtung in der Chata pri Zelenom plese zu machen.

▶ Vom Veľké Biele pleso aus geht man nicht nach Tatranská Kotlina, sondern man folgt weiter der blauen Markierung und erreicht bei vergleichbarem Zeitaufwand die Talstraße in Tatranské Matliare.

▶ Der erwähnte 1993 wiedereröffnete Naturlehrpfad verbindet den Kopské sedlo mit der Ortschaft Ždiar. Es ergeben sich also weitere Varianten über diesen Sattel zwischen Ždiar und Tatranská Javorina und zwischen Ždiar und Tatranská Kotlina.

▶ Die Touren sind problemlos auch in Gegenrichtung möglich.

Zakopane (Polen)

Polen mit seinen 39 Millionen Einwohnern besitzt nur entlang seiner südlichen Grenze einige kleine Anteile an höheren Gebirgen. Häufig verläuft dabei die Staatsgrenze auf den Hauptkämmen. Am bekanntesten ist Polens Anteil an der Tatra mit schönen Bergseen und großen Blaubeerwiesen. Dort wohnt auch der Volksstamm der Goralen, seinen Traditionen begegnet man auf Schritt und Tritt. Leider verteilt sich der Tatra-Tourismus nicht auf mehrere Orte wie in der Slowakei. Nahezu das gesamte Tourismusgewerbe konzentriert sich in Zakopane, etwa 20 Kilometer von der Grenze mit der Slowakei entfernt. Die Stadt ist durchaus hübsch gelegen und besitzt auch einige ruhige Straßen mit Holzhäusern auf Flußsteinfundamenten. Die spezielle Bauweise aus der Zeit kurz vor 1900 wird auch als Stil von Zakopane bezeichnet. Es gibt mehrere Museen und Galerien. Insgesamt macht Zakopane aber ebenso wie die Wanderwege und Skipisten der unmittelbaren Umgebung einen überlaufenen Eindruck. Ein mehrtägiger Aufenthalt direkt in der Stadt ist wohl am ehesten eifrigen Diskothekengängern unter den Gebirgsfreunden zu empfehlen.

Gleich hinter Zakopane erhebt sich der Giewont (1909 Meter). Um die in ihn hineingedeutete Form eines schlafenden Ritters existieren mehrere Sagen. Zum

Der Bergsee Morskie Oko (Meeresauge) ist der größte Tatrasee

Holzhäuser in Zakopane

Gipfel des Kasprov (1985 Meter) führt eine Kabinenschwebebahn. Einen besonders schönen Panoramablick auf die verschiedenen Teile der Tatra hat man von der Bergwiese Głodówka aus. Die wohl bekannteste Ausflugsroute bei Zakopane führt zum größten Tatrasee Morskie Oko, der auf 1393 Metern Höhe liegt und eine Fläche von 35 Hektar umfaßt. Er ist einer der wenigen Bergseen, in denen Fische leben. Von dort aus führt ein kurzer steiler Anstieg zum See Czarny Staw auf 1580 Metern Höhe. Ähnlich wie in der Slowakei gibt es in Polen einige Hütten mit Übernachtungsmöglichkeiten in oberen Berglagen. Die beiden höchstgelegenen stehen im Tal der Fünf Teiche (1668 Meter) und unterhalb der Gąsiencowa-Alm (1500 Meter). In der Westlichen Tatra liegt etwas abseits der größten Touristenströme die Berghütte auf der Ornak-Alm (1100 Meter). Am Wege dorthin sieht man steile Felsen und kann mit der Taschenlampe kleine Höhlen besuchen. Unterhalb des Bergrückens Ornak (1860 Meter) wachsen viele Blaubeeren.

In der weiteren Umgebung von Zakopane befinden sich auch weniger frequentierte Skiareale sowie Dörfer mit alten Holzhäusern. Besonders schöne Beispiele alter Holzarchitektur stehen in Chochołow und Zubrzyca Górna.

Die Niedere Tatra

Die Niedere Tatra (Nízke Tatry) ist nicht nur das flächenmäßig größte, sondern auch in vieler Hinsicht das typischste slowakische Gebirge. Der 80 Kilometer lange Hauptkamm besteht aus Granit und Gneis. Er verläuft größtenteils oberhalb der Baumgrenze und erlaubt weite Ausblicke. Angesichts seiner Höhenlage (drei Gipfel über 2000 Meter) ist er relativ eben. Kletterkünste sind auf den gut markierten Wegen kaum nötig. Der Fernwanderweg auf dem Hauptkamm (Cesta hrdinov SNP, Weg der Helden des Slowakischen Nationalaufstandes) führt an beiden Enden nahtlos in andere Gebirge weiter. Die Kammwanderung, die fünf bis sechs Tage in Anspruch nimmt, gehört zu den beliebtesten Mehrtageswanderungen Osteuropas. Die Nebenkämme aus Kalkstein enthalten bizarre Karstformen und große Höhlen. Auch ist die Niedere Tatra für ihre wunderschönen Bergwiesen bekannt. Mit Ausnahme der größeren Städte im angrenzenden Waag-Tal und des Wintersportzentrums Jasná konnte das Gebiet seinen ländlichen Charakter bewahren. Es existieren sogar noch Reste von Almwirtschaften mit Schafen und Rindern. Die Folkore insbesondere am Oberlauf des Hron ist sehr vielseitig.

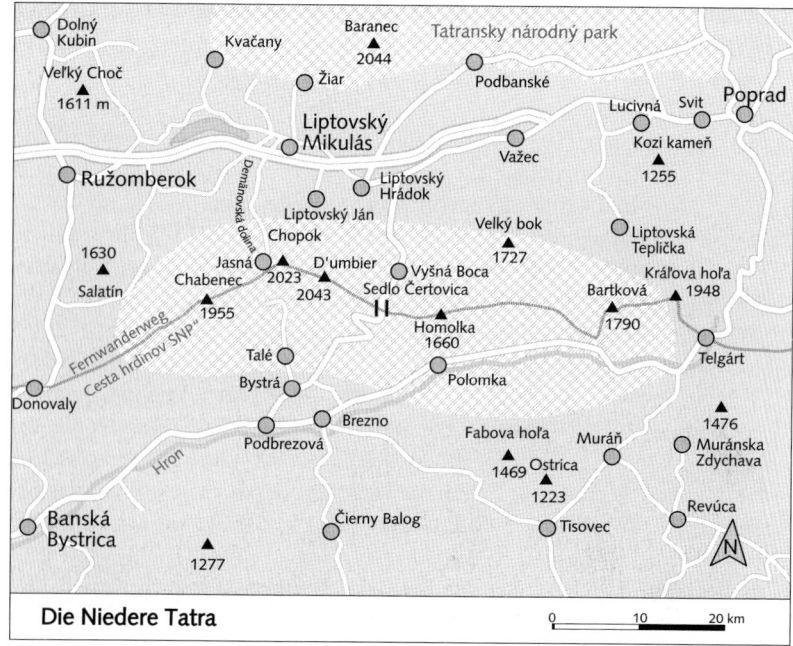

Die Niedere Tatra

0   10   20 km

Fünftägige Kammwanderung in der Niederen Tatra

Eine Kammwanderung in der Niederen Tatra war zu Zeiten des Realsozialismus für DDR-Bürger die mit Abstand beliebteste Mehrtageswanderung im Gebirge. Für sie lagen die Alpen ja hinter dem ›Eisernen Vorhang‹ und konnten nur mit selten erteilten ›Reisegenehmigungen in das Nicht-sozialistische Wirtschaftsgebiet‹ besucht werden. Die zweitbeliebteste Mehrtagestour war übrigens die Durchquerung von Rila und Pirin in Bulgarien. Auch bei den Slowaken ist

der Kammweg zu einem Symbol bestimmter Gegebenheiten im letzten Jahrhundert geworden. Unwegsame Stellen der Tatra spielten eine große Rolle als Zufluchtsort im Slowakischen Nationalaufstand.

Allerdings wäre es grundfalsch, die Kammwanderung in der Niederen Tatra lediglich als Ersatz für Wanderungen im Alpenraum anzusehen. Das Gebirge bietet viel Natur, hat Charme und Charakter. Für die komplette Kammwanderung werden meistens fünf oder sechs, für trainierte Bergfreunde auch mitunter vier Tage vorgeschlagen. Plant man unterwegs Ruhetage ein, verlängert sich diese Zeit natürlich entsprechend. Ein Auf-

Wanderer bei der Rast

stellen von Zelten ist verboten, jedoch findet man unterwegs einige einfache Schutzhütten mit nahegelegenen Quellen. Bewirtschaftete Quartiere in unmittelbarer Kammnähe gibt es nur an wenigen Stellen, ansonsten muß im Freien im Schlafsack übernachtet werden. Auch die Möglichkeiten zum Provianteinkauf sind spärlich, Trinkwasser findet man dagegen mehrmals täglich. Einige Reisebüros bieten an, diese Mehrtageswanderung durch ortskundige Begleiter zu unterstützen. Den Weg findet man problemlos allein, der Gewinn durch einen guten Führer wird eher in Detailinformationen zu Landschaft und Alltagsleben bestehen.

Erster Tag
Donovaly (980 Meter)
Kečka (1225 Meter)
Kozi chrbát (1330 Meter)
Hiadeľské sedlo (1099 Meter)

Veľká Chochuľa (1753 Meter)
Latiborská hola (1643 Meter)
Ďurková (1750 Meter)
Schutzhütte Ďurková (1640 Meter).

Schwierigkeit
Mit fast elf Stunden die längste der fünf beschriebenen Etappen, sehr anstrengend, zwischen Hiadeľské sedlo und dem Etappenziel kein Trinkwasser.

Die Kammtour folgt von Donovaly aus fast ständig der roten Markierung. Der Abstieg vom letzten Gipfel Ďurková kreuzt einen grün markierten Weg. Auf diesen biegt man rechts ab und erreicht eine Schutzhütte.

Variante
Festes Quartier im Örtchen Magurka, was aber eine nochmalige Höhendifferenz von etwa 550 Metern mit sich bringt, Ruhetag dort.

Blick auf den Hauptkamm der Niedren Tatra

Zweiter Tag

Schutzhütte Ďurková (1640 Meter)
Chabenec (1955 Meter)
Poľana (1890 Meter)
Dereše (2003 Meter)
Chopok (2024 Meter)
Ďumbier (2043 Meter)
Berghütte Štefánika (1728 Meter).

Schwierigkeit

Neun Stunden, öfter schlechte Sicht-
verhältnisse.

Man sollte frühzeitig aufbrechen und
wiederum dem rot markierten Kammweg nach Osten folgen. Zwischen
Chabenec und Poľana sieht man am
Nordhang tiefe Gletscherkessel. Die
ganze Etappe verläuft oberhalb der
Baumgrenze. Dieser höchste Teil der
Niederen Tatra bietet ständig wunderschöne Aussichtspunkte. Zur Besteigung des höchsten Gipfels der Niederen Tatra biegt eine kurze ›Sackgasse‹
vom Kammweg ab. Übernachten
kann man in oder neben der bewirt-
schafteten Berghütte Štefánika.

Varianten

▸ Bei schlechtem Wetter Abstieg
nach Jasná.
▸ Der am Poľana nach Norden ab-
zweigende gelb markierte Weg führt
über einen attraktiven Nebenkamm
zu den Tropfsteinhöhlen im
Demänová-Tal, Ruhetag dort.

Dritter Tag

Berghütte Štefánika (1728 Meter)
Králicka (1807 Meter)

Rovienka (1602 Meter, früher
Lajstroch genannt)
Čertovica (1238 Meter)
Schutzhütte Ramža (1300 Meter).

Schwierigkeit

Fünf Stunden, größtenteils bergab,
im Vergleich mit den Etappen der
beiden Vortage leicht.

In Čertovica kreuzt der Wanderweg
die Paßstraße über die Niedere Tatra.
Danach ist der Hauptkamm größten-
teils bewaldet. Am Rande der
Bergwiese Ramža findet man eine
Schutzhütte.

Variante

Halbierung dieser Etappe, zusätz-
liches festes Quartier an der Paßstraße, dabei wochentags Möglichkeit
zur Ergänzung des Proviantes im
Dorfladen.

Vierter Tag

Schutzhütte Ramža (1300 Meter)
Homoľka (1660 Meter)
Kolesárová (1508 Meter)
sedlo Priehyba (1190 Meter)
Veľká Vápenica (1691 Meter)
Schutzhütte Andrejcová (1410 Meter).

Schwierigkeit

Acht Stunden.

Die niedrigste der fünf Tagesetappen,
jedoch ein Geheimtip für Romantiker.
Homoľka und Veľká Vápenica sind
zwei der vorletzten Etappe eben-
bürtige, aber wesentlich geringer

frequentierte Aussichtspunkte. Wieder führt der rot markierte Kammweg ziemlich gerade nach Osten über Gipfel, durch Wiesen und Wälder.

Fünfter Tag
Schutzhütte Andrejcová (1410 Meter)
Andrejcová (1520 Meter)
Bartkova (1790 Meter)
Stredná hoľa (1876 Meter)
Kráľova hoľa (1976 Meter)
Telgárt (881 Meter).

Schwierigkeit
Fünf Stunden, langer steiler Abstieg zum Etappenziel.

Zum Abschluß nochmals eine Etappe größtenteils oberhalb der Baum-

Eines der vielen Partisanendenkmale am Rande der Niederen Tatra

grenze. Der bekannte Gipfel Kráľova hoľa ist an der Fernsehstation leicht zu erkennen. Er stellt im wahrsten Sinne des Wortes den Höhepunkt der letzten drei Etappen dar. Beim Abstieg kann man sich während einer Rast an der Mineralquelle Zubrovice erfrischen.

Varianten
Abstieg direkt zum Berghotel Pusté Pole oder nach Liptovská Teplicka.

Halbtageswanderung: Predná Magura

Route
Partizánska Ľupča–Rumanec–Predná Magura, Bushaltestelle im Ort.

Schwierigkeit
Vier Stunden, von allen in diesem Buch ausführlicher beschriebenen Bergwanderungen die leichteste.

Vom Zentrum der Gemeinde Partizánska Ľupča folgt man der Asphaltstraße nach Süden. Die gesamte Route ist gelb markiert. Beim Forsthaus wird nach links und danach gleich wieder nach rechts abgebogen. Ein Feldweg führt über den Berg Rumanec (866 Meter) auf den Wiesenrücken Mestská hora. Nach einer Kurve nach Osten erreicht man den Gipfel Predná Magura (1171 Meter). Die runde Kuppe lädt zur Rast ein. Insbesondere hat man einen guten Ausblick über die Waag-Ebene zu den Choč-Bergen. Zurück folgt man dem gleichen Weg.

Varianten

▶ Auf einem unmarkierten Pfad kann man anschließend zum Gipfel Ľupcianska Magura (1315 Meter) laufen. Der Berg ist allerdings bewaldet und bietet keine Ausblicke.

▶ Zwischen dem Forsthaus und Vyšný Sliač liegt das kleine Naturreservat Sliačske travertiny. Auf einer Feuchtwiese mit Erlenhain kann man sich Travertingebilde ansehen. Dort entspringen immer noch Mineralquellen. Zurück nach Partizáska Ľupca geht es dann über den Hügel Hvozdec (639 Meter).

Tageswanderung: Salatín-Massiv

Route

Ludrová–Hučiaky–Salatín-Úplazy–Kohút–Ludrová, Bushaltestelle am Anfangs- und Endpunkt.

Schwierigkeit

Acht Stunden, unmittelbar vor dem Gipfel des Salatín muß man eine sehr steile Bergwiese überqueren. Beim Abstieg weisen die Markierungen einige Lücken auf. Am nordwestlichen Rand der Niederen Tatra liegt Ludrová. Vom Ortsende führt durchgehend eine rote Markierung zum Gipfel des Salatín. Zunächst läuft

man auf einem ebenen glatten Weg sechs Kilometer durch das Tal Ludrovská dolina. Dann biegt der Weg nach links in die Berge ein und durchquert die feuchte Kalksteinschlucht Hučiaky. Weiter geht es über Wiesen und durch Wälder. Kurz vor dem Gipfel das Salatín (1630 Meter) muß man einen sehr steilen Aufstieg über eine Wiese am westlichen Grat in Kauf nehmen. Ein Stehenbleiben würde dort fast ebensoviel Kraft erfordern wie das Weiterlaufen. Der wenig frequentierte Dolomit-Gipfel ist die höchste Erhebung der nordwestlichen Niederen Tatra und bietet einen phantastischen Rundblick.

Nun führt die grüne Markierung in nördlicher Richtung auf einem Seitenkamm des Gebirges über Wiesen und durch Krummholz. Im Blickrichtung staffeln sich am Horizont mehrere andere Gebirge. Die Kalksteinflora zeigt ihre schönsten Blüten im Juni. Einen weiteren Aussichtspunkt bietet der Úplazy (1426 Meter). Nach allmählich immer niedriger werdenden Gipfeln taucht der Weg in den Wald ein und führt zum Ausgangs-punkt zurück.

Variante

Von Liptovská Lúžna führt ein rot markierter Weg auf den Gipfel des Salatín, den man mit einem Arm der beschriebenen Runde kombinieren könnte.

Demänová-Tal

Die bekannteste Attraktion im Demänová-Tal (Demänovská dolina) südlich von Liptovský Mikuláš ist das umfangreiche Höhlensystem. Mit einem durchkriechbaren Teil von fast 23 Kilometern stellt es die Nummer Eins der Slowakei dar. Die Führungen sind natürlich wesentlich kürzer und können ohne Verrenkungen und Kraftakte bewältigt werden. Zwei Schauhöhlen sind öffentlich zugänglich, eine dritte wird für den Touristenbetrieb vorbereitet.

Die Eishöhle von Demänová ist seit Menschengedenken bekannt. Die älteste Höhlenkarte fertigte Georg Buchholtz der Jüngere 1719 an. Die Bezeichnung Drachenhöhle geht auf den Fund von Mammutknochen zurück. Der Zugang befindet sich an einem steilen Berghang.

Weiter talaufwärts befindet sich die 1921 entdeckte Freiheitshöhle von Demänová. Sie ist die meistbesuchte Schauhöhle der Slowakei. Die umfangreichere der beiden Besichtigungsrouten beträgt etwa zwei Kilometer und stellt damit die längste Höhlenführung der Slowakei dar. Besonders auffällig ist die Vielfältigkeit der Tropfsteinverzierungen und insbesondere der Stalaktitformen.

Die Talstraße von Demänová endet im Touristenort Jasná unterhalb der höchsten Berge der Niederen Tatra. Jasná ist neben dem international bekannteren Štrbské Pleso das bedeutendste Wintersportgebiet der Slowakei. Die Seilbahnen transportieren bis zu 12 000 Personen pro Stunde.

 Eishöhle von Demänová (Demänovská ľadová jaskyňa), Führungen außer Mo 15. Mai bis 15. Oktober viermal täglich (letzte Führung 14 Uhr), Juni bis August 9 bis 16 Uhr stündlich. Freiheitshöhle von Demänová (Demänovská jaskyňa slobody), Führungen außer Mo 15. Dezember bis 15. November viermal täglich (letzte Führung 14 Uhr), Juni bis 15. September 9 bis 16 Uhr stündlich.

 Ein nicht ganz geschlossener Rundweg führt in fünf Stunden bei Jasná bis in 1670 Meter Höhe (12 Tafeln).

 In Jasná sind fünf Sessellifte, eine Kabinenschwebebahn und acht Skilifte in Betrieb, die teilweise sehr hoch gelege Bergstationen haben (Konský Grúň 1872 Meter, Dereše 1640 Meter).

 Übernachtungsmöglichkeiten in Jasná:
Hotel Björnson, 044/559 16 77.
Hotel Liptov, 044/559 15 06.
Hotel Repiská, 044/559 15 76.
Hotel Ski Záhradky, 044/559 16 02.
Hotel Šverma, 044/559 16 41.
Pension Limba, 044/554 82 05.

 Camping Bystrina, ganzjährig, 044/554 81 63.

Tageswanderung: Ohnište-Massiv

Route
Liptovský Ján – Smrekovica-Slemä – Ohnište – Predbystrá – Liptovský Ján.

Schwierigkeit
Neun Stunden, keine Kraxelstellen.

Das wenig frequentierte Massiv des Kalkberges Ohnište erfordert einen mäßig anstrengenden Tagesmarsch, mit dem man beispielsweise seine Kondition für Wanderungen in höhere Lagen testen kann. Auf der außerordentlich stark gegliederten Kalksteindecke wachsen seltene Pflanzen, die schönsten Blüten sieht man im Juni.

Der Ausgangspunkt Liptovský Ján (654 Meter) liegt zwischen Liptovský Mikuláš und Liptovský Hrádok. Im Bereich des Thermalfreibades verläßt ein rot markierter Weg das Tal nach links. Ein steiler Aufstieg führt auf den ersten Aussichtspunkt Smrekovica (1277 Meter).

Am Stanišovské sedlo wählt man für ein kurzes Stück über wellige Bergwiesen die gelbe Markierung und biegt dann nach rechts auf die grüne Markierung ab.

Ein abermals steiler Aufstieg führt zum Slemä (1513 Meter). Über den Michalovské sedlo verläuft die grüne Markierung am Berg Ohnište (1539 Meter) sowie der Felszacke Okno und der Schlucht Ľadová priepasť vorbei zum Svidovské sedlo. Unterwegs zweigt der eigentliche Aufstieg zum Ohnište ab. Die nicht in üblicher Weise markierte kurze ›Sackgasse‹ führt durch lichten Wald. Der Hauptgipfel bietet einen schönen Ausblick unter anderem auf die höchsten Berge der Niederen Tatra. Nach

Vyšná Boca in der Niederen Tatra

Der kleine Ort Mytó

dem steilen Abstieg zum Svidovské sedlo folgt man der gelben Markierung nach rechts zum Forsthaus Predbystrá und dann dem blau markierten Weg im Janská dolina zurück.

Jánska dolina entlangläuft und nach drei Kilometern auf den gelb markierten Weg durch das Stanišovská dolina einbiegt.

Variante
Man spart sich die Besteigung des Smrekovica, indem man zunächst im

Bystrianka-Tal und Čertovica-Paßstraße

Erstaunlicherweise wird der Südhang der Niederen Tatra in Slowakei-Übersichten oft vernachlässigt. Dabei ist die Gegend ein tolles Wandergebiet sowie ein auch für Ungeübte geeignetes Wintersportgebiet. Die wenigen größeren Hotelbauten fügen sich überwiegend gut in die Landschaft ein.

In Bystrá liegt die gleichnamige Tropfsteinhöhle. Sie weist alle erdenklichen Formen von Sinterverzierungen bis hin zu baldachinartigen Gebilden auf. Das gesundheitsfördernde Mikroklima wird zur Therapie der Atemwege genutzt.

Die weitläufigen Gebiete mit den Bezeichnungen Tále und Krpačovo bestehen fast ausschließlich aus Einrichtungen für Touristen sowie Wochenendhäuschen. Sie gehören zur weniger bekannten Ortschaft Horná Lehota. Größtenteils vermitteln Tále und Krpačovo eher das Bild einer Waldlichtung als einer Ansiedlung. Viele Bauten sind hinter Bäumen versteckt. Eine schöne Tageswanderung führt von Tále über die Gipfel Baba (1617 Meter) und Pálenica (1654 Meter). Bei dem Weg durch die Knieholzzone hat man stets den zentralen Teil des Hauptkammes der Niederen Tatra vor Augen.

In der südlichen Niederen Tatra

Zu den beliebtesten Sesselliften des Landes gehörte bis 1999 der auf den Chopok. Der Lift am Südhang führte von der Station Srdiečko (Herzchen) mit Umsteigen in der Station Kosodrevina (Krummholz) zum zweithöchsten Berg der Niederen Tatra. Vom Nordhang fuhr man ab Jasná über Lukováš aufwärts. Nach einer zeitweisen völligen Stillegung funktionieren inzwischen die beiden unteren Teilstrecken wieder.

Unweit der Berghütte unter dem Ďumbier befindet sich die sogenannte Höhle der toten Fledermäuse. Das weitverzweigte Höhlensystem wurde erst 1981 entdeckt. Der Eingang liegt 1750 Meter hoch. Auffällig sind die farbigen Vulkangesteine aus der Kreidezeit. Sie erscheinen an mehreren Stellen zwischen den Karstgesteinen. Weitere Besonderheit sind die reichlich vorhandenen Fledermausknochen. Ihr Alter wird auf bis zu 6000 Jahre geschätzt.

Nächstes Dorf nach Bystrá ist Mýto pod Ďumbierom. Am südwestlichen Ortseingang erwartet das Skizentrum Zapače seine Besucher. Der höchste Punkt der Paßstraße durch die Niedere Tatra heißt Čertovica (Teufelchen).

Ein Geheimtip sind die beiden evangelischen Orte Vyšná und Nižná Boca (Ober- und Unterbotzau). In diesem Gebiet wurde schon seit langem Erz gesammelt. Nach einer Blüte der Goldwäscherei im 13. Jahrhundert und der Eisenerzgewinnung im 16. Jahrhundert wandelten sich die Orte allmählich zu Bergbauerndörfern und schließlich zu Erholungszentren. Das abgesehen von der Paßstraße recht ruhige Gebiet verfügt über kleine Mineralquellen und ist idealer Ausgangspunkt für Wanderungen. Für das zum Heimatmuseum Ružomberok gehörende Bergmannshaus in Vyšná Boca haben Nachbarn den Schlüssel. Am Museum beginnt das kleine Seitental Bacúšska dolinka mit schönen Wochenendhäusern aus Holz (Hausnummern ab 271).

 Bergmannshaus Vyšná Boca (Banícky dom), 9 bis 18 Uhr nach Anmeldung.

Tropfsteinhöhle Bystrá (Bystrianska jaskyňa), Führungen außer Mo Januar bis Oktober viermal täglich (letzte 14 Uhr), 15. Mai bis 15. September 9 bis 16 Uhr stündlich.

Höhle der toten Fledermäuse (Jaskyňa mrtvych netopierov), Zutritt limitiert, Anmeldung erforderlich, maximal zehn Personen pro Führung, Spezialkleidung wird gestellt, 048/617 00 70 oder 617 54 28.

 Es gibt acht Skilifte in Tále und Krpačovo, drei bei Kosodrevina, acht kürzere in Mýto, neun in Vyšná Boca und Čertovica.

 Berghütte Štefánika, Pod Ďumbierom, 048/619 51 20.

Berghotel Kosodrevina, Pod Chopokom, 048/617 00 15.

Berghotel Polianka, Krpačovo, 048/617 00 59.

Hotel Biotika, Krpačovo, 048/617 00 53.

Hotel Junior, Krpačovo, 048/617 00 46.

Hotel Partizán, gehobene Preisklasse, Tále, 048/617 00 31.

Hotel Stupka, Tále, 048/617 00 24 oder 671 23 01.

Hotel Biela Medvedica, Bystrá 115, 048/619 53 24 oder 619 53 23.

Hotel Bystrá, Bystrá 119, 048/619 52 53.

Hotel Mýto, Mýto 492, 048/619 51 28, gehobene Preisklasse.

Pension Encián, Mýto 145, 048/619 52 74.

Pension Rojas, Mýto 3, 048/619 52 28.

Pension Skalka, Mýto 207, 048/641 31 07.

Hotel Barbora, Vyšná Boca, 044/592 11 24.

Pension Radovica, Malužina, 044/529 22 34.

 Camping, Juni bis September, Tále, 048/617 00 42.

Camping an der Čertovica-Paßstraße, Mai bis September, Malužina, 044/529 21 17.

Bis zur Kráľova hoľa

Die östliche Hälfte der Niederen Tatra wird weniger besucht als die westliche. Insbesondere in die großen Wälder nördlich des hier stellenweise bewaldeten Hauptkammes kommen Touristen selten. Doch kurz vor seinem Ende besitzt das Gebirge nochmals mit der Kráľova hoľa (Königsberg, 1948 Meter) einen markanten Aussichtspunkt. Beim Aufstieg hat man immer die Fernsehstation auf dem Gipfel im Blick.

In den Dörfern am Oberlauf des Hron gibt es Beispiele schöner Holzarchitektur. Hinter Telgárt fährt die Bahn eine Schleife und durchquert mehrere Tunnel. Die nächste Station bei Vernár ist der höchstgelegene Bahnhof des Landes (930 Meter). An der Quelle des Flusses bietet sich ein kleiner naturnaher Parkplatz zur Rast an.

Der hochgelegene Ort Liptovská Teplička nördlich der Kráľova hoľa besitzt schöne Holzhäuser im Goralenstil, deren Kartoffelkeller direkt in den Berghang gegraben sind. Früher war der Ort Knotenpunkt des von Liptovský Hrádok ausgehenden Waldeisenbahnsystems.

 Schnellzüge über Banská Bystrica nach Košice gibt es nur noch zweimal täglich. Mit Bummelzügen muß man mehrmals umsteigen (Brezno, Červená Skala, Margecany). Die Bummelzug-Bahnhöfe sind durchschnittlich nur drei Kilometer voneinander entfernt.

 Ein leichter Weg führt von der Försterei Pätina südlich von Závodka nad Hronom zum Felsengebiet Stožky (7 Tafeln).

 Skilifte in Polomka, Závadka nad Hronom, Pohorelská Maša, Telgárt.

 Der größte Lebensmittelladen östlich von Brezno ist die Selbstbedienung in Polomka.

 Annapolis, slowakische Küche, Heľpa, 048/618 62 14.

 Berghotel Pusté Pole, Telgárt, 048/611 18 80.
Berghotel Vársky, Zavádka nad Hronom, 048/618 32 36.
Hotel Heľpa, Heľpa, 048/618 62 35 oder 618 62 37.
Hotel Golden Fish, Zavádka nad Hronom, 048/618 39 09.
Pension Teréza, Pohorla, 048/619 64 61.
Pension Obec, Polomka, 048/619 33 01.
Pension Dolinka, Liptovská Teplička, 052/779 83 02.

 Camping Gindura, ganzjährig, Pohorelská Maša, 048/619 62 71.

Im Osten der Slowakei lohnen vor allem Burgen und Holzkirchen einen längeren Aufenthalt.

Aber auch Wanderungen und Höhlenexkursionen im Slowakischen Paradies bieten viel Abwechslung.

Die östlichen
Landesteile

Die Region Spiš

Stará Ľubovňa und Umgebung

Die Burg von Stará Ľubovňa (Altlublau) entstand im 14. Jahrhundert. Der Bauherr hatte der Sage nach seine Seele einem bösen Geist verschrieben und war diesem Pakt durch Wandlung zum frommen Klosterbruder entkommen. Die Administration der an Polen verpfändeten Landesteile hatte später hier ihren Sitz. Im 17. Jahrhundert waren sieben Jahre lang sogar die Krönungsinsignien Polens in der Burg verwahrt. Heute zeigt das Burgmuseum in den alten Gemäuern historische und kunsthandwerkliche Exponate.

Neben der Burg befindet sich der von der Burgverwaltung betreute Skansen. Die derzeit 25 Gebäude des 1985 eröffneten Geländes spiegeln das in dieser Gegend besonders bunte Völkergemisch wider. Wertvollstes Objekt ist die Michaelskirche von 1833. Ihre Ikonen reichen bis ins Jahr 1640 zurück. Weitere Besonderheiten sind eine alte Schmiede und eine kleine Schule. In einem Amphitheater auf dem Museumsgelände finden Kulturveranstaltungen statt. Zur Museumskonzeption gehört außerdem die traditionelle Landwirtschaft.

Originelle Bienenkörbe im Freilichtmuseum von Stará Ľubovňa

Die Burgruine Plaveč

Die Stadt Stará Ľubovňa selbst bietet einen verträumten rechteckigen Marktplatz mit alter Kirche und zweigeschossigen Bürgerhäusern.

Podolínec (Pudlein) 15 Kilometer südwestlich von Stará Ľubovňa ist die kleinste Stadt mit dem Status Altstadt-Denkmalreservat. Zur Bekanntheit im Mittelalter trug die Fertigung verzierter Messer bei. Eine Siedlung wurde im 13. Jahrhundert von Tataren zerstört. Bei der Neugründung wurde bald darauf die inzwischen barock ausgestattete Marienkirche gebaut. Neben ihr steht ein gedrungener Glockenturm von 1659 mit einer Glocke von 1392. Schon außerhalb der Stadtmauer liegen die schlanke Piaristenkirche und ihr Kloster aus dem 17. Jahrhundert.

Vyšné Ružbachy (Oberrauschenbach) ist ein Kurort abseits der Hauptstraße am Südhang unter dem Veterný vrch (Windberg, 1112 Meter). Hier verbrachte der spanische König Juan Carlos als Kind seine Sommerferien. Das Thermalfreibad verfügt über eine baumbestandene Insel. In der Gegend gibt es sich mehrere kleine Travertinkrater, einer davon ist mit Wasser gefüllt und liegt im Kurgelände (etwa 10 Meter Durchmesser). Baden ist dort aber inzwischen verboten.

In Vyšné Ružbachy findet regelmäßig ein internationales Bildhauertreffen statt. Die entstandenen Skulpturen aus Travertin haben oft einen abstrakten Charakter und können auf einem Freigelände besichtigt werden. Inzwischen sind es etwa 80.

Nördlich von Stará Ľubovňa windet sich bei Jarabina ein Flüßchen durch eine tiefe Schlucht. Die Straße nach Jarabina endet im Wallfahrtsort Litmanová (Littmannsau), wo sich am Berg Fakľovka (945 Meter) ein kleines Wintersportzentrum befindet. Die Holzkirche von Hraničné (Grenzdorf) wurde 1785 errichtet und 1973 innerhalb des Ortes versetzt, in ihrer Turmspitze hat sie eine Kammer.

Östlich von Stará Ľubovňa liegt Chmeľnica (Hobgart). Die kleine gastfreundliche Gemeinde hat immer noch einen hohen Anteil deutschstämmiger Einwohner. In der Grundschule und im Gottesdienst wird deutsch gesprochen. Noch weiter östlich liegt Plaveč (Plautsch). Hier beherrscht eine malerische Burgruine das Poprad-Tal. Burgherren im 1856 ausgebrannten Bau waren unter anderem um 1300 Dietrich von der Zips und um 1450 Peter Aksamit.

 Informačné centrum, Mikuláša 12, 06401 Stará Ľubovňa, 052/432 17 13, Fax 432 30 33.

 Kursbuchstrecke 185 Poprad – Plaveč (80 min bis Poprad, zehnmal täglich)

 Heimatmuseum Stará Ľubovňa (Burgmuseum und Skansen), Mai bis Oktober Di bis So 9 bis 17 Uhr.

 Kúpalisko, Vyšné Ružbachy, 052/439 88 00.

 Sechs Skilifte sind in Ľubovnianske Kúpele in Betrieb, vier in Litmanová, sechs kürzere in Vyšné Ružbachy.

 Hotel Sorea Ľubovňa, Ľubovnianske Kúpele, 052/432 17 51. Pension Gurman, Mikuláša, 052/428 18 11.

Pieniny

Die Floßfahrt auf dem Dunajec im Pieniny-Nationalpark ist ein Aushängeschild des slowakischen Tourismus. In vielen Prospekten und oft sogar als Titelbild sieht man die mit Touristen bepackten Goralenflöße auf kurvigem Fluß zwischen zakkigen Bergen. Meeresorganismen verliehen den Kalkfelsen bei ihrer Entstehung verschiedene Farbtöne. Auf dem Weg zum Dunajec aus Richtung Süden durchquert man das bewaldete Mittelgebirge Spišska Magura. Es bietet beste Möglichkeiten für Wanderungen und Radtouren, insbesondere für Freunde einsamer Skitouren. Am höchsten Punkt der Landstraße (Magurské sedlo, 949 Meter) kann man beispielsweise das Auto abstellen und einen markierten Wanderweg benutzen. In der Nordwestecke des Gebirges führt eine Sackgasse nach etwa acht Kilometern zum Volksarchitekturreservat Osturňa.

Die Quellen des Dunajec liegen westlich von Zakopane auf polnischem Gebiet. Mit Ausnahme einer etwa 17 Kilometer langen Grenze im Wasser kommt der Fluß auch nicht auf slowakisches Territorium. Der Prielom Dunajca (Dunajetz-Durchbruch) in diesem Grenzbereich ist zweifellos die aufregendste Landschaft am ganzen Flußlauf. Auf drei Kilometern Luftlinie legt das Wasser in wilden Schleifen an steilen Felswänden neun Kilometer zurück. Schon vor der

Hebung das Gebirges floß der Fluß in Mäandern. Ein grenzübergreifendes Reservat wurde 1924 (polnischer Teil) beziehungsweise 1932 (slowakischer Teil) eingerichtet und somit zum ersten internationalen Naturschutzgebiet in Europa. Pflanzen- und Kleintierwelt weisen zahlreiche Raritäten aus. Die Fläche des Nationalparks ist jedoch relativ klein und der Verwaltung des Tatra-Nationalparkes zugeordnet.

Bereits vor unserer Zeitrechnung sollen Bernsteinhändler den Dunajec befahren haben. Die Besiedlung des Gebietes begann im 11. Jahrhundert von Červený Kláštor (Rotes Kloster) aus. Zwischen 1319 und 1563 bewohnten Kartäusermönche das Kloster. 1699 bezahlte der Bischof von Nitra eine stattliche Summe und überließ das Kloster dem Kamaldulenserorden. Der bekannteste Bewohner war der vielseitige Mönch Cyprian (1724–1775). Sein berühmtes Herbarium mit 272 Pflanzen ist im Nationalpark-Museum von Tatranská Lomnica zu bewundern. Angeblich ist Cyprian auch mit selbstgebauten Flügeln von Bergen herabgesegelt. Abenteuerlich war zweifellos auch die Bootsfahrt von Daniel Krmán auf dem Dunajec. Im Auftrag der Kuruzen reiste er 1708 bis in das schwedische Armeelager bei Mogilno und führte dabei Tagebuch.

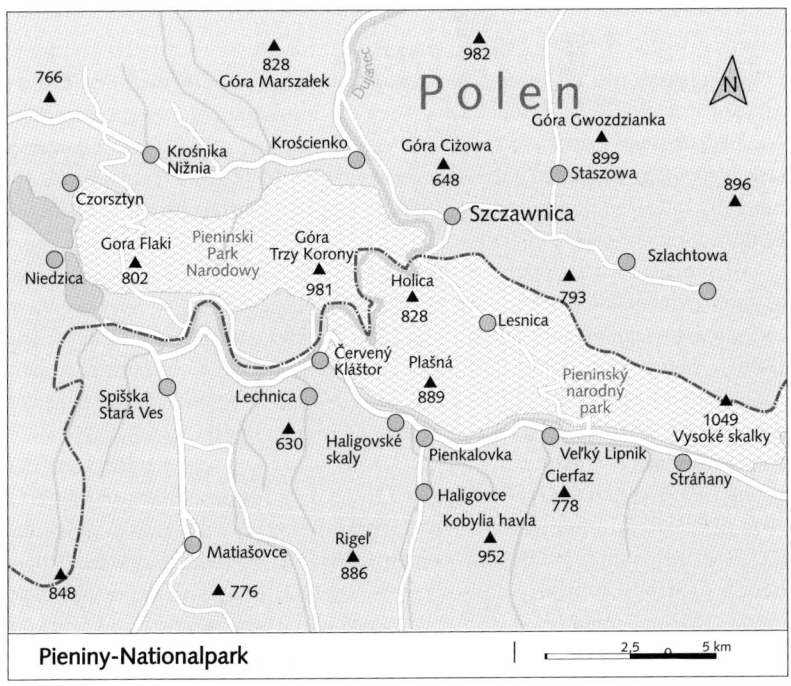

Pieniny-Nationalpark

Floßfahrt im Pieniny-Nationalpark

Aus dem Jahre 1832 existieren erste Belege für die Floßfahrt von Touristen. Polnische Kurgäste fuhren von Niedzica bis Szczawnica. Musiker und Böller-schüsse sorgten für die Klangkulisse. Auch der polnische Literaturnobelpreisträ-ger Henryk Sienkiewicz (1846 – 1916) gehörte zu einer derartigen Touristenge-sellschaft. 1934 wurde auf polnischer Seite eine Genossenschaft von 300 Flößern mit 150 Floßgarnituren gegründet. 1950 entstand die entsprechende slowakische Genossenschaft von 40 Flößern.

An der Einsatzstelle der Flöße werden immer fünf schlanke Fichtenholztröge zusammengebunden und mit Sitzgelegenheiten ausgestattet. Fichtenreisig dient als Spritzwasserschutz. Bis zu 20 Personen passen in ein solches Gefährt. Die Goralen steuern ihre Touristenpontons mit langen Stangen. Die klassische Fahr-strecke auf slowakischer Seite vom Kloster bis zur endgültigen Rückkehr des Dunajec auf polnisches Staatsgebiet dauert etwa eine Stunde.

Vom Ausgangspunkt unter alten Linden hat man einen schönen Blick auf das polnische Felsengebilde Tri Koruny (Drei Kronen, 981 Meter). Inzwischen gibt es auch slowakische Einsatzstellen weiter flußaufwärts. Die klassische polnische Floßtour beginnt in Kąty. Besonders eindrucksvoll ist die steile Bergwand Sedem mníchov (Sieben Mönche). Stellenweise ist der Fluß recht flach und man könnte ins Nachbarland hinüberwaten. Es gibt jedoch einige gefährliche Strudel, die bis zu 20 Meter tief werden können. Am Endpunkt werden die Flöße wieder zerlegt und auf Lastwagen geladen. Auf slowakischer Seite führt ein bequemer Weg dicht am Fluß zum Kloster zurück. Er ist als Naturlehrpfad ausgeschildert und auch für Radler und Skiwanderer passierbar. Kaiserin Maria Theresia hatte für die Anlage extra italienische Wegebaumeister beauftragt.

Natürlich bietet eine derart romantische Natur Anlaß für viele Sagen. Am Zbojnícký skok (Räubersprung) soll Juraj Jánošík auf der Flucht über den Fluß gesprungen sein. Die Liebesquelle an der Lichtung Huta garantiert angeblich zwei gleichzeitig trinkenden Liebenden eine Heirat binnen Jahresfrist. An anderer Stelle läuten die Glocken einer versunkenen Kirche in Vollmondnächten.

Auf polnischer Seite befinden sich flußaufwärts in Richtung Nowy Targ (Neumarkt) die Burg Niedzica und die Ruine der 1795 ausgebrannten Burg Czorsztyn. Es waren Festungen an der ehemaligen ungarisch-polnischen Grenze. Niedzica spielt eine zentrale Rolle bei einer mystischen Geschichte um einen noch unentdeckten Inka-Schatz. Eine echte Inka-Prinzessin und eine unentzifferbare Knotenschrift hat es jedenfalls auf der Burg gegeben. Dębno weiter flußaufwärts bietet eine Kirche aus Lärchenholz aus dem 15. Jahrhundert, die innen reich bemalt ist.

Am Bach Lipník in Richtung Stará Ľubovňa liegen die schwefelhaltigen Heilquellen von Smerdžonka (Bad Rotes Kloster). 1959 wurde der Kurbetrieb eingestellt. An der nördlichen Straßenseite folgen die Haligovské skaly (Helbingsauer Felsen). Einige Touristenwege erschließen das schöne und interessante Gebiet. Die nach dem Hussitenhauptman Peter Aksamit benannte Tropfsteinhöhle wird von Fledermäusen bewohnt und ist für Touristen gesperrt.

Für eine kleine Wanderrunde durch die Haligovské skaly kann man zunächst den blau markierten Wanderweg zwischen Huta bei Červený Kláštor und Lesnica wählen. Von Lesnica in Richtung Haligovce gibt es dann einen grün markierten Weg. Ein rot markierter Weg schließlich kreuzt diesen auf halber Strecke und führt in westlicher Richtung über den Berg Plašná (889 Meter) nach Červený Kláštor zurück.

 Der Normaltarif einer Dunajec-Floßfahrt beträgt 300 Sk. In Zeiten mäßigen Besucherandrangs gibt es Last-Minute-Preise und Gruppenrabatte. Bei sehr hohem oder sehr niedrigem Wasserstand sind keine Fahrten möglich. Auch bei geringer Kundenzahl wird der Betrieb eingestellt.

Rotes Kloster, Mai bis September 9 bis 17 Uhr, Oktober bis April Di bis Sa 10 bis 16 Uhr.

 In Nowy Targ auf polnischer Seite finden donnerstags und samstags große Wochenmärkte statt.

 Chata Pieniny, Lesnica 147, 052/439 75 30.

Kežmarok und Umgebung

Trotz einer guten Ausgangslage im 13. Jahrhundert entwickelte sich die Stadt Kežmarok (deutsch Kesmark, ungarisch Késmárk) lange im Schatten Levočas. Der Name kommt tatsächlich vom Wort Käsemarkt. Im 18. Jahrhundert spielte die Textilverarbeitung eine bedeutende Rolle. Inzwischen ist die Einwohnerzahl mit 20 000 wieder deutlich höher als die der alten Konkurrentin. Bei Touristen ist Kežmarok aufgrund reizvoller Kontraste durch Bauten verschiedener Stilepochen beliebt.

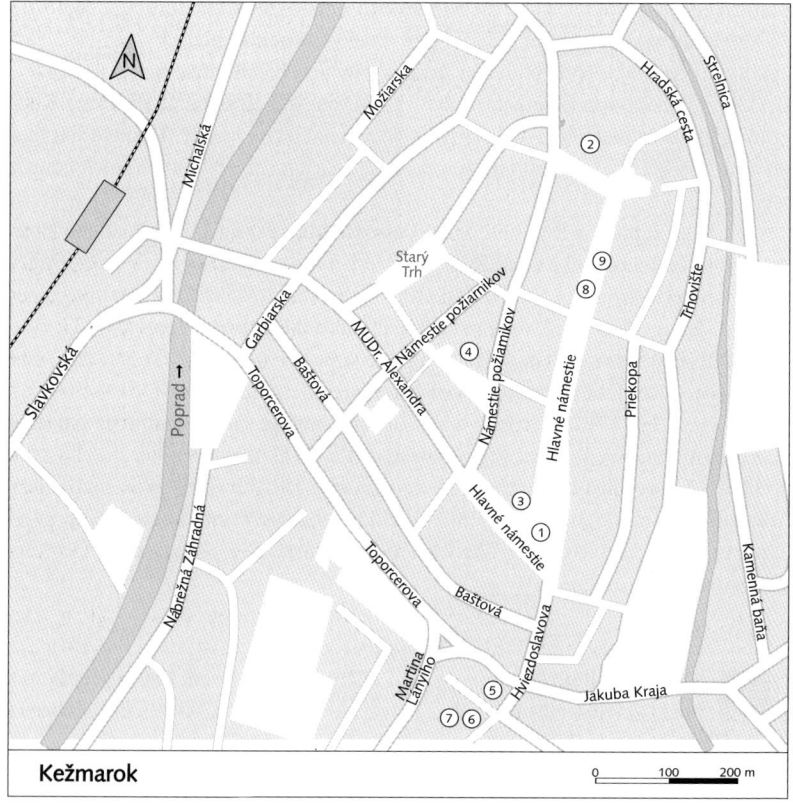

Kežmarok

0   100   200 m

Legende

1 Rathaus/Tourismusinformation
2 Burg (Stadtmuseum)
3 Bürgerhaus
4 Heiligkreuzkirche
5 Evangelische Kiche
6 Artikularkirche
7 Evangelisches Lyzeum

In der Artikularkirche von Kežmarok

Das beginnt mit schlichten Giebelhäusern neben der Burg. Sie sind farbenfroh getüncht und haben die traditionellen Schindeldächer (Zipser Giebeldach) der Gegend. Die Burg selbst überragt nicht wie gewohnt ihre Umgebung. Zu ihrer Verteidigung diente ein Wassergraben mit Fallbrücken. Der spätgotische Umbau von 1462 prägt bis heute das Aussehen der Anlage, auch wenn zwischen 1572 und 1583 renaissancezeitliche Änderungen und Erweiterungen folgten. Als besonders wertvoll gilt die 1658 von italienischen Künstlern ausgestattete Burgkapelle. Eine komplette Stadtmauer mit Wassergraben und drei Toren bestand schon im 14. Jahrhundert. Sie ging in die Burgbefestigung über. Heute beherbergt die Burg das Stadtmuseum. Zum Museum gehört auch das Bürgerhaus am Hauptplatz Hlavné námestie. In der Mitte des Platzes steht das Rathaus mit Merkmalen verschiedener Stilepochen.

Ebenfalls im Zentrum der Altstadt findet man die spätgotische Heiligkreuzkirche aus dem 15. Jahrhundert mit Arbeiten aus der Werkstatt des Meisters Paul aus Leutschau und einem reich verzierten kupfernen Taufbecken. Eine Sitzgruppe aus der Renaissance ist mit Musikinstrumenten bemalt. Neben der Kirche steht ein zusätzlicher massiver Glockenturm aus dem 16. Jahrhundert.

Die weithin sichtbare neue Evangelische Kiche wurde 1898 unter Theofil Hansen im neobyzanthinischen Stil errichtet. Die alte Artikularkirche dahinter besteht aus Rotfichte und hat ein Tonnengewölbe. Sie ist die zweitgrößte Holzkirche der Slowakei und gehört zu den wenigen lehmverputzten Gotteshäusern dieser Art. Hinter diesen Kirchen steht das Evangelische Lyzeum mit seiner Bibliothek von etwa 150 000 Bänden.

Kežmarok spielte eine zentrale Rolle bei der touristischen Erschließung der Bergwelt. Zu den prägenden Persönlichkeiten im Karpathenverein zählte beispielsweise der Lehrer Alfred Grosz (1885 – 1973). Als Alpinist kümmerte er sich intensiv um Jugendarbeit und Naturschutzfragen.

Im kleinen Ort Vrbov (Menhardsdorf) speist eisen- und schwefelhaltiges Thermalwasser ein Schwimmbad mit sieben Becken. Die Anlage ist in Mitteleuropa das öffentliche Bad mit dem kräftigsten Heilwasser. Bei Herz- und Kreislauferkrankungen wird es ebenso empfohlen wie gegen Rheuma und Asthma. Leider ist es nur zur Sommerferienzeit geöffnet.

In Strážky (Nehre) steht ein renaissancezeitliches Schloß mit Verteidigungsanlagen und Arkadenhof. Heute befindet sich hier eine vielseitige Abteilung der Slowakischen Nationalgalerie, die Möbel und Einrichtungsgegenstände, Porträtmalerei, Werke von Ladislav Mednyanszky sowie eine Bibliothek enthält. Ein englischer Park schließt sich an.

Spišská Belá (Zipser Bela) ist Geburts- und Wirkungsort von Josef Maximilian Petzval (1807 – 1891), der zunächst Schullehrer war. Er entwarf viele optische Geräte, unter anderem das erste lichtstarke Fotoobjektiv (1:2,8). Im Kontrast zu Petzvals technischem Können stand seine finanzielle Situation, er selbst verdiente mit seinen Erfindungen wenig.

Noch etwas weiter in nördlicher Richtung liegt Slovenská Ves (Windschendorf). Im Hauptaltar der Kirche steht eine lebensgroße Madonna auf einer Mondsichel. Sie stammt aus der Werkstatt des Meisters Paul aus Leutschau.

 Eine Tourismusinformation befindet sich im Rathaus.

 Kursbuchstrecke 185 Poprad – Plaveč (20 min bis Poprad, zehnmal täglich)

 Die Artikularkirche Kežmarok gehört zu den wenigen Holzkirchen außerhalb von Skansen, die regelmäßig für Besucher geöffnet sind. Stadtmuseum Kežmarok, Juni bis September Di bis So 9 bis 16 Uhr, Oktober bis Mai Di bis Sa 8 bis 15 Uhr. Zum Museum gehören das Burgmuseum, Hradné 42, und das Bürgerhaus, Hlavné 55. Schloßgalerie Strážky,

Di bis So 10 bis 17 Uhr. Petzval-Museum Spišská Belá, Mo bis Fr 8 bis 17 Uhr.

 Salmo, Vrbov, 052/459 21 88.

 U troch apoštolov, guter Service, Hlavné 9, 052/452 57 25.

 Pension Regent, Starý trh 65, 052/452 42 58.

 Camping Pri termálnom kúpalisku, Juli bis August, Vrbov, 052/457 21 88. Camping Šarpanec, 15. Mai bis 15. September, Spišská Belá, 052/458 10 71.

Levoča

Levoča (deutsch Leutschau, ungarisch Löcse) verfügt über die größte komplett mit Stadtmauern erhaltene Altstadt der Slowakei und hat bedeutende Kunstschätze aufzuweisen. Dieser originäre Gesamteindruck und die Nähe zur Tatra machen Levoča zu einem beliebten Tagesausflug für Touristen.

Eine Urkunde von 1261 erwähnt Levoča als Hauptstadt der Gemeinschaft der Zipser Sachsen. Der Name soll der Sage nach zur Zeit der Mongoleneinfälle aus

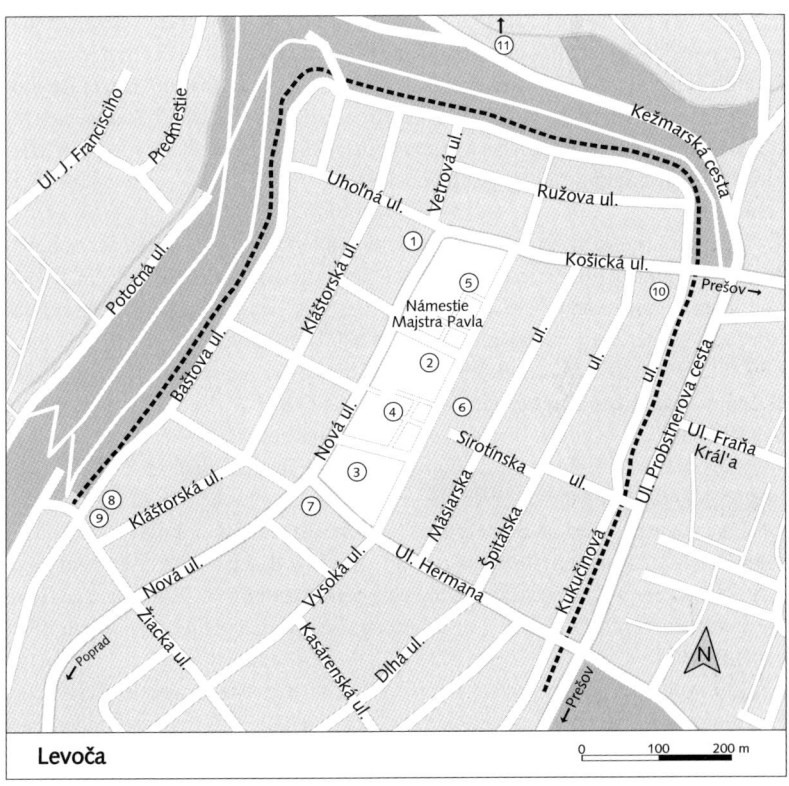

Levoča

0   100   200 m

Legende

1 Tourismusinformation
2 Jakobskirche
3 Evangelische Kirche
4 Rathaus
5 Waagenhaus
6 Haus des Meisters Paul
7 ehemalige Druckerei
8 Evangelisches Lyzeum
9 Ladislauskirche
10 Heiliggeistkirche
11 Mariánska hora

dem Warnruf ›Leut' schaut‹ entstanden sein. Den deutschen Siedlern wurde eine Rechtssprechung nach heimatlicher Gewohnheit zugebilligt. Rechtsgrundlage bis 1774 war damit der sogenannte Sachsenspiegel (konkretisiert 1370 unter der Bezeichnung Zipser Willkür). Seinen Reichtum verdankt Levoča vor allem dem Handel. Durchreisende Kaufleute wurden zum Verweilen und zum Anbieten ihrer Waren gezwungen, sie durften bis zu zwei Wochen in der Stadt festgehalten werden. Auf mehrere Brände (am schlimmsten 1550) folgte immer wieder rege Bautätigkeit. 1685 entstand das viersprachige Buch ›Orbis pictus‹ (Illustrierte Welt) des Reformators Comenius (Jan Amos Komenský) in der Stadt.

Seit 1682 war Levoča Stützpunkt der Kuruzen. Die 1710 spielende Geschichte der ›Weißen Frau von Leutschau‹ Julie Korponay wird in mehreren Varianten erzählt. Julie war die Gemahlin eines Befehlshabers der Kuruzen. Ein bekanntes Gemälde zeigt sie im Nachthemd beim Öffnen einer Pforte in der Stadtmauer für die Habsburger Belagerer. Das Spektrum der Geschichten reicht von einer offiziellen Beauftragung mit Kapitulationsverhandlungen bis zu wirren Liebesgeschichten.

Im 19. Jahrhundert war das Gymnasium von Levoča ein Zentrum der nationalen Wiedergeburt. Im 20. Jahrhundert stagnierte die Wirtschaft. Durch die Anlage von Gärten im Stadtgraben und die Bepflanzung des Marktplatzes wurde das Stadtbild grüner. Levoča hat heute etwa 13 000 Einwohner.

Die Bebauung des Marktplatzes verkörpert in beispielhafter Form das Zusammenspiel von Kirche, Verwaltung (Rathaus) und Wirtschaft (Waagenhaus). Die gotische Jakobskirche ist die zweitgrößte Kirche der Slowakei. Der Hallenbau war gegen 1400 fertiggestellt und birgt in seinem Inneren den mit 18,62 Metern höchsten gotischen Altar der Welt. Er wurde von 1508 bis 1511 von Meister Paul aus Leutschau angefertigt. Farbenfrohe Tafelmalereien ergänzen die Holzschnitzereien. Vier der vierzehn Seitenaltäre sind ebenfalls das Werk des Meisters Paul. Angesichts dieser Kunstschätze werden die bedeutenden Wandmalereien aus dem 14. Jahrhundert oft übersehen. Der achteckige neogotische Kirchturm wurde 1857 errichtet.

Die zweite Kirche auf dem Platz ist die klassizistische Evangelische Kirche. Das renaissancezeitliche Rathaus verfügt über wuchtige Bogengänge und sehenswerte Einrichtungsdetails. Der gedrungene Glockenturm am Rathaus wurde barock umgebaut. Das Rathaus dient als Zentralgebäude des Zipser Museums. Viele der hier ausgestellten alten Dokumente sind auf deutsch geschrieben. Das Waagenhaus aus dem Jahre 1588 diente als Warenlager und beherbergte eine Art Eichamt.

Die Grundstücksaufteilung am Marktplatz war im 16. Jahrhundert abgeschlossen. Die meisten interessanten Häuser Levočas sind hier zu finden. Im ehemaligen Haus des Meisters Paul (Nr. 21) ist ein Museum über dessen Leben untergebracht. Die Druckerei (Nr. 36) stellte unter anderem das erwähnte ›Orbis pictus‹ her. Auch das Evangelische Lyzeum (Nr. 40) gehört zum Zipser Museum. Eines der nächsten Häuser (Nr. 43) fällt durch sein reiches Portal auf und hat Bogengänge im Hof. Der hintere Teil des ehemaligen Städtischen Gasthauses (Nr. 54) dient als Theater. Das Alte und das Neue Gauhaus an der oberen Schmalseite des Platzes waren Verwaltungs- und Gerichtsgebäude.

Am sogenannten Polnischen Stadtor steht die Ladislauskirche mit dem alten Minoritenkloster. Daneben befindet sich als neuestes Gebäude innerhalb der

Café in Levoča

Stadtmauern das bis 1915 errichtete Evangelische Lyzeum im Sezessionsstil. Am Košicer Tor steht die Heiliggeistkirche mit dem neuen Minoritenkloster.

Von der etwa 2500 Meter langen und zwei Meter dicken Stadtmauer sind 80 Prozent erhalten geblieben. Fünf Meter vor der eigentlichen Stadtmauer befand sich eine niedrige Mauer. Davor wiederum gab es den über drei Meter tiefen und 15 Meter breiten ausgemauerten Graben. Die vier Tore wurden durch Vortore und Fallbrücken geschützt.

Schon vom Stadtzentrum aus sieht man auf dem Hügel Mariánska hora (Marienberg) die schlichte neogotische Marienkirche von 1914. Sie ist das Ziel der größten slowakischen Wallfahrt, die jedes Jahr am ersten Juliwochenende stattfindet. Dahinter erheben sich die Levočské vrchy (Leutschauer Berge), von denen jedoch Teile als Armeegelände gesperrt sind.

 Informačné centrum, Majstra Pavla 54, 05401 Levoča, 053/451 37 63, auch Fax.

 Kursbuchstrecke 186 Levoča – Spišská Nová Ves (20 min, zehnmal täglich), in Spišská Nová Ves Anschlüsse nach Žilina und Košice.

 Führungen in der Jakobskirche jeweils zur vollen Stunde, Mai bis Oktober Di bis Sa 9 bis 17 Uhr, So 14 bis 17 Uhr, Mo 13 bis 17 Uhr, November bis April Di bis Sa 8 bis 16 Uhr. Das Zipser Museum (Spišské múzeum) zeigt seine Ausstellungen im Rathaus, im Haus des Meisters Paul und im Evangelischen Lyzeum, Mai bis Oktober Di bis Sa 9 bis 17 Uhr, November bis April Di bis Sa 8 bis 16 Uhr.

Museum für Spezialschulwesen, Mo bis Fr 8 bis 16 Uhr.

 In Závada nördlich von Levoča sind vier Skilifte in Betrieb.

 Arkáda, hübsches Kellergewölbe, vielseitiges Angebot, Majstra Pavla 26, 053/451 23 72.

Biela pani, kleines Weinrestaurant, Majstra Pavla 36, 053/451 15 86.

Satel, gute Speisen, flotte Bedienung, Majstra Pavla 55, 053/451 29 43.

U troch apoštolov, historisches Flair, Majstra Pavla 11, 053/451 23 02.

 Hotel Barbakan, Košická 15, 053/451 36 08.

Pension Texon, Francisciho 45, 053/451 44 93.

 Camping Levočská dolina, ganzjährig, 054 01 Levoča, 053/451 27 05.

Die Eishöhle in Dobšiná; Wegweiser im Mittelgebirge Spišská Magura
Auf dem Marktplatz in Rošnava; Die Ruine von Spišský hrad (Burg Zips)

MAGURSKÉ SEDLO
949 m

K.S.T.

2001

2007/14.6

SMREČINY	/1157 m/	2:15h
BUKOVINA	/1176 m/	3:15h
MAGURKA	/1193 m/	4:15h

2001

2007/14.6h

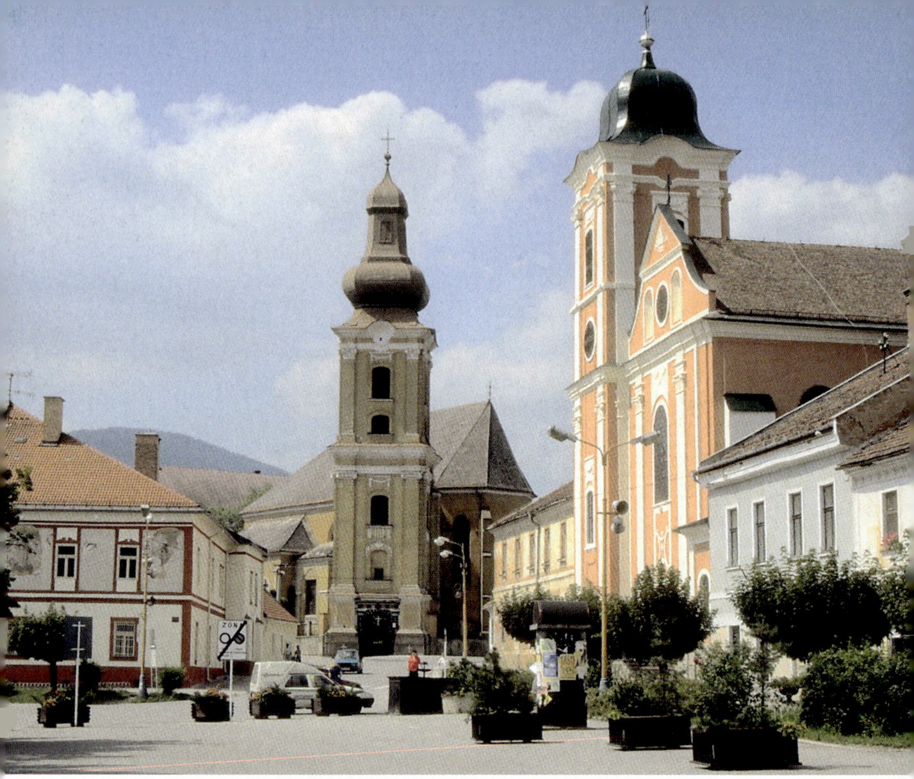

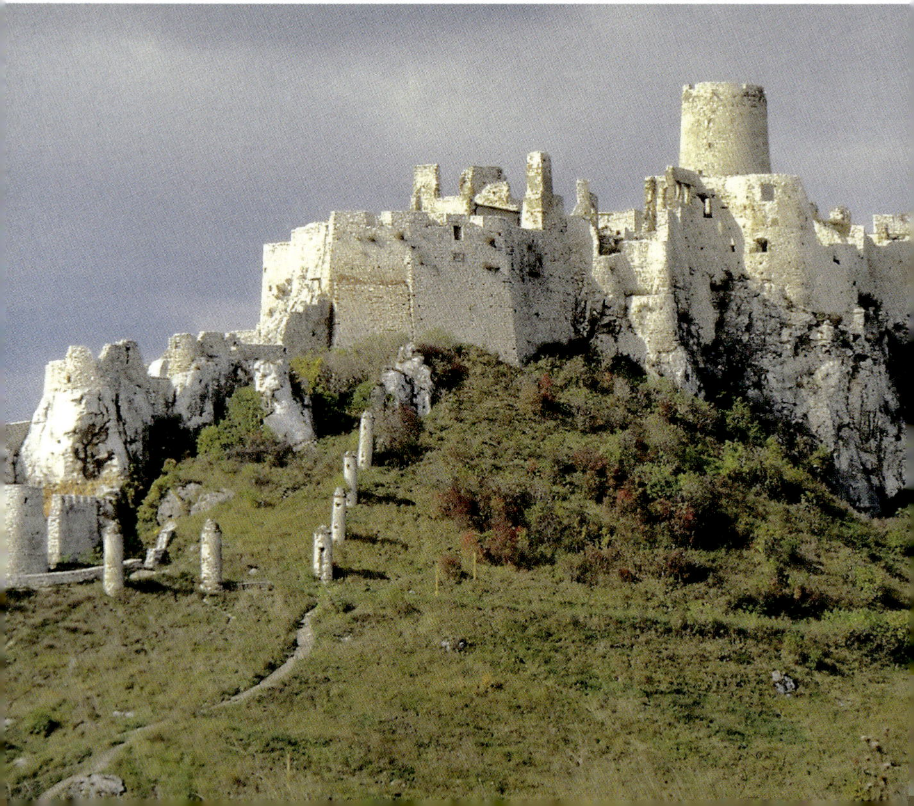

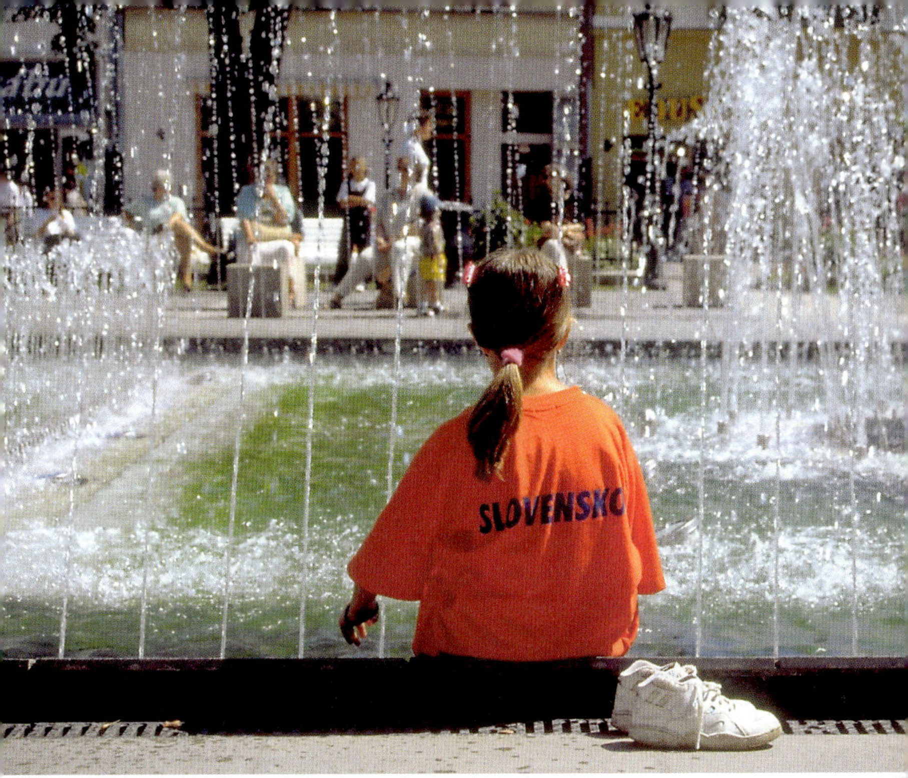
SLOVENSKO

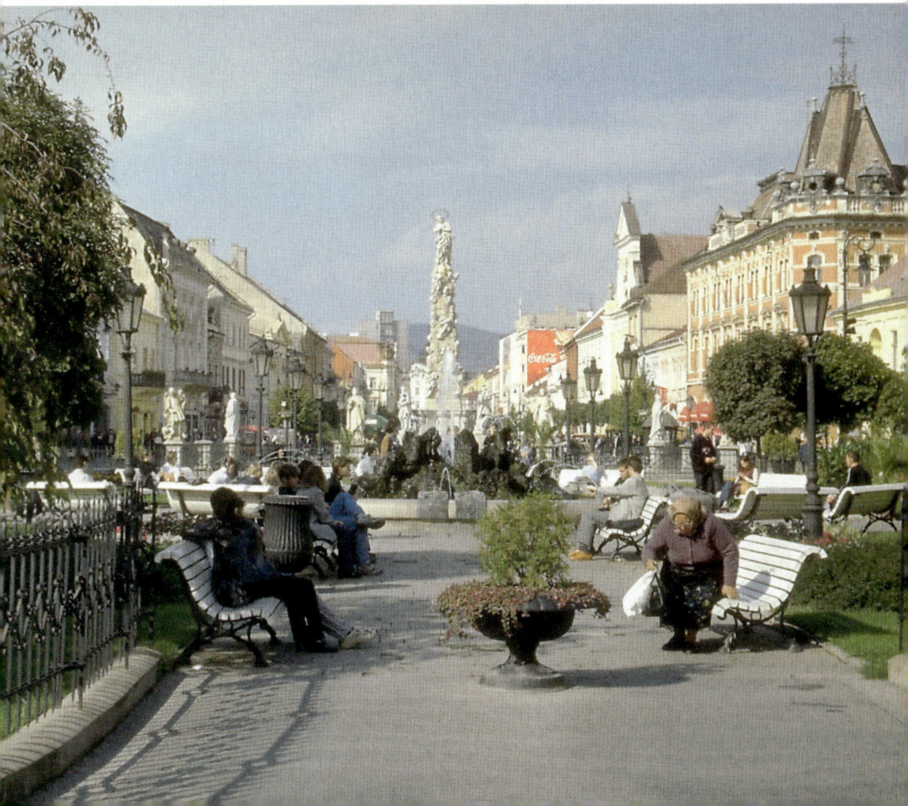

Spišské Podhradie und Umgebung

Bei der kleinen Stadt Spišské Podhradie (Kirchdrauf) sind mehrere Attraktionen zu finden. Neben der beeindruckenden Burgruine Spišský hrad (Burg Zips) wohnten im heutigen Naturschutzgebiet Dreveník die ältesten ›Slowaken‹. Der hier gefundene Opomenschen-Schädel wird auf 120 000 Jahre und der Neandertaler-Schädel auf 80 000 Jahre geschätzt. Anfänge der Besiedelung vermutet man sogar vor 500 000 Jahren. Im Nachbardorf Žehra (Schigra) steht eine außen und innen ungewöhnliche Kirche. Auf der anderen Seite der Stadt liegt das separate ›Kirchenstädtchen‹ Spišská Kapitula (Zipser Kapitel). Trotz der weitläufigen Anordnung dieser Sehenswürdigkeiten rings um die Stadt herum kann man alles zu Fuß an einem Tag erreichen. Unter der Bezeichnung ›Spissky Hrad and its Associated Cultural Monuments‹ ist das Ensemble 1993 in die UNESCO-Welterbeliste aufgenommen worden. Aus Richtung Levoča passiert man vor dem Ort zunächst das kleine Naturschutzgebiet Sivá brada (Graubart). Dieses Kalkplateau bietet eine frei zugängliche Mineralquelle mit wohlschmeckendem Glaubersalz-Wasser. Ein kleiner Geisir daneben spritzt alle fünf Stunden etwa zehn Minuten lang Wasser fünf Meter in die Höhe.

Zwischen Sivá brada und der Stadt folgt nun Spišská Kapitula. Das isoliert gelegene und nur von Geistlichen bewohnte ›Städtchen‹ war ab 1198 Sitz des Zipser Probstes und ab 1776 des Zipser Bischofs. Lediglich während der Bauzeit von Martinskathedrale und Probstpalast zwischen 1245 und 1281 wohnte der Probst zeitweise auf der Burg. Das Fresko von 1317 in der Sakristei der Martinskathedrale zeigt die Krönung Karl Roberts von Anjou zum ungarischen König. Von 1488 bis 1493 wurde die Grabkapelle Stephan Zapolyas angebaut. Die Verteidigungsmauer wurde im 17. Jahrhundert errichtet. Das Tor im barocken Uhrenturm von 1739 führt in den Probstgarten.

Spišské Podhradie selbst war ein Zentrum deutscher Siedler. Die Marienkirche auf dem Marktplatz wurde bereits zwischen 1258 und 1273 errichtet und mehrmals umgebaut. Wertvollstes Einrichtungsstück ist der Flügelaltar von 1521. In alten Dokumenten des Ortes wurde 1327 ein Spital und 1450 eine Lateinschule erwähnt. Am zweigeschossigen Rathaus im Rennaissancestil befindet sich die Inschrift: »WO.FÖLLEREI.UBER.HANT.NEM.MAG.NICHT.LANK.EYN.GUT.-REGIMENT.BESTEN.ANN.O.DOMINI.1.5.4.6.«. Auch einige sehenswerte Bürgerhäuser stammen aus der Renaissance.

Brunnen mit Musik in Košice; Im Zentrum von Košice
Das Rathaus von Levoča

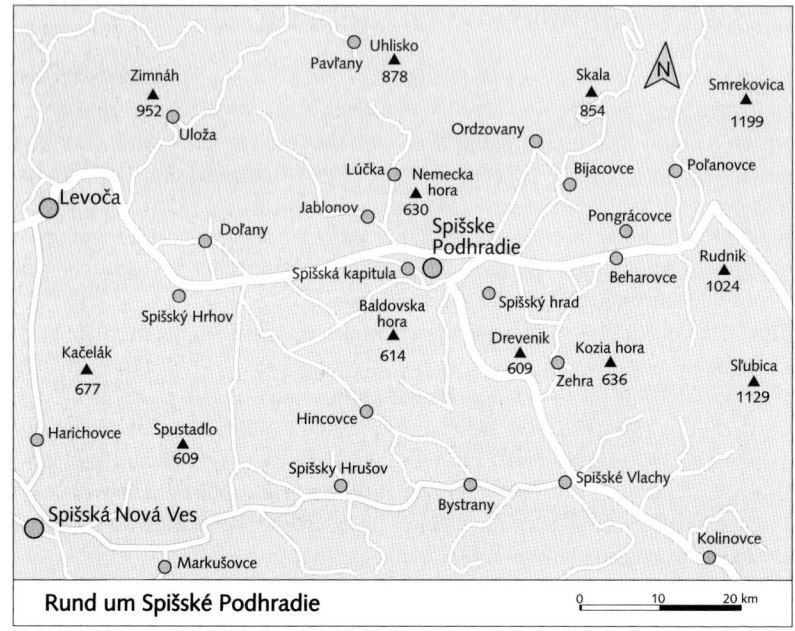

Rund um Spišské Podhradie

0   10   20 km

Spišský hrad ist die größte Burgruine Mitteleuropas. Sie steht auf einem 634 Meter hohen Kegel. Das umbaute Gelände mißt etwa vier Hektar. Der Bau der Burganlage begann im 12. Jahrhundert. Dank ihrer Steinbefestigung wurde sie nicht von den Tataren eingenommen. Bis zum 15. Jahrhundert erfolgten viele Erweiterungen. Den Kern der Anlage bildeten neben Palästen ein Turm und eine Kapelle. Bis in das 15. Jahrhundert hinein gehörte die Burg zum Besitz der ungarischen Könige. Nach zwei Bränden in den Jahren 1710 und 1780 blieb die Anlage ungenutzt. Unter militärischen Gesichtspunkten war sie in dieser Zeit auch schon veraltet. Eine komplexe Sanierung begann 1970. Die Burg ist heute eins der beliebtesten Fotomotive des Landes. Bei Streifzügen kann man sich auf engen Treppengängen allerdings leicht den Kopf stoßen.

Einige der Räume der Burgruine, darunter die ehemalige Burgkapelle sind wetterfest genacht worden und beherbergen jetzt ein kleines, aber feines Museum.

Von den höheren Stellen des Burggeländes hat man einen schönen Blick über das reizvolle Umland bis zur Tatra.

Das Naturschutzgebiet Dreveník ist das größte Travertingebiet der Slowakei. Bis in die jüngste Vergangenheit wurde jedoch illegal Travertin abgebaut. Der Prozeß der Travertinbildung dauert noch an. Es gibt 24 Felshöhlen, sehenswert

Im Kirchenstädtchen Spišská Kapitula

sind außerdem die Schlucht Peklo (Hölle) und das Felsengebilde Kamenný raj (Steinparadies).

Immer noch in Sichtweite der Burgruine liegt das Dorf Žehra. Die Kirche mit Zwiebelturm und Holzschindeldach wurde nach langer Bauzeit 1274 beendet. Wahrscheinlich ist sie die interessanteste steinerne Dorfkirche des Landes. Sie ist bekannt für ihre wertvollen Fresken. Seit der Desinfektion nach einer Pestepedemie 1646 waren sie für mehr als 300 Jahre übertüncht.

 Kursbuchstrecke 187 Spišské Podhradie–Spišské Vlachy (20 min, zehnmal täglich), in Spišské Vlachy Anschlüsse nach Žilina und Košice.

 Burg Spišský hrad, Mai bis Oktober Di bis So 8.30 bis 18 Uhr.

 Ein sechsstündiger Naturlehrpfad führt von Sivá Brada durch Spišské Podhradie bis Dreveník.

Eingeschlossen ist ein Abstecher zur Travertinkuppe Sobotisko. Die acht Tafeln sind auch auf deutsch beschriftet.

 Spišský Salaš, schöner Ausblick, bekannt gute Küche, Levočská 11, 053/454 12 02.

 Pension Podzámok, Spišské Podhradie, 053/454 17 55.
Pension Sypanec, Spišský Hrušov, 053/449 22 25.

Spišská Nová Ves und Umgebung

Spišská Nová Ves (deutsch Zipser Neudorf, ungarisch Igló) gilt als Hauptstadt der historischen Region Zips. Im Gegensatz zu vielen anderen Bergbaustädten schaffte Spišská Nová Ves den Übergang zur neuzeitlichen Metallindustrie. Heute hat die Stadt 39 000 Einwohner.

Am linsenförmigen Rathausplatz der Stadt konzentrieren sich die Sehenswürdigkeiten. Fast genau in der Mitte steht die gotische Marienkirche, deren Turm mit 87 Metern der höchste Kirchturm der Slowakei ist und einen guten Rundblick bietet. Das Gotteshaus beherbergt eine Kalvariengruppe des Meisters Paul aus Leutschau.

Daneben steht die klassizistische Evangelische Kirche. Das repräsentative Rathaus mit seinem Balkon auf dorischen Säulen ist ebenfalls klassizistisch. Das sogenannte Provinzhaus gegenüber beherbergt als Heimatmuseum historische und naturwissenschaftliche Exponate. Dieses Gebäude mit der reich verzierten Fassade war Sitz des wichtigsten Zipser Städtebündnisses. Außerdem befindet sich eine Redoute im Sezessionsstil direkt auf dem Platz.

Das Hallenbad von Spišská Nová Ves wird von Thermalwasser gespeist. Der Zoo ist bekannt für seine Lamazucht.

In Smižany (Schmögen) westlich neben Spišská Nová Ves gibt es ein Volkskundemuseum, zu dem das Geburtshaus des Kommunisten Ján Nálepka mit seiner Originaleinrichtung gehört.

Markušovce (Marksdorf), etwa 10 Kilometer südöstlich von Spišská Nová Ves bietet zwei Schlösser in einem kleinen französischen Park. Das größere Schloß wurde 1643 gebaut und später umgestaltet. Es beherbergt eine Möbelausstellung. Das kleinere wurde 1778 begonnen und blieb lange unfertig. In dem nach der Heiligen Dardanella benannten Schloß werden verschiedene Tasteninstrumente hauptsächlich slowakischer Produktion gezeigt. Sehenswert sind die mythologischen Fresken im Konzertsaal. Beide Gebäude gehören zum Heimatmuseum von Spišská Nová Ves.

Die Umgebung von Spišská Nová Ves ist übersät von alten Kirchen, die größtenteils aus dem 13. Jahrhundert stammen, so zum Beispiel in Odorín, Danišovce und Chrasť nad Hornádom. Die größte davon steht in Spišský Štvrtok (Donnersmark) elf Kilometer nordöstlich. Bekannter als die Ladislaus-Kirche selbst ist die 1473 angebaute Zápoľský-Kapelle. Der zweigeschossige schlanke Bau erinnert an französische Burgkapellen. Als Grabkapelle wurde sie allerdings nie genutzt. In der Kirche von Dravce (Drauz) wurden 1928 alte Wandgemälde aus der Entstehungszeit entdeckt. Die Kirche von Hrabušice (Kabsdorf) besitzt einen Hauptaltar aus der Werkstatt des Meisters Paul aus Leutschau. In Spišský Hrhov (Gorg) gibt es ein Barockschloß.

Das Tasteninstrumentenmuseum in Markušovce

 Informačné centrum NOVA, Štefánikovo 10, 052 01 Spišská Nová Ves, 053/442 82 92, auch Fax.

 Spišská Nová Ves liegt an der Hauptstrecke von Žilina nach Košice.

 Heimatmuseum Spišská Nová Ves, Letná 50, Juni bis September Di bis So 9 bis 17 Uhr, Oktober bis Mai Di bis Fr 8 bis 16.30 Uhr, Sa 9 bis 13 Uhr, So 12 bis 16 Uhr.
Künstlergalerie, Zimná 46, Di bis Fr 8.30 bis 17 Uhr, Sa und So 8 bis 12 Uhr.
Volkskundemuseum Smižany, Krátka 5, Juni bis August Di bis Fr, So 8 bis 16 Uhr, September bis Mai Mo bis Fr 9 bis 16 Uhr.
Möbelmuseum Markušovce und Tasteninstrumentenmuseum Markušovce Di bis Fr und So 8.30 bis 17 Uhr, Juli bis August auch Sa.

 Es gibt drei Skilifte in Hnilčík und vier in Poráč.

 Spiš, Letna 45, 053/446 25 64.

 In Spišská Nová Ves: Hotel Metropol, Štefánikovo 2, 053/442 22 41.
Pension Nemo, Pohronská 2, 053/442 29 29, der Betreiber vermittelt auch Ferienhütten im Slowakischen Pradies.
In der Umgebung:
Hotel Flóra, Smižany, 053/449 11 31.
Hotel Čingov, Smižany, 053/443 36 63.
In Smižany existieren viele kleine Pensionen.

Das Slowakische Paradies

Das Slowakische Paradies (Slovenský raj) ist ein zerklüftetes Kalkplateau mit vielen Bächen und Höhlen, das keinen dominierenden Gebirgskamm besitzt. Dementsprechend besteht der Reiz der Landschaft weniger in klassischen Gebirgspanoramen als in wasserreichen felsigen Bergwäldern. Fotos zeigen meistens enge feuchte Schluchten mit Kletterhilfen (Leitern, Ketten, Seile, Trittbretter, Rampen), robustes Schuhwerk mit griffigen Sohlen ist also unbedingt empfehlenswert. Man kann sich leicht vorstellen, daß der Zustand dieser Wege sehr witterungsabhängig und die Vegetation sehr empfindlich ist.

Der Wasserhaushalt des Gebietes ist kompliziert, außer Niederschlägen und Schneeschmelze beeinflussen auch Bewegungen im Grundwasser die Passierbarkeit der Wege. Einige der feuchten Kletterwege darf man nur in eine Richtung begehen, schon weil ein Ausweichen entgegenkommender Touristen kaum realisierbar wäre. Ein Umkehren bei nachlassenden Kräften ist also nicht möglich, Plätze für eine bequeme Rast sind ebenfalls spärlich vorhanden. Für Wanderungen mit Kindern ist das Gebiet also eher nicht geeignet.

Die populärsten Wanderziele sind Suchá Bela, Prielom Hornádu und Tomašovský výhľad. Eine anstrengende Tageswanderung führt durch das Tal Sokolia dolina, wo sich ein hoher wilder Wasserfall (65 Meter) befindet.

Das Slowakische Paradies ist ein alter und legendenumwobener Siedlungsplatz. Aus verschiedenen Epochen seit der Steinzeit sind zwischen Čingov (Tschingo) und Zelená hora (Grünberg) Belege für das Leben der damaligen Bewohner gefunden worden. Oft scheint Čingov ein Zentrum der jeweiligen Kultur gewesen zu sein.

Das durch Canyons gut geschützte Plateau Kláštorisko war zur Zeit der Mongoleneinfälle ein wichtiger Zufluchtsort der Zivilbevölkerung. Der heutige Name bezieht sich auf ein 1305 fertiggestelltes und 1534 aufgegebenes Kartäuserkloster.

Verschiedene Sorten Leitern helfen beim Klettern

Am Zelená hora ist die Anlage einer 1243 von den Tataren zerstörten Burg zu erkennen. In der Rosenhöhle (Ružová jaskyňa) hatte wahrscheinlich der Kartäusermönch Jan von Siebenbürgen seine Alchimistenwerkstatt.

 Auskünfte erteilt das Informationszentrum in Spišská Nová Ves.

 Kursbuchstrecke 180 Žilina–Košice, für Wanderungen interessant sind die Bahnhöfe zwischen Vydrník und Spišské Tomášovce, wo Schnellzüge aber nicht halten.

 Zwei Rundwanderungen im Bereich des Flusses Hornád von je reichlich zwei Stunden sind ab Čingov ausgeschildert.

Zwei ausgeschilderte Mountain-Bike-Rundkurse im nördlichen Slowakischen Paradies führen direkt durch Spišská Nová Ves.

 Hotel Slovenský Raj, Hrabušice, 053/4490494.

 Camping Betlanovce, ganzjährig, Hrabušice, 053/4490432.
Camping Naftex, 15. Juni bis 15. September, Spišské Tomášovce, 047/4331190.

Halbtagswanderung im nördlichen Slowakischen Paradies: Suchá Bela

Route
Podlesok–Suchá Bela–Glacká cesta–Podlesok, Bushaltestellen in Betlanovce und Hrabušice (die nächstgelegene heißt Mýto).

Schwierigkeit
Vier Stunden, viele Kraxelstellen, am Bach nur aufwärts erlaubt.

Suchá Bela ist eines der typischen Klammtäler des Karstplateaus. Man steigt entlang der grünen Markierung größtenteils am Bachbett aufwärts. Oft müssen Leitern benutzt werden. Nacheinander passiert man mehrere Wasserfälle. Den Beginn bilden die Misové vodopády (Schüssel-Wasserfälle). Es folgen der schmale Okienkový vodopád (Fensterchen-Wasserfall) und der mächtigere Korytový vodopád (Trog-Wasserfall). Von einem Nebenbach kommt der Bočný vodopád (Seiten-Wasserfall). Schließlich folgt das Brünnlein mit der Quelle des Baches Suchá Bela. Kurz darauf stößt man auf den bequemeren Waldweg Glacká cesta. Ihm folgt man nach links entlang der gelben Markierung und biegt nach knapp zwei Kilometer wieder nach links auf die rote Markierung ein.

Halbtagswanderung im nördlichen Slowakischen Paradies: Prielom Hornádu und Tomašovský výhľad

Route
Podlesok–Prielom Hornádu–Letanovský mlyn–Tomašovský výhľad–Spišské Tomášovce, blau markierter Weg nur vom 1. Juli bis zum 30. Oktober erlaubt.

Schwierigkeit
Vier Stunden, mehrere Kletterstellen an Felswänden, mehrere Hängebrücken.

Landschaft im Slowakischen Paradies

Prielom Hornádu (Hernad-Durchbruch) heißt eine vom Fluß Hornád in den Kalkstein gesägte Schlucht. Der blau markierte Weg führt von dem kleinen Ort Podlesok aus durch den abenteuerlichen Canyon zum Hang unter dem Tomašovský výhľad (Tomsdorfer Ausblick, 680 Meter). Für den Bau dieses Wanderweges wurden 15 Jahre benötigt. Parallel dazu führt oberhalb der Schlucht ein gelb markierter Weg über die Berge Zelená hora (658 Meter) und Ihrík (651 Meter) entlang. An der Letanovský mlyn (Lettensdorfer Mühle) könnte man unterwegs zwischen beiden Wegen wechseln. Tomašovský výhľad ist eine mächtige Felsnase über einem tief abfallenden Hang. Der Blick in den Canyon ist beeindruckend. Nun bleiben noch zwei Kilometer entlang der grünen Markierung bis Spišské Tomášovce.

Varianten
Die Wege sind auch in Gegenrichtung möglich.
Der blau markierte Weg in der Schlucht ist mit dem gelb markierten oberhalb zu einer Rundwanderung kombinierbar.
Man kann die Route noch um einen Abstecher zum Aussichtspunkt Čertová sihoť (Teufelsklippe, 826 Meter) erweitern.

Südliches Slowakisches Paradies

Dobšiná (Dobschau) ist berühmt durch die etwa 15 Kilometer vom Stadtkern entfernt gelegene Eishöhle. Die Eisbodendicke im großen Saal wird auf 25 Meter geschätzt, bis in den Frühsommer hinein sind die Wände mit Rauhreif bedeckt. Der schichtenartige Aufbau des Eisbodens gibt Auskunft über Bedingungen längst vergangener Zeiten.

1870 begann die umfassende Erschließung durch den Bergingenieur Eugen Ruffinyi und seine Freunde. Zeitweise diente die Höhle als Trainingsraum für den Eiskunstlauf. Im Jahre 2000 wurde sie von der UNESCO den bereits in der Welterbeliste stehenden Höhlen des Slowakischen Karstes zugeordnet. Die Liste prominenter Besucher der Eishöhle ist beeindruckend. Der Hochadel gehört ebenso dazu wie mehrere Nationaldichter. Aus Nord- und Westeuropa kamen unter anderem der Polarforscher Fridtjof Nansen, der Suezkanal-Bauleiter Ferdinand Lesseps (der übrigens slowakisches Lärchenholz für seinen Bau verwendete), und die Komponisten Léo Delibes und Jules Massenet.

Im südwestlichen Zipfel des Nationalparkgebietes liegen die zu Dobšiná gehörenden alten Bergbaudörfer Stratená (Verlorenseifen, ein Bachlauf taucht hier wieder unter die Erdoberfläche und geht somit verloren) und Dedinky (Emrichsdorf) mit dem kleinen Stausee Palcmanská Maša. Die Hauptstraße windet sich in diesem Bereich malerisch zwischen Felsen am Flußlauf entlang. 1972 wurde eine mit der Eishöhle Dobšiná in Verbindung stehende Höhle bei Stratená entdeckt. Für Touristen ist das 18 Kilometer lange System, dessen größter Höhlenraum 192 Meter mißt, nicht zugänglich. Ab Dedinky ist eine dreistündige Rundwanderung mit sechs Erläuterungstafeln als Naturlehrpfad ausgeschildert. Eine weitere empfehlenswerte Wanderung führt vom Geravany zum Gipfel Hýľ (1158 Meter).

Als Wintersportzentrum ist das Örtchen Mlynky bekannt, die Wege abseits der engen Bachschluchten eignen sich gut für Skiwanderungen.

 Kursbuchstrecke 173 Červená Skala–Margecany, achtmal täglich.

 Dobschauer Eishöhle (Dobšinská ľadová jaskyňa), Führungen außer Mo 15. Mai bis 15. Oktober viermal täglich (letzte 14 Uhr), Juli bis August 9 bis 16 Uhr stündlich.

 Ein Sessellift fährt von Dedinky auf den Geravy (1032 Meter).

 Durch das südliche Slowakische Paradies führen mehrere ausgeschilderte Mountain-Bike-Rundkurse, die man auch miteinander kombinieren kann.

 Fünf Skilifte sind in Mlynky in Betrieb, es gibt auch gespurte Loipen für Skiwanderungen.

Pension Dobšinka, Dobšiná,
058/794 14 02.

Pension Pastierna, Dedinky,
058/798 11 75.

Pension Stratená, Stratená,
058/798 11 32.

Pension Stratenka, Stratená,
058/798 11 67.

Pension Šafran, Stratená,
058/798 11 18.

Pension Havran, Mlynky,
053/449 32 12.

 Camping Alweg, ganzjährig,
Dobšiná, Zimná 191,
058/794 15 64.

Rožňava und Umgebung

Der Höhepunkt des Bergbaus in der alten Stadt Rožňava (deutsch Rosenau, ungarisch Rozsnyó) lag bereits zwischen dem 13. und dem 15. Jahrhundert. Während der Kuruzenaufstände war die Stadt Zentrum der Waffenproduktion. In der Folgezeit erlebte sie mehrere Brände und der Bergbau kam zum Erliegen. Die Stadtmitte erhielt ihren heutigen Charakter im 16. und 17. Jahrhundert.

Der spätrenaissancezeitliche Stadtturm hat unter der flachen Haube einen überdachten Umgang. Außerdem gibt es vier Kirchen und den klassizistischen Bischofspalast. Das Tafelbild der Anna Selbdritt in der Kathedrale zeigt im Hintergrund realistische Szenen aus Bergbau und Hüttenwesen. Im Rathaus befinden sich Ausstellungssäle.

Die frühgotische Kirche von Chyžné steht auf einem Hügel in der Dorfmitte. Sie besitzt Fresken aus dem 14. Jahrhundert und einen spätgotischen Flügelaltar von Meister Paul aus Leutschau. Der Holzglockenturm daneben stammt aus dem 18. Jahrhundert. Wandmalereien aus dem 14. Jahrhundert besitzt auch die Kirche von Koceľovce, sie gelten als die besterhaltenen in der Slowakei.

Ein besonders üppig-plüschig eingerichtetes Schloß steht in Betliar fünf Kilometer nördlich von Rožnava. Den heutigen Charakter als Jagdschloß erhielt es unter Emmanuel Andrássy zwischen 1880 und 1886. Die Geschichte des Adelssitzes reicht aber bis in das Mittalalter zurück. Das Museum zeigt die Wohnkultur des Adels mit Schwerpunkt im 18. und 19. Jahrhundert. Zu den ungewöhnlichen Reiseandenken der ehemaligen Schloßherren zählt eine 4000 Jahre alte Mumie aus Gizeh. Im Obergeschoß befinden sich 21 Wohn- und 21 Schlafzimmer. Beeindruckend ist die Privatibliothek mit fast 20 000 Bänden. 1994 wurde die letzte Restaurierung des Schlosses mit der Plakette Europa Nostra ausgezeichnet. Der 1790 gegründete Schloßpark bietet noch zwei kleinere Gebäude und reichlich Wasser (Hermes-Brunnen, Fontänen, einen künstlichen Wasserfall und einen Fischteich). Bei Betliar zweigt von der Hauptstraße eine wenig befahrene kurvige Bergstraße über Hnilec nach Spišská Nová Ves ab.

Gegenpol zum Schloß Betliar ist die Burg Krásna Hôrka fünf Kilometer östlich. Sie gehört zu den besterhaltenen slowakischen Burgen. Die trutzige Anlage
auf einem weitgehend kahlen kegelfömigen Berg hat durchaus ihren eigenen
Charme. Die sparsamere Innenausstattung in Krásna Hôrka mit schlicht gekalk-
ten Wänden ist auf andere Art ebenso geschmackvoll wie Betliar. Die Burg entstand im 13. Jahrhundert. 1642 kam sie in den Besitz der Familie Andrássy. In der
Kapelle steht der bereits 1596 entstandene Epitaph für Johann Andrássy. Im
19. Jahrhundert blieb die Burg größtenteils unbewohnt. Am Anfang des vorigen
Jahrhunderts machte Dionysius Andrássy das von ihm eingerichtete Familienmu-
seum der Öffentlichkeit zugänglich. Ein Rundgang führt durch 16 Räume mit
1500 Quadratmetern, zu sehen gibt es neben dem Mobiliar die rustikale Küchen-
einrichtung sowie verzierte Kanonen. Südöstlich des Ortes Krásnohorské Podhradie am Fuße der Burg steht das Mausoleum für Dionysius Andrássy und seine
Gemahlin Franziska Hablavcová. Es gehört zu den bedeutendsten slowakischen
Sezessionsbauten. Außerdem bietet Krásnohorské Podhradie noch eine Gemälde-
galerie mit ungarischen Porträts des 18. und 19. Jahrhunderts. Diese Sammlung
und ihr Gebäude im Sezessionsstil sind ebenfalls Dionysius Andrássy zu verdanken.

Die 1964 entdeckte Höhle Krásna Hôrka beherbergt den auch im Guiness-
Buch der Rekorde aufgeführten größten Tropfstein der Welt. Dieser Stalagmit ist
über 32 Meter hoch.

Das Andrássy-Mausoleum bei Krásnohorské Podhradie

Informačné centrum, Baníkov 32, 048 01 Rožňava, 058/732 81 01, Fax 732 48 37.

 Kursbuchstrecke 160 Zvolen-Košice über Rožňava, auch Schnellzüge fünfmal täglich (150 min bis Zvolen, 50 min bis Košice), außerdem Kursbuchstrecke 167 nach Dobšiná über Betliar (50 min).

 Bergbaumuseum Rožňava, Šafárikovo 31, Di bis Fr 8 bis 16 Uhr.

Schloß Betliar, April bis September 8 bis 17.30 Uhr, Oktober bis März 8 bis 15.30 Uhr.

Burg Krásna Hôrka (Historická hradná expozícia), April bis September 8 bis 17.30 Uhr, Oktober bis März 8 bis 15 Uhr.

Mausoleum Krásna Hôrka, April bis September 8 bis 17.30 Uhr, Oktober bis März 8 bis 15 Uhr.

Porträtgalerie Krásna Hôrka, März bis September Di bis Sa 9 bis 17 Uhr.

Höhle Krásna Hôrka (Krásnohorská jaskyňa), Zutritt limitiert, Anmeldung erforderlich, maximal zehn Personen pro Führung, 058/734 34 26, Treffpunkt an der Gaststätte Buygo in Krásnohorská Dlhá Lúka.

 In Rožňava: Hotel Čierny orol, Baníkov 17, 058/732 81 86.

Hotel Kras, Šafárikovo 52, 058/732 42 43.

In Betliar:

Appartements Barbierik, Pokroku 340, 058/798 31 09.

Chatová osada, Šafárikova 67, 058/798 32 64.

Pension Iveta, Šafárikova 28, 058/798 32 66.

In Gemerská Panica: Schlößchen Szigety, 047/552 26 06.

 Camping Pod Hradom, 15. Mai bis September, 04941 Krásnohorské Podhradie, 058/732 54 57.

Der Slowakische Karst

Seit 1995 stehen die Höhlen des Slowakischen Karstes auf der UNESCO-Welterbeliste, denn »die 712 entdeckten Höhlen zeigen eine extrem seltene Kombination zwischen tropischen und glazialen Klimaeffekten«. Würde man sich bei einem speziellen Programm sieben Besuche pro Tag zutrauen, braucht man also über drei Urlaubsmonate. Vielleicht entdeckt man bei einer solchen Tour die nächste Höhle. Es handelt sich um einen der eher seltenen Fälle einer länderübergreifenden UNESCO-Gebietsausweisung. In Ungarn schließt sich die Karstlandschaft des Aggtelek-Nationalparkes (Aggteleki Nemzeti Park) mit vier öffentlich zugänglichen Höhlen in Grenznähe an. Weiteres Landschaftsmerkmal sind trichterförmige Karsteinbrüche. Ihr Spektrum reicht von unscheinbaren Kuhlen bis zu Gebilden von 30 Meter Tiefe und 200 Meter Durchmesser.

Der Slowakische Karst bietet aber auch oberirdische Naturschönheiten und kulturelle Sehenswürdigkeiten. Auf den ersten Blick mag die Landschaft eintönig und trocken erscheinen. Niederschlagswasser versickert schnell und sammelt sich in Hohlräumen. Besonders an sonnigen Südhängen ist mit Kreuzottern zu rechnen. Auch die Gottesanbeterin kann man antreffen. Die Vegetation ist sehr farbenfroh, viele wärmeliebende Blütenpflanzen haben hier ihre nördliche Verbreitungsgrenze. Außerdem halten sich in den Eiszeiten entstandene Vorkommen von eher für Hochgebirge typischen Pflanzen.

Jasov (Jossau) besitzt eine große barocke Klosteranlage. Die Gebäude des Prämonstratenserklosters entstanden unter Franz Anton Pilgram zwischen 1750 und 1766. Das Ensemble aus Fresken und Altarbildern gehört zu den Hauptwerken Johann Lukas Krackers. Zur heute wieder als Kloster genutzten Anlage gehören eine große Bibliothek mit etwa 80 000 Bänden und ein französischer Garten. Die fast symmetrische Anlage ist untypisch für slawische Länder.

Während die meisten anderen Schauhöhlen noch vor 150 Jahren unbekannt waren, verliert sich die Erschließung der Höhle von Jasov im Dunkel der Geschichte. Es wurden Werkzeuge aus der Jungsteinzeit gefunden, und eine Inschrift von 1452 bezieht sich auf eine Schlacht der Hussiten. Die vorhang- und säulenförmigen Sinterverzierungen erreichen stellenweise beeindruckende Dicke, nur wenige Stellen sind durch die frühere Nutzung als Werkstatt beeinträchtigt. Die Höhle ist bedeutendes Winterquartier der Großen Hufeisennase, aber es wurden noch 18 weitere Fledermausarten nachgewiesen.

An den nordöstlichen Ausläufern des slowakischen Karstes am Oberlauf des Flüßchens Bodva liegt Medzev (Metzenseifen). Schönstes Gebäude ist eine 1732 umgebaute gotische Kirche mit einem überdachten Umgang unter der hübschen Turmhaube. Eine deutsche Besiedelung ist seit dem 13. Jahrhundert belegt. Im

Karstlandschaft bei Vyšný Medzev (Obermetzenseifen)

19. Jahrhundert erlebte hier das Schmiedehandwerk einen Höhepunkt. In über 100 Hammerwerken mit mehr als 500 Arbeitern wurden hauptsächlich Geräte für die Landwirtschaft hergestellt. Inzwischen funktioniert nur noch ein Hammerwerk, es wird ebenso wie die Schmiede in Moldova nad Bodvou vom Slowakischen Technikmuseum Košice betreut. Medzev ist derzeit die Stadt mit dem höchsten Anteil deutschstämmiger Einwohner in der Slowakei. Auch der hier geborene ehemalige Staatspräsident Rudolf Schuster ist Karpatendeutscher.

In der alten Bergbaustadt Štós (Stoß), acht Kilometer östlich von Medzev gelegen, arbeitete ab 1827 die größte Messerfabrikation im Habsburger Reich. Zu Štós gehört ein kleines Kurviertel im Wald. Štítnik (Schittnich), 14 Kilometer westlich von Rožňava, verfügt über eine gotische Kirche mit barocker Turmhaube und reicher Ausstattung. Die Orgel von 1492 ist die älteste erhaltene des Landes. Die zweite und größere Orgel der Kirche stammt aus dem Jahre 1776.

Nochmals 20 Kilometer westlich von von Štítnik kann man in der Dorfkirche von Chyžné einen Altar des Meisters Paul aus Leutschau von 1508 bewundern.

Die Aragonithöhle Ochtiná bei Štítnik stellt eine Ausnahmeerscheinung unter den Schauhöhlen dar. Hauptattraktion sind rosetten- oder büschelartige Kristallstrukturen von Kalziumkarbonat. Weltweit sind nur drei Aragonithöhlen bekannt. Der Prozeß der Aragonitbildung dauert noch an. Die teilweise hellen filigranen Kristalle heben sich gut von den oft farbigen oder marmorierten Höhlenwänden ab. Die Höhle wurde 1972 als letzte der zwölf großen Schauhöhlen öffentlich zugänglich gemacht.

Eine weitere Höhle befindet sich bei Gombasek, zehn Kilometer südlich von Rožňava. Entdeckt wurde sie 1951 bei Untersuchungen der dort austretenden Quelle. Einzigartig sind die makkaroniförmigen Sinterröhrchen, die dünnen Stäbchen hängen in mehreren Sälen bis zu einer Länge von drei Meter an der Decke. Das gesundheitsfördernde Mikroklima wird zur Therapie der Atemwege genutzt.

Die südlichste Schauhöhle des Slowakischen Karstes heißt Domica. Sie wurde 1926 entdeckt und ist eine der größten Flußgrotten Europas. 16 Fledermausarten wohnen hier. Die Höhlenführung gibt es in zwei Varianten, wobei die längere eine Bootsfahrt auf dem unterirdischen Fluß Styx beinhaltet. Bei niedrigem Wasserstand ist jedoch nur die kürzere Variante verfügbar. Domica besitzt eine reiche Sinterdekoration. Einmalig sind kaskadenartig angeordnete Sinterwannen besonders im sogenannten Majko-Dom. Die vom Führungspersonal vorgeschlagenen Deutungen für bizarre Steinformen sind allerdings nicht immer jugendfrei. Das gesamte Höhlensystem zieht sich bis unter ungarisches Territorium hin, wo man durch den Höhleneingang Baradla einsteigen kann.

 Bahnhöfe an der Kursbuchstrecke 160 befinden sich unter anderem in Slavec, von wo man zur Höhle Gombasek kommt, und in Dvorníky-Zádiel, dem Ausgangspunkt ins Zádiel-Tal.

 Zur Kojžovska hoľa nordöstlich von Medzev führen vier Skilifte.

 Tropfsteinhöhle Jasov (Jasovská jaskyňa), Führungen außer Mo April bis Oktober viermal täglich (letzte Führung um 14 Uhr), 15. Mai bis 15. September 9 bis 16 Uhr stündlich.

Aragonithöhle Ochtina (Ochtinská aragonitová jaskyňa), Führungen außer Mo April bis Oktober viermal täglich (letzte Führung um 14 Uhr), 15. Mai bis 15. September 9 bis 16 Uhr stündlich.

Tropfsteinhöhle Gombasek (Gombasecká jaskyňa), Führungen außer Mo April bis Oktober viermal täglich (letzte 14 Uhr), 15. Mai bis 15. September 9 bis 16 Uhr stündlich.

Tropfsteinhöhle Domica (Jaskyňa Domica), Führungen außer Mo Februar bis Dezember viermal täglich (letzte Führung um 14 Uhr), 15. Mai bis 15. September 9 bis 16 Uhr nahezu stündlich.

 Zum Felsen Jasovská skala führt eine zweistündige Runde (7 Tafeln).

Eine ganz kleine Runde gibt es bei Domica (7 Tafeln).

 Ranč Šugov, Medzev, 055/466 76 38 oder 466 76 39.

 Camping Skala, ganzjährig, Jasov, 055/466 42 42.

Tageswanderung: Zádiel-Tal

Route
Zádiel – Zádielska chata – Bezvody – Na Skale – Turniansky hrad – Zádiel.

Schwierigkeit
Sechs Stunden, relativ einfach.

Die Wanderung durch das Zádiel-Tal (Zádielska tiesňava) gehört zu den beliebtesten Routen im Slowakischen Karst. Der Sage nach versteckte sich hier König Bela IV. zur Zeit der Tatareneinfälle. Zoologen finden eines der interessantesten Schneckenvorkommen Mitteleuropas. Für Botaniker hält die Natur endemische Pflanzen bereit.
Nach dem vier Kilometer langen Canyon des Flüßchens Blatnica führt der Weg auf ein Plateau und dann auf einen Sattel. Zeitweise ist der Canyon 350 Meter tief und nur sieben Meter breit. Der ausgeschilderte Naturlehrpfad wendet sich jetzt nach rechts. Für eine Tagestour kann man aber noch den blau markierten Weg geradeaus gehen. Er führt unterhalb des Felsens Havrania skala nach Bezvody. Jetzt wendet man sich auf dem grün markierten Weg nach rechts. Durch lichte Wälder erreicht man auf den Felsen über dem Zádiel-Tal wieder den Naturlehrpfad.
Ein abermals blau markierter Weg führt zur Ruine der 1685 zerstörten Burg Turňa (Tornau) oberhalb des gleichnamigen Städtchens. Der mit Sträuchern bestandene trockene Bergrücken schiebt sich schon ins Tiefland hinein und trägt die alten Mauern auf seiner letzten Erhebung (375 Meter). An den Hängen wachsen Eichen und Kornelkirschen. Nun muß man wieder zur letzten der acht Erläuterungstafeln des Naturlehrpfades zurückgehen und von dort in den Ort Zádiel hinuntersteigen.

Variante
Folgt man vom Bergsattel am Ende des Zadiel-Tales der grünen Markierung nach links, bekommt man nach zwei bis drei Stunden im Bereich des Berges Osadník (1185 Meter) Anschluß an den Fernwanderweg Cesta hrdinov SNP, der auch als Kammweg durch die Niedere Tatra führt.

Rimavská Sobota und Cerover Gebirge

Rimavská Sobota (deutsch Großsteffelsdorf, ungarisch Rimaszombat) ist eine alte Bergbaustadt mit rechteckigem Marktplatz. Er wird gerade restauriert und bekommt einen modernen Springbrunnen. Die meisten Gebäude an ihm einschließlich der Kirchen stammen vom Ende des 18. Jahrhunderts. Etwas abseits steht eine schöne Synagoge. Eine ehemalige Kaserne beherbergt das vielseitige Regionalmuseum (Geologie, Archäologie, Geschichte, Handwerk).

Nördlich von Rimavská Sobota liegt Malé Teriakovce mit einer schönen Hussitenkirche. In Kraskovo steht eine Kirche aus dem 13. Jahrhundert mit einer Wehrmauer. Der hölzerne Glockenturm stammt aus dem 17. und die bemalte Kassettendecke aus dem 18. Jahrhundert.

Das ungarisch geprägte Städtchen Fiľakovo (ungarisch Fülek) südlich von Rimavská Sobota ist Ausgangspunkt für Wanderungen im Cerover Gebirge (Cerová vrchovina). Dieses entstand im Tertiär und ist das jüngste slowakische Vulkangebirge. Nur an wenigen Stellen auf der Welt sind so große regelmäßige Basaltkristalle zu betrachten. Auf engem Raum liegen mehrere Burgruinen beieinander (Fiľakovo, Šomoška, Hajnáčka, Soví, Hodejov, kurz hinter der ungarischen Grenze Salgó). Die meisten bieten eine weite Aussicht nach allen Seiten.

Besonders beeindruckend sind der Steinerne Wasserfall (čadičový vodopád) unterhalb der Burgruine Šomoška sowie der Vulkan Ragač. Der Weg nach Šomoška ist als Naturlehrpfad ausgeschildert. Ein weiterer Naturlehrpfad beginnt bei der Kirche von Drienčany nordöstlich von Rimavská Sobota.

Lučenec (Lizenz) 22 Kilometer westlich von Rimavská Sobota macht einen verschlafenen Eindruck. Interessant sind eine neogotische Kirche von 1853 und ein sezessionistischer Synagogenbau von 1923. Das Regionalmuseum im ehemaligen Komitatgericht berücksichtigt besonders Volkskeramik und Glaserei. Stará Halič bei Lučenec bietet eine gotische Kirche von 1300 mit einem hölzernen Glokkenturm von 1673.

Am Marktplatz von Rimavská Sobota

Nochmals 22 Kilometer westlich von Lučenec liegt Dolná Strehová. Im Schloß wurde der ungarische Dichter Imre Madách (1823–1864) geboren. Hier schrieb er auch seine ›Tragödie‹ des Menschen. Im Nachbardorf Pôtor befindet sich eine Kirche mit sehr schöner Innenraumbemalung und einer Orgel aus dem Jahre 1764.

 Informačné centrum, Hlavné 5, 979 01 Rimavská Sobota, 047/562 36 45, auch Fax.
Informačné centrum, Masarykova 14, 984 01 Lučenec, 047/433 15 13, auch Fax.

 Kursbuchstrecke 160 Zvolen-Košice über Lučenec und Fiľakovo, auch Schnellzüge fünfmal täglich, in Jesenské Abzweig der Kursbuchstrecke 174 nach Brezno über Rimavská Sobota und Tisovec.

 Regionalmuseum Gemer, Rimavská Sobota, Mihálya Tompu 24, Mo bis Fr 8 bis 16 Uhr, März bis Oktober auch Sa und So 8 bis 16 Uhr.
Stadtmuseum Fiľakovo, Hlavná 14, Di bis Fr 8 bis 12 Uhr, 13 bis 16 Uhr.
Regionalmuseum Novohrad Lučenec, Kubínyiho 3, Di bis Fr 9 bis 17 Uhr, Sa und So 10 bis 14 Uhr.

 Kúpalisko, Dolná Strehová, 047/489 71 71.

 In Rimavská Sobota: Hotel Zlatý Býk, Daxnerovo, 047/563 20 31.
Rybarský dom, Kurinec, 047/562 75 97.
In Lučenec:
Pension Zlatá Ulička, Masarykova 11, 047/432 44 68.

 Bei Rimavská Sobota: Camping Kotva-Ružiná, Juni bis 15. September, Divín, 047/439 64 41.
Bei Lučenec:
Camping Šport, 15. Juni bis 15. September, Kurinec, 047/562 56 27.

Košice und Prešov

Košice

Košice (lateinisch Cassovia, deutsch Kaschau, ungarisch Kassa) hat ›nur‹ halb so viele Einwohner wie Bratislava, nämlich 235 000, aber alle weiteren Städte der Slowakei haben weniger als halb so viele wie die Metropole der Ostslowakei. Diese ewige Nummer Zwei werten Lokalpatrioten auf, indem sie Košice aufgrund ihres von Wien unabhängigeren Charakters als die heimliche Hauptstadt der Slowakei bezeichnen. Ein starkes Wachstum der Stadt begann nach einem Aufstand von 1311, kurze Zeit später war Košice nach Buda die Nummer Zwei im damaligen Ungarn. 1369 erhielt die Stadt die älteste Wappenurkunde Europas, wählte aber 1502 ein komplizierteres Stadtwappen. Die nur bruchstückhaft erhaltenen Verteidigungsanlagen galten als die zuverlässigsten im nordöstlichen Ungarn. Angrenzende Wälder wurden zu Weingärten umgestaltet. Ein großer Brand und die Kämpfe der Reformationszeit warfen Košices Entwicklung zurück, bis um 1800 ein neuer Aufschwung einsetzte. Die Stadt bemühte sich früh um ein leistungsfähiges Verkehrsnetz, wobei Eingriffe in die historische Bausubstanz vorgenommen wurden.

Die Altstadt ist in den letzten Jahren umfassend saniert worden. Dominierendes Gebäude im Stadtzentrum ist der gotische Elisabethdom. Es handelt sich um

Tanz auf der Hlavná, der Hauptgeschäftstsraße von Košice

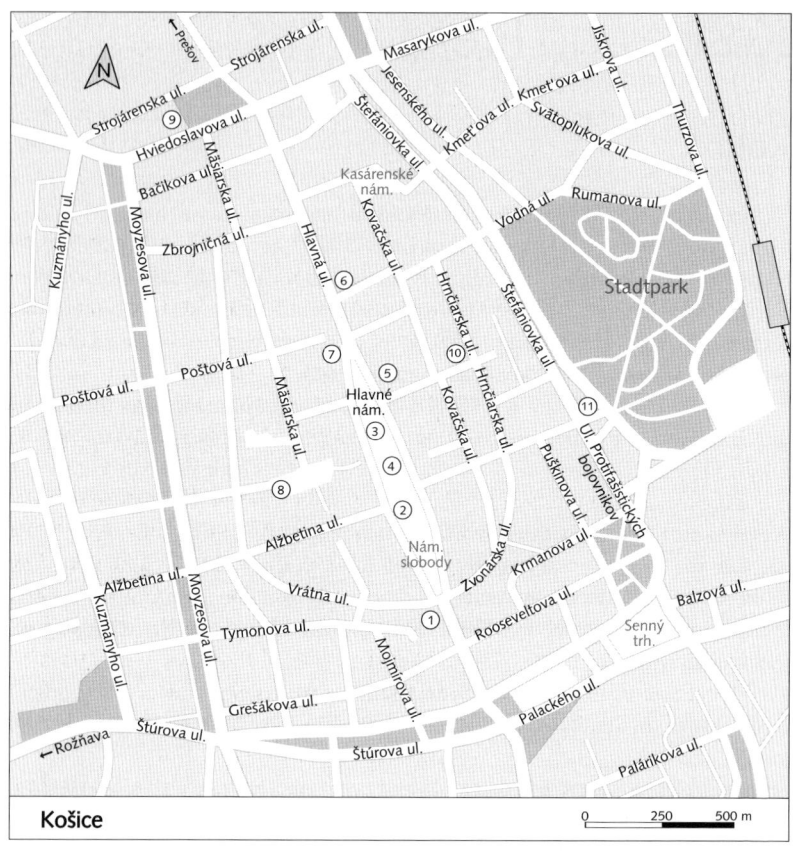

Košice

0   250   500 m

Legende

1 Tourismusinformation
2 Elisabethdom
3 Staatstheater
4 Wasserspiele
5 Jesuitenkirche
6 Franziskanerkirche
7 Rákóczi-Palast (Technikmuseum)
8 Marienkirche
9 Ostslowakisches Museum
10 Nikolausgefängnis
11 Jakab-Palast

die größte Kirche der Slowakei. Vorbilder für bestimmte bauliche Lösungen lieferten die Viktorkirche in Xanten und der Veitsdom in Prag. Der von 1474 bis 1477 angefertigte Hauptaltar stellt mit 48 Tafelmalereien das größte derartige Altarensemble dar. Im 19. Jahrhundert führten ein Erdbeben und mehrere Unwetter zur zeitweiligen Schließung des Gebäudes. Außerdem gehören die Michaelskapelle und der Urbanturm zum Dombereich. Beide stammen aus dem 14. Jahrhundert. Weiterhin befindet sich das von 1897 bis 1899 erbaute Staatstheater im Sezessionsstil auf dem linsenförmigen Platz im Zentrum. Neueste Attraktion des Platzes sind die Wasserspiele mit der singenden Fontäne. Der Wasserdruck ist synchronisiert mit der Lautstärke eingespielter Musik. Ausnahmsweise ist hier die Beschallungsanlage sehr clever installiert: an der Fontäne ist die Musik deutlich zu hören, an den angrenzenden Ladenreihen kaum noch.

An den Seiten des Platzes sieht man weitere Sakralbauwerke und repräsentative Gebäude. Die Jesuitenkirche fällt durch ihre ruhige Fassade auf. Im dazugehörigen Kloster hatte zeitweise die Universität ihren Sitz. Zwei Straßenecken weiter steht die Franziskanerkirche mit ihrem Kloster. Das Levočer Haus mit breiten Rippengewölben beherbergte eine von der Stadt betriebene Gaststätte. Das Rathausgebäude dient als Bibliothek. Der Forgách-Palast gehört einer Bank. Im Rákóczi-Palast findet man das Hauptgebäude des Slowakischen Technikmuseums.

An Seitenstraßen westlich des Platzes liegen die zu einer Konzerthalle umgebaute Synagoge und die frühgotische Marienkirche mit dem Dominikanerkloster. Am nördlichen Ende der Altstadt befindet sich das große Hauptgebäude des Ostslowakischen Museums. Es zeigt unter anderen den als Košicer Goldschatz bekannt gewordenen kostbaren Münzenfund. Neben dem Gebäude steht die Holzkirche aus Kožuchovce mit schönen Wandmalereien. Zum Museum gehören auch die Henkerbastei (Geologie, Zoologie) und das Nikolausgefängnis (Mittelalter). Am ehemaligen Stadtgraben steht der Jakab-Palast. Sein romantischer Bauherr benutzte ausschließlich übriggebliebene Steine der Domsanierung.

Budimír und Kysak liegen zwischen Košice und Prešov. Das klassizistische Schloß in Budimír wird vom Technikmuseum für wechselnde Ausstellungen benutzt. Bei Kysak gibt es eine Burgruine.

 Informačné centrum, Hlavná 59, 04001 Košice, 055/625 88 88 oder 625 45 02, Fax 623 09 09, Internet-Zugang für Besucher.

Košice ist der wichtigste Verkehrsknotenpunkt der Ostslowakei, Hauptbahnhof (Kursbuchstrecken 160, 169, 180, 188) und Busbahnhof liegen östlich der Altstadt. Es gibt bequeme und preiswerte Fahrrad-Taxis in der Innenstadt.

 Ostslowakisches Museum (Východoslovenské múzeum), Di bis Sa 9 bis 17 Uhr, So 10 bis 13 Uhr: Hauptgebäude, Hviezdoslavova 3; Numismatische Sammlung, Maratónu mieru; Henkerbastei, Hrnčiarska; Nikolausgefängnis, Hrnčiarska. Slowakisches Technikmuseum (Slovenské technické múzeum),

Hlavná 88, Di bis Fr 8 bis 17 Uhr,
Sa 9 bis 14, So 12 bis 17 Uhr.

 Eine Rodelbahn und sechs Skilifte findet man in Kavečany,
dort gibt es auch gespurte Loipen.

 Bomba, saftige Steaks, Hlavná
5, 055/623 00 09.

Caligula Pub and Café, moderne
Einrichtung, Čajkovského 4,
055/622 79 30.

Jazz Pub, auch Livemusik,
Kováčska 37, 055/623 04 67.

Kaviareň Slávia, nostalgisches Kaffee-
haus, Hlavná 63, 055/623 31 90.

Lampáreň, günstiges Kellerlokal,
Hlavná 155, 055/622 49 95.

Nero Pub and Restaurant,
slowakische Spezialitäten,
Moyzesova 22, 055/622 20 71.

Sedliacky dvor, slowakische
Spezialitäten, Biela 3, 055/622 04 02.

Zlatá Hus, gehobene Preisklasse,
Gänsespezialitäten, Hlavná 78,
055/622 64 72.

 Hotel Centrum, Južná trieda 2
A, 055/678 22 57.

Hotel Europa, Protifašistických bojni-
kov 1, 055/622 38 97.

Hotel Ranč, Šebatovska 4,
055/678 30 03.

Hotel Slovan, gehobene Preisklasse,
Hlavná 1, 055/622 73 78.

Pension Atlantic, Rázusova 1,
055/622 65 01.

Pension Krmanová, Krmanová 14,
055/623 05 67.

Pension Rozália, Oravská 14,
055/633 97 14.

 Camping Salaš Barca,
ganzjährig, Košice, Alejová,
055/623 33 98.

Camping Hrabina, 15. Mai bis
September, Malá Ida, 055/685 31 52.

Camping Jazero, Juni bis September,
Čaňa, 055/699 92 80.

Die Umgebung von Košice

Etwa 25 Kilometer nordöstlich von Košice liegt Herľany (Herlein). Der dortige Geysir geht auf Bohrungen der Jahre zwischen 1870 und 1875 zurück. Anfangs wurde er etwa alle 15 Stunden aktiv. Jetzt spritzt sein kaltes Wasser nur noch alle 34 Stunden eine halbe Stunde lang über 20 Meter hoch.

In Dubník am Kamm des Sovarer Gebirges (Slanské vrchy) wurde 1771 der mit 607 Gramm größte Opal der Welt gefunden. Die alten Opalgruben beherbergen zwölf Fledermausarten und dürfen seit einigen Jahren von Touristen wieder betreten werden. Am Südende des Gebirges steht die Burgruine Slanec. Bei Slanec und Čaňa befinden sich beliebte Badeseen.

Ein Aufenthalt in Košice läßt sich gut mit einem Besuch Nordostungarns verbinden. Die Bahnlinie nach Miskolc führt über eine verträumte Grenzabfertigung und durch weite Sonnenblumenfelder.

Prešov

Prešov (lateinisch Eperjessinum, deutsch Eperies, seltener Epires oder Preschau, ungarisch Eperjes) hat eine bewegte Geschichte. Nach dem Mongoleneinfall wurde die Stadt ab 1248 vor allem von deutschen Siedlern aufgebaut. Prächtige Fassaden am Marktplatz und Reste der Befestigungsanlage zeugen von dieser Blütezeit. Die heutige Gliederung des Stadtzentrums war im 15. Jahrhundert abgeschlossen. Für den Weinhandel wurden mitunter mehrgeschossige Keller angelegt. Im 17. Jahrhundert war die Stadt wieder hart umkämpft. Die Belagerung endete 1685 mit der grausamen Hinrichtung von 24 Gegnern der Habsburger Herrschaft (Eperieser Blutgericht). Der gute Ruf des Evangelischen Lyzeums brachte der Stadt überschwengliche Vergleiche mit Athen ein. 1919 wurde in Prešov eine Slowakische Räterepublik proklamiert. In der Geschichtsschreibung gilt diese kurze Phase von wenigen Wochen als erster eigenständiger slowakischer Staat. Heute hat die Stadt 93 000 Einwohner.

Der Turm der Nikolauskirche in Prešov

Der linsenförmige Marktplatz ist von Bürgerhäusern umgeben. Es sind spätgotische Gebäude auf langen Grundstücken. Zwischen ihnen befindet sich das alte Záborský-Theater. Im Keller des Rathauses ist ein kleines neues Weinmuseum eingerichtet. Das sogenannte Rákóczi-Haus zeigt historische und naturwissenschaftliche Ausstellungen. Dem Thema Brandschutz sind eigene Räume gewidmet. Die Scharosch-Galerie zählt zu den ältesten Regionalgalerien des Landes. In der südlichen Spitze des Platzes

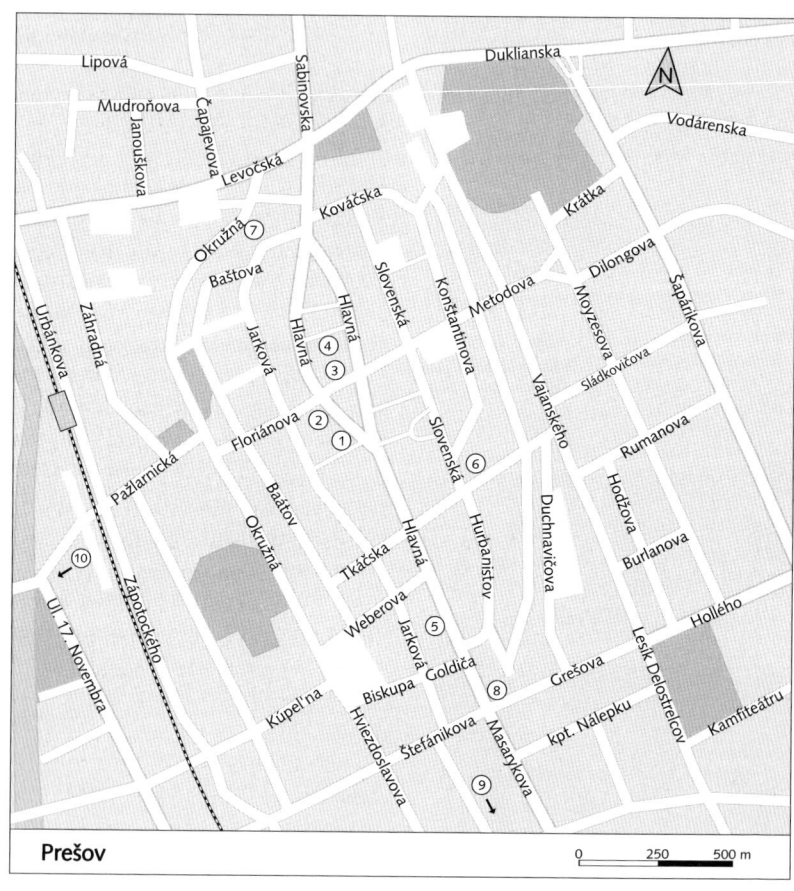

Prešov

0 250 500 m

Legende

1 Tourismusinformation
2 Rathaus (Weinmuseum)
3 Nikolauskirche
4 Evangelische Kirche
5 Johannesdom

6 Josefskirche
7 Synagoge
8 Záborský-Theater
9 Alexander-Newski-Dom
10 Kalvarienberg

befindet sich in einer kleinen Grünanlage die Neptunfontäne. Zu den Sakralbau-
werken des Zentrums gehören die gotische Nikolauskirche mit Schnitzereien des
Meisters Paul aus Leutschau, die spätrenaissancezeitliche Evangelische Kirche
mit Sängertribünen, das Evangelische Lyzeum mit der Dreifaltigkeitssäule dane-

ben, der gotische-barocke Johannesdom mit renaissancezeitlicher Klosteranlage und die gotische Josefskirche mit frühbarockem Franziskanerkloster.

Einige Reste der Stadtmauer sind erhalten geblieben. In einer Ecke an der nördlichen Spitze der Altstadt steht ein im Jugendstil errichtetes Bankgebäude mit reicher Verzierung durch Plastiken und Reliefs. Außerhalb der Stadtmauer befinden sich der Alexander-Newski-Dom mit seinen Zwiebeltürmen und der Kalvarienberg. Das Kalvarienberg-Ensemble besteht aus der Kreuzkirche vom 18. Jahrhundert und zwölf später errichteten Kapellen. Am Legionärsplatz steht das neue Záborský-Theater. Die Synagoge im maurischen Stil nordwestlich des Marktplatzes beherbergt das Jüdische Kulturmuseum.

Zum Stadtgebiet von Prešov gehört seit 1970 Solivar (Salzburg) mit seiner alten Salzfabrik. Sie war zeitweise führend in Europa und gehört zu den bedeutensten technischen Denkmalen der Slowakei. Dokumente belegen die Salzgewinnung seit dem 13. Jahrhundert. Die zentralen Produktionsgebäude mit dem mehrstöckigen Göpelwerk gehen auf das 17. Jahrhundert zurück. Hier wurden Kalbsledersäcke mit jeweils etwa 600 Litern Salzsole aus 135 Metern Tiefe nach oben gezogen. Später wurde die Eingangsfront des Göpelbaus mit einer Arkadenreihe und einem Turm verschönert und bei einer Erweiterung im 19. Jahrhundert entstand ein durchdachtes städtebauliches Gesamtkonzept der Vorstadt mit klassizistischen Gebäuden. Inzwischen ist die Produktion eingestellt und die alten Fabrikgebäude werden für museale Zwecke rekonstruiert. Der Stadtteil Soľná Baňa (Salzgrube) ist bekannt für seine Klöppelspitzen.

 Informačné centrum, Hlavná 67, 08001 Prešov, 051/773 11 13, auch Fax.

 Kursbuchstrecke 188 Plaveč–Košice (30 min bis Košice), 14 mal täglich, in Richtung Žilina muß man in Kysak umsteigen.

 Heimatmuseum, Hlavná 86, Mai bis Oktober Di bis Fr 9 bis 17 Uhr, Sa 9 bis 13 Uhr, So 13 bis 17 Uhr, November bis April Mo bis Fr 9 bis 16 Uhr.
Scharosch-Galerie, Hlavná 51, Di bis Fr 9 bis 17 Uhr, Do bis 18 Uhr, So 14 bis 18 Uhr.
Weinmuseum, Floriánova 1, Mo bis Fr 8 bis 19 Uhr, Sa 8 bis 12 Uhr.

Jüdisches Kulturmuseum, Švermova 32, Di und Mi 11 bis 16 Uhr, Do 15 bis 18 Uhr, So 13 bis 17 Uhr.

 U richtára, gutes Kellerlokal, Hlavná 771, 051/773 32 36.

 Berghotel Canyon, Lipovce 158, 051/791 82 31 oder 791 82 01.
Pension Átrium, Floriánová 4, 051/773 39 52.
Jugendherberge Sen, Vajanského 65, 051/773 31 70.

Die Umgebung von Prešov

Westlich von Prešov liegen Svinia mit einem Barockkastell und Fričovce mit einem Renaissanceschloß. Das Kastell beherbergt die Landwirtschaftsausstellung des Heimatmuseums Prešov. Etwas südlicher findet man Brežany mit der 1733 fertiggestellten Lukaskirche. Die untypische kleine Holzkirche hat ein wölbungsfreies Satteldach. Zur Isolation zwischen den Balken dient getünchter Lehm. Ein unten offener Turm ist angesetzt.

In Veľký Šariš (Großscharosch) nördlich von Prešov stand einst eine der größten slowakischen Burgen, allerdings ist sie bereits 1678 ausgebrannt. Ein kurzer Naturlehrpfad mit sechs Erläuterungstafeln widmet sich dem unter Naturschutz stehenden Burgberg. Auch am Nordende des Sovarer Gebirges führt ein kurzer Naturlehrpfad zu einem ehemaligen Vulkan (Oblík, 925 Meter).

Hanušovce nad Topľou östlich von Prešov bietet ein Barockschloß mit Mansardendach und ein Renaissancekastell. Das Heimatmuseum im Schloß zeigt Ausstellungen zu Geschichte und Natur. Das Kastell dient heute als Rathaus und Kunstschule.

Nordwestlich von Straße und Bahnlinie zwischen Stará Ľubovňa und Prešov befindet sich der touristisch wenig erschlossene Bergrücken Čergov. Er hat einen über 30 Kilometer langen Kamm und besitzt mehrere schöne Aussichtspunkte in der Höhenlage um 1100 Meter. Drienica ist das Wintersportzentrum des Gebirges.

Die Nikolauskirche in Lipany (Siebenlinden), etwa 30 Kilometer nordwestlich von Prešov ist reich mit alten Altären und Schnitzereien ausgestattet. Gleiches gilt für die Johanneskirche in Sabinov (Zeben), in der mehrere Altäre aus der Zeit zwischen 1500 und 1520 zu sehen sind. Einige Schnitzereien stammen aus der Werkstatt des Meisters Paul aus Leutschau. Im ehemaligen Piaristenkloster von Sabinov befindet sich das Stadtmuseum.

 Heimatmuseum Hanušovce, Zámocká 5, Mo bis Fr 7.30 bis 15 Uhr, mit Mittagspause, Sa und So 8 bis 12 Uhr. Landwirtschaftsausstellung Svinia (Expozícia od háku po kombajn), Di bis So 10 bis 16 Uhr. Stadtmuseum Sabinov, Di bis Fr 10 bis 16, Sa und So 9 bis 13 Uhr.

 Ein Sessellift und neun Skiaufzüge direkt in Javorina Drienica, ebenfalls ein Sessellift und neun Skiaufzüge am Berg Lysá.

 Camping Dubina, ganzjährig, Chminianska Nová Ves, Školská, 051/779 51 90.

Die östlichsten Regionen

Bardejov und Bardejovské Kúpele

Der frühe Reichtum Bardejovs (deutsch Bartfeld, ungarisch Bártfa) resultierte aus Handelsprivilegien und Handwerk, vor allem Leinenproduktion und Töpferei. Obwohl mehrere Brände leichte Umgestaltungen der historischen Bausubstanz nach sich zogen, gilt das Stadtzentrum als der besterhaltene mittelalterliche Stadtkern der Slowakei. Im Jahr 2000 wurde die Stadt mit ihren 31 000 Einwohnern in die UNESCO-Welterbeliste aufgenommen.

Die stattliche Ägidiuskirche am Marktplatz erstaunt mit schönen Netzgewölben und elf gotischen Flügelaltären, so viele gibt es sonst in keiner anderen Kirche Mitteleuropas. Die ursprüngliche Anordnung der Altäre, die zwischen 1450 und 1505 entstanden, wurde beibehalten.

Der rechteckige Marktplatz mit Kopfsteinpflaster fällt zur Kirchenseite hin leicht ab. Er wird umrahmt von farbenfroh gestrichenen zweistöckigen Bürgerhäusern mit hohen Dächern und Tordurchfahrten. Mitten auf dem Platz stehen die Floriansfontäne sowie das 1511 fertiggestellte alte Rathaus. Es ist das erste Renaissancegebäude des Landes und gehört heute ebenso zum Regionalmuseum wie der sogenannte Gantzughof gegenüber an der östlichen Seite des Platzes und das Haus mit dem vorgezogenen klobigen Bogengang in der südwestlichen Ecke. Ein weiteres Eckhaus westlich vom Rathaus beherbergt eine schon 1433 erwähnte Weinstube. Der Keller war das Tokajer-Lager der Stadt. In den Seitenstraßen findet man das Henkerhaus und die Johanneskirche mit dem Franziskanerkloster. Außerdem gibt es zwei Schulgebäude mit Renaissancefassaden. Bekanntester Pädagoge in Bardejov war Leonhard Stöckel (1510–1560). Der Schüler von Luther und Melanchthon wurde 1539 Rektor der Lateinschule seiner Heimatstadt.

Die Stadtbefestigung entstand zwischen 1352 und 1439. Trotz einiger fehlender Basteien zählt sie zu den besterhaltenen gotischen Stadtbefestigungen. Schon um 1376 existierte eine zusammenhängende Steinmauer mit Schießscharten. Außerhalb der Stadtmauern befinden sich ein Komplex ehemaliger jüdischer Bäder und Synagogen aus dem 18. Jahrhundert sowie weitere Kirchen.

Zum heutigen Stadtgebiet zählt Bardejovské Kúpele (Bad Bartfeld). Der Badeort nördlich von Bardejov war in der österreichisch-ungarischen Monarchie bekannt und beliebt. Die heutigen Kurgäste kommen größtenteils aus slawischen Ländern. Mit einem lustigen Gemisch ihrer einander ähnelnden Sprachen scheinen sie sich meistens zu verstehen. Der kleine Skansen Bardejovské Kúpele ist der älteste der Slowakei. Er wurde 1965 eröffnet und zeigt neben zahlreichen anderen

Gebäuden gleich zwei versetzte Holzkirchen. Bereits 1932 war die Marienkirche von Mikulášova auf das spätere Skansengelände geholt worden. Sie fällt durch schlanke Türmchen aus relativ hellem Holz auf. Wuchtiger wirkt die 1967 versetzte Niko-lauskirche aus Zboj. Zu den technischen Denkmalen gehören landwirtschaftliche Anlagen (Schüttböden) sowie ein Bohrer zur Herstellung hölzerner Wasserrohre. Vielseitig sind die zeitweise im Skansen vorgeführten Handwerke, zum Beispiel Töpfern mit der Tretscheibe, Pfeifenherstellung oder Honigkuchenbäckerei.

Als Wanderziele in der Umgebung Bardejovs eignen sich der Berg Stebnícka Magura (900 Meter) und die Ruine der 1684 zerstörten Burg Zborov. Ein als Naturlehrpfad ausgeschilderter Rundweg von zwei Stunden führt von Bardejovské Kúpele aus zu diesen beiden Sehenswürdigkeiten. Vom Stebnícka Magura aus kann man bis zur Hohen Tatra blicken. Der Burgberg Zborov mit seinen alten Eichenwäldern steht unter Naturschutz. Zborov selbst bietet eine unveränderte gotische Kirche und ein renaissancezeitliches Kastell. Im Naturschutzgebiet Becherovská tisina an der polnischen Grenze befindet sich das größte Eibenvorkommen im Karpatengebiet. Gleich daneben liegt das Wintersportzentrum Regetovka.

 Informačná kancelária, Radničné 21, 08501 Bardejov, 054/472 62 73, mit Fax

 Kursbuchstrecke 194 Prešov – Bardejov (70 min, zehnmal täglich).

 Regionalmuseum Scharosch, Mai bis September Di bis So 9 bis 18 Uhr, Oktober bis April 8 bis 16.30 Uhr, kurze Mittagspause.

Ausstellung der Volksbaukunst von Oberscharosch (Skansen Bardejovské Kúpele), Mai bis September Di bis So 9 bis 18 Uhr, Oktober bis April 8 bis 15.30 Uhr, kurze Mittagspause.

 Es gibt sechs Skilifte in Regetovka.

 Pension Rolland, Radničné 12, 054/474 85 38.

Die Ägidiuskirche am Marktplatz von Bardejov

Svidník und Duklapaß

Svidník an der Mündung der Ladomirka in die Ondava ist eine junge Stadt. Die vorher hier gelegene Siedlung war durch den zweiten Weltkrieg fast völlig zerstört worden, das Stadtrecht wurde erst 1964 erteilt. Zu den Sehenswürdigkeiten zählen die Kirchen und der Skansen. Eine moderne orthodoxe Kirche wurde 1994 errichtet. Der Skansen gehört mit einer Geschichtsausstellung und der Dezider-Milly-Galerie zum Ruthenischen Kulturmuseum. Im Amphitheater finden die jährlichen Kulturfesttage dieser Volksgruppe statt. Von den vorgesehenen fast 50 Bauten der Ruthenen stehen im Skansen inzwischen 36. Dazu zählen Wohn- und Wirtschaftsbauten, die teilweise mit Stroh gedeckt sind, eine Wassermühle, eine Wassersäge, eine Schmiede, eine Schenke, eine Schule und die Dorfkirche aus Nová Polianka.

Von Svidník zum Duklapaß (Duklianský priesmyk, 563 Meter) sind es etwa 21 Kilometer. Schon im ersten Weltkrieg war der Duklapaß heftig umkämpft. Ende 1944 brauchte die Rote Armee für diese Strecke sieben Wochen. Das Nazi-Regime wollte schon allein der symbolischen Bedeutung wegen ein Zurückweichen auf slowakischem Gebiet unbedingt verhindern. Außerdem bieten Berglagen strategische Vorteile. Die Schlachten am Duklapaß gehören zu den größten des Zweiten Weltkrieges. Verschiedene Quellen machen unterschiedliche Angaben zur Zahl der Gefallenen. Insgesamt dürften es um die 150 000 gewesen sein. Die Hauptlast trug die vorrückende Rote Armee. Am 20. September 44 wurde Kalinov

Im Militärmuseum von Svidník

östlich vom Paß als erstes slowakisches Dorf befreit. Am 6. Oktober wurde der Paß selbst erobert.

Vom 1974 errichteten Aussichtsturm kann man das damalige Schlachtfeld übersehen. In der Gegend gibt es beiderseits der slowakisch-polnischen Grenze zahlreiche Soldatenfriedhöfe und teilweise monumentale Denkmale. Ein Friedhof für über 3000 deutsche Soldaten gehört zum Ort Hunkovce. Im Dolina smrti (Tal des Todes) befindet sich die rekonstruierte Stellung einer Panzerkompanie im Angriff. Auch in Svidník selbst kann man sich in einem Militärmuseum über die damaligen Ereignisse informieren. Auf dessen Freigelände steht neben dem legendären Russenpanzer T-34 unter anderem ein Flugzeug vom Typ Douglas C-47 Dakota.

In den Wäldern am Duklapaß wurden in letzter Zeit wieder Elche und Biber gesehen.

 Ruthenenisches Kultur-museum (mit Skansen), Centrálna 258, Di bis Fr 8.30 bis 16 Uhr, Sa und So 10 bis 16 Uhr.

Militärmuseum, Bardejovská 25/414, Di bis So 8 bis 16.30 Uhr.

 Hotel Rubín, Centrálna, 054/7522 42 10 oder 752 28 78.

Holzkirchen bei Snina, Bardejov und Svidník

Die meisten dieser Kirchen wurden als griechisch-katholische Gotteshäuser errichtet. Typisch ist eine Aufteilung in drei Räume. An den Gemeinderaum schließt sich westlich der Turm und östlich der durch eine Ikonenwand abge-trennte Altarraum an. Durch die reich verzierte Mitteltür dieser Ikonostase darf nur der Priester gehen. Einige Motive wie phantasievolle Darstellungen des Jüngsten Gerichtes kehren fast in allen Kirchen wieder.

Bei Snina, der östlichsten Stadt der Slowakei befinden sich folgende interessante Kirchen:
Topoľa: Michaelskirche, 1780, tiefgezogenes Dach, umlaufende Außengalerie.
Ruský Potok: Michaelskirche, wahrscheinlich 1740, kyrillische Liturgie-Bücher.
Uličské Krivé: Michaelskirche, 18. Jahrhundert, barocke Einrichtung.
Kalná Roztoka: Basiliuskirche, 18. Jahrhundert, verputzt, dicker Turm.
Hrabová Roztoka: Basiliuskirche, 18. Jahrhundert, passender Zaun, barocke Einrichtung.

Ruská Bystrá: Nikolauskirche, 1730, wertvoller Altar.
Inovce: Michaelskirche, 1836, schlanke Türmchen.

Rund um Bardejov liegen:
Jedlinka: Marienkirche, 1763, farbenfrohe Ikonostasis.
Frička: Michaelskirche, 18. Jahrhundert, dominanter Turm.
Lukov-Venécia: Cosmas-Damian-Kirche, 1709, früher Langhaustyp, wertvolle
  Ikonostasis.
Krivé: Lukaskirche, 1826, schöne Ikonen.
Hervatov: Franziskuskirche, 15. Jahrhundert, spätgotisch, barocke
  Wandmalereien von 1665.
Tročany: Lukaskirche, wahrscheinlich 1739, barock, spitze Türmchen.

Südlich von Svidník findet man:
Kožany: Simeonskirche, 18. Jahrhundert, ausgeprägte Dreiraum-Aufteilung,
  beim Jüngsten Gericht werden die Höllenkandidaten in der Manier von Hie-
  ronymus Bosch geröstet, danach dürfen die Edelleute weiter Karten spielen.
Potoky: Paraskieva-Kirche, 1773, schlanke Turmspitzen.

Nordwestlich von Svidník liegen:
Dobroslava: Paraskieva-Kirche, 1705, Kapellen 1932 angebaut,
  große Ikonostasis.
Ladimirová: Michaelskirche, 1742, schlanke Turmspitzen, alter Friedhof.
Šemetkovce: Michaelskirche, 1752, zusätzlicher separater Glockenturm.
Hunkovce: Marienkirche, 18. Jahrhundert, komplizierte Zwiebeltürme, alter
  Friedhof.
Krajné Čierno: Basiliuskirche, 18. Jahrhundert, ausgeprägte Dreiraum-
  Aufteilung.
Korejovce: Marienkirche, 1764, zusätzlicher separater Turm mit drei Glocken.
Nižný Komárnik: Marienkirche, 1938, klassizistische Einflüsse, höhere
  Mittelkuppel.
Vyšný Komárnik: jüngste Holzkirche von 1946, dominanter Turm.
Bodružal: Nikolauskirche, 1658, ausgeprägte Dreiraum-Aufteilung.
Príkra: Michaelskirche, 1777, schöne Ikonen.
Miroľa: Marienkirche, 1770, ausgeprägte Dreiraum-Aufteilung.

Von Medzilaborce nach Humenné

Die nordöstlichste slowakische Stadt Medzilaborce ist durch eine direkte Bahnverbindung mit Prag verknüpft. Seit 1999 fahren auch wieder Züge in das attraktive polnische Städtchen Sanok. Trotzdem galt und gilt Medzilaborce als abgelegen und im wahrsten Sinne des Wortes hinterwäldlerisch. Bis 1945 gab es kein einziges Radio. Heute kennen Touristen die Stadt hauptsächlich wegen des Warhol-Museums. Die Eltern des US-amerikanischen Pop-Art-Künstlers Andy Warhol (eigentlich Andrew Warhola, 1928–1987) kommen aus Miková. In seinem Testament vermachte Warhol der nächstgelegen Stadt Medzilaborce einige Originale. Das 1991 eröffnete Museum befindet sich in einem modernen Gebäude. Es ist die einzige ständige Warhol-Ausstellung in Europa. Auch Kunstwerke anderer Familienmitglieder sind zu sehen.

43 Kilometer südlich von Medzilaborce befindet sich Humenné (deutsch Homenau, ungarisch Homonna). Ein hübsches Renaissanceschloß mit einer Fallbrücke beherbergt das Heimatmuseum. Das einheitliche barocke Aussehen sowie der Park entstanden erst um 1900 unter Alexander Andrássy. Der Bau mit quadratischem Grundriß und fünf Türmen verlor bei einem Brand 1946 nahezu die gesamte Einrichtung. Älteste Exponate der heutigen Ausstellung sind keltisch-dakische Silbermünzen. Gleich rechts hinter dem Schloß beginnt das zum Museum gehörende Gelände eines Skansens. Wertvollster Bau ist die Holzkirche

Schloß Humenné

aus Nová Sedlica im äußersten Zipfel des polnisch-ukrainischen Dreiländerecks. Sie wurde 1764 errichtet und 1971 in bedenklichem Zustand von der Kirchengemeinde an das Museum verkauft. Nach ihrer Umsetzung wurden bis 1982 noch je sieben regionaltypische Wohnhäuser und Wirtschaftsbauten in den kleinen Skansen verlagert.

Ein junges Beispiel der Sakralarchitektur befindet sich dagegen in Kamenica nad Cirochou. Das Trauerhaus am Dorffriedhof entstand 1997 und stellt eine moderne Variation des Karpatenbaustiles dar.

Zwischen Humenné und Vranov nad Topľou (deutsch Vronau an der Töpl, ungarisch Varanno) liegen die beiden Burgruinen Brekov und Čičava. Nordwestlich von Humenné befindet sich der Stausee Veľká Domaša. Er ist nach dem größten der in den Fluten versunkenen Orte benannt. In Bžany und Kelča stieg der Wasserspiegel jeweils bis knapp unterhalb der Kirche. Manche Landkarten suggerieren einen Bergwald rund um den Stausee. Die ruhige Hauptstraße am östlichen Ufer führt jedoch eher durch eintönige Felder.

 Informačné centrum CK UNITUR, Strojárska 102, 06901 Snina, 057/768 57 35, Fax 768 22 85.

 Kursbuchstrecke 190 Humenné–Košice über Michalovce, (110 min, sechsmal täglich), umsteigen in Michaľany. Kursbuchstrecke 191 Humenné–Medzilaborce (80 min, elfmal täglich). Kursbuchstrecke 193 Humenné–Prešov (110 min, achtmal täglich). Kursbuchstrecke 196 Humenné–Stakčín (50 min, elfmal täglich).

 Kunstmuseum der Familie Warhol (Múzeum moderného umenia rodiny Warholovcov), Di bis So 10 bis 17 Uhr.

Heimatmuseum Humenné (Schloßmuseum und Skansen) Mai bis November Di bis Fr 10 bis 17 Uhr, Sa 9 bis 13 Uhr, So 13 bis 17 Uhr, Dezember bis April Di bis Fr 9 bis 16 Uhr.

 In Humenné gibt es eine dreistündige Runde zum Humenský Sokol (9 Tafeln).

 Hotel Armales, Duchnovičova, Stakčín, 057/767 42 67. Hotel Laborec, Warhola, Medzilaborce, 057/732 13 07. Hotel Vihorlat, Snina, Strojárska 2206, 057/762 27 07. Hotel Kamei, Snina, Sninské Rybniky, 057/768 21 87. Pension Štart, Mierova 20, Medzilaborce, 057/732 18 55.

Michalovce und Umgebung

Michalovce (deutsch Großmichel, ungarisch Nagymihály) liegt am nördlichen Ende des Theißtieflandes. Die Stadt war Zentrum zweier großer Bauernaufstände 1631 und 1832. Ihr heutiger Charakter ist geprägt vom Grenzhandel mit der Ukraine.

Michalovce besitzt unter anderem eine gotische und eine neobyzantinische Kirche. Auch einige Jugendstilelemente findet man im Stadtgebiet. Das Zempliner Museum ist in einem barock-klassizistischen Schloß untergebracht. Das heutige Gebäude entstand durch Umbau einer mittelalterlichen Wasserburg. Zum Schloß am Fluß Latorica gehört ein ausgedehnter Park. Der vielseitige Museumsfundus besteht aus naturwissenschaftlichen, archäologischen, numismatischen, ethnographischen, historischen und kunsthistorischen Objekten.

Der Stausee Zemplínska šírava östlich der Stadt ist ein beliebtes Erholungsgebiet der Slowaken. Der große Sandstrand am Nordufer vermittelt von allen Gegenden des Landes am ehesten das Bild eines Badeurlaubsgebietes. Die Sonne scheint durchschnittlich 2200 Stunden jährlich.

 Linienbusse verkehren von Michalovce in die Ukraine, nach Ushgorod und teilweise weiter bis Mukačevo. Es ist möglich, für etwa 50 Dollar ein Visum direkt am Übergang zu erwerben. Bezüglich Infrastruktur und Verständigung ist die Ukraine aber ein komplizierteres Reiseland als die Slowakei, das fängt bei Tankstellen beziehungsweise beim Fahrkartenkauf an.

 Zempliner Museum, Kostolne 1, Di bis Fr 9 bis 16 Uhr, April bis September auch Sa 9 bis 12 Uhr, So 14 bis 17 Uhr.

 Rund um das nördliche Ufer des Zemplínska šírava gibt es neun Campingplätze.

Tageswanderung: Vihorlat

Mitunter wird das Vihorlat-Gebirge als populärstes Wandergebiet östlich von Košice und Prešov bezeichnet. Ein großer Teil einschließlich des höchsten Berges (Vihorlat, 1076 Meter) ist aber als Armeegelände versperrt. Deshalb gibt es nur drei markierte Wanderwege. Rundwanderungen auf ihnen sind von Remetské Hámre aus möglich. An den westlichen Ausläufern des Vihorlat-Gebirges liegen die beiden Burgruinen Vinné in Richtung Michalovce und Jasenov in Richtung Humenné.

Route
Remetské Hámre – Morské oko – Sninský kameň – Nežabec – Strihovské sedlo – Remetské Hámre.

Schwierigkeit
Sieben Stunden, auf den letzten Metern zum Sninský kameň muß man Leitern benutzen.

Der Weg zum Andesitgipfel Sninský kameň (1005 Meter) oberhalb des Bergsees Morské oko (Meerauge, 618 Meter) entspricht einem Teil des in zwei Abschnitte gegliederten Naturlehrpfades. Der erste Abschnitt führt von Remetské Hámre (276 Meter) zum See. Der zweite schließt daran an und verläuft über den Berg zu den Teichen Sninské rybníky. Der Naturlehrpfad ist neben seiner eigenen Beschilderung noch blau markiert. Der Aufstieg durch die Laubwälder mit dem weiten Ausblick zu benachbarten Gebirgen und in das Theißtiefland lohnt die Mühe. Die Beschreibungen auf den 17 Tafeln (davon 13 bis zum Sninský kameň) erwähnen viele geschützte Waldblumen.

Auf dem Sninský kameň sollte man vom Naturlehrpfad nach rechts abbiegen und dem rot markierten Weg folgen. Er führt über den östlichen Teil des Gebirgskammes. Der übernächste Gipfel heißt Nežabec (1023 Meter) und ist der höchste Punkt der Wanderung. Man blickt über kleine Dörfer bis in die Ukraine hinein. Hier knickt der rote Gipfelwanderweg in südliche Richtung ab. Die Berge werden ganz allmählich niedriger (991 Meter, 981 Meter, 978 Meter) und schließlich fällt der Weg steiler zum Strihovské sedlo (644 Meter) ab. Ein gelb markierter Weg wieder nach rechts führt nun zum Ausgangspunkt zurück.

Varianten
Folgt man dem Naturlehrpfad weiter als bis zum Sninský kameň oder dem Gipfelweg weiter als bis zum Strihovské sedlo, wird man den Ausgangspunkt nicht mehr am gleichen Tag erreichen.
Eine etwas kürzere Runde ohne zusätzliche Aussichtspunkte entsteht, wenn man am Sninský kameň oder schon am davor gelegenen Bergsattel den roten Weg nach links statt nach rechts einschlägt.

Das Theißtiefland

Das Theißtiefland (Východoslovenská nižina oder Východoslovenská rovina) ist eine Niederung südlich von Michalovce mit zahlreichen Sumpfgebieten. Im Bereich des Flusses Latorica findet man das einzige slowakische Landschaftsschutzgebiet mit Tieflandcharakter. Hier verlief einmal das Flußbett der Theiß, woran Auwälder an toten Mäanderarmen erinnern.

In dieser südöstlichen Landesecke entsteht 20 Prozent der Weltproduktion von echtem Tokajer-Wein. Allerdings darf er im Export diese Bezeichnung nicht tragen. Tokaj ist eine ungarische Stadt an der Theiß und bekannt für liebliche schwere Lagerweine. Nach Meinung der Slowaken haben die Ungarn jedoch erst von ihnen den Weinbau abgeguckt. Besonders am warmen Südwesthang der Zempliner Berge (Zemplínske vrchy) gedeiht dieser edele Tropfen in den Orten Slovenské Nové Mesto, Borša, Viničky, Veľka Bara, Černochov, Čerhov, Veľká Tŗňa und Malá Tŗňa.

Unverzichtbar für das originale Tokajer-Aroma ist eine graue Schimmelart an Rebstöcken und Kellerwänden. Die unscheinbaren alten Weinkellereingänge führen mitunter in tief in die Erde hinein. Von außen sind meistens nur ummauerte Türen an großen Rasenkuppen zu sehen. Der überwiegende Teil des slowakischen Tokajers entsteht in kleinen Familienstrukturen. Landwirtschaft und Weinbau sind Schwerpunkt des Heimatmuseums Trebišov in einem Schloß von 1786. Vorgestellt werden unter anderem Dampfpflüge und Dreschmaschinen.

Die Bahnstrecke von Košice in die Ukraine durchquert genau dieses Weinbaugebiet. Letzter slowakischer Bahnhof ist Čierna nad Tisou (ungarisch Tiszacsernyö). Er macht einen verschlafenen Eindruck. Zwischen den Zügen bestimmen Heuschreckengesänge das Flair der Bahnhofsumgebung. Grenzüberschreitender Bahnpersonenverkehr findet seit Jahren nur noch einmal täglich pro Richtung statt. Die Theiß bildet hier auf etwa fünf Kilometer die Grenze zu Ungarn. Der wunderschöne Fluß wurde im Jahre 2000 durch giftige Abwässer aus rumänischen Bergwerken schwer geschädigt.

 Kursbuchstrecke 190 Košice – Čierna nad Tisou (100 min, etwa elfmal täglich).

 Heimatmuseum Trebišov, Štefánika 257/61, Mo bis Fr 8 bis 16 Uhr, So 14 bis 17 Uhr.

 Hotel Tokaj, Trebišov, Štefánika 171, 056/672 24 31. Hotel Zemplín, Trebišov, Štefánika 861, 056/672 43 81.

 Camping Mária, ganzjährig, 07615 Veľaty, 056/670 05 06.

Reisetips von A bis Z

Anreise über Prag

Die türmchenüberstreute tschechische Hauptstadt Prag (Praha) hat mehr als doppelt so viele Einwohner wie Bratislava. Mit ihrer Mischung aus altertümlicher Magie und weltoffenem Geschäftsleben gehört die Stadt an der Moldau zu den schönsten Städten überhaupt. Von hier regierte Karl IV. bis weit in das heutige Deutschland hinein. Zur Zeit von Rudolf II. und seinen Alchimisten war Prag sogar die größte Metropole Europas.

Da viele deutsche Touristen bei einem Slowakei-Urlaub ohnehin den Weg über Prag wählen, hier noch einige Hinweise. Einen bewachten Parkplatz findet man beispielsweise am Moldauufer nördlich der Altstadt, eine Gepäckaufbewahrung im Hauptbahnhof. Eindrücke von den wichtigsten Sehenswürdigkeiten kann man durchaus an einem Tag zu Fuß erhalten, ein solches Power-Programm ist noch steigerungsfähig durch den abschließenden Besuch eines Jazz- oder Klassikkonzertes. Wer länger in der Stadt bleiben möchte, kann auf eine vorbildliche Auswahl kurzfristiger Zeitkarten (24 Stunden, 3 Tage, 7 Tage, 15 Tage) im öffentlichen Verkehrsnetz zurückgreifen und so auch die Außenbezirke ›erfahren‹.

Die bekanntesten Touristenziele sind Altstadt (Staré mésto) und Burgviertel (Hradčany), verbunden durch die Karlsbrücke (Karlův Most) mit ihren 30 Statuengruppen. Nördlich der Altstadt liegt die Judenstadt (Josefov), südöstlich befinden sich der Wenzelsplatz (Václavské námeštie) und der Hauptbahnhof (Hlavní nádraži). Wer am Hauptbahnhof etwas Zeit beim Umsteigen hat, kann zumindest am Wenzelsplatz seinen Proviant ergänzen. In einer Seitenstraße bei der nordwestlichen Ecke des Platzes befindet sich ein empfehlenswertes Kellerlokal mit slowakischen Spezialitäten (Slovenská reštaurácia).

Die touristischen Dienstleister in Prag überraschen immer wieder mit originellen Ideen. So wird das Dach eines großen Hotels als Campingplatz genutzt. Auf der von Kleinbooten im Stadtgebiet eher selten befahrenen Moldau gibt es inzwischen Kahnrundfahrten.

Autofahrer werden bei einer Durchquerung Tschechiens kaum um die Autobahnplakette herumkommen.

Anreise über Breslau

Für Autotouristen aus Ost- und Norddeutschland bietet sich eine Reiseroute über Breslau (Wrocław) an. Bahnverbindungen über Breslau sind dagegen höchstens bei Zielen in der östlichen Slowakei sinnvoll. Bis Breslau existiert eine funktionsfähige Autobahn, die noch aus der Zeit des deutschen Nationalsozialismus stammt und schrittweise erneuert wird. Dahinter beginnt ein moderner Abschnitt. Man reist am besten bei

Bielsko-Biala über den Grenzübergang Oravská Polhora oder bei
Zakopane nach Ždiar ein. Das sind
die kürzesten Straßenverbindungen
von Berlin in die Tatra. Allerdings ist
die Wegweisung nach Verlassen der
Autobahn verbesserungsbedürftig.
Beispielsweise steht in Richtung
Oravská Polhora das erste Schild zur
Slowakei erst 20 Kilometer vor der
Grenze (Entfernungsangabe nach
Banská Bystrica). Die ehemals sehr
niedrigen Benzinpreise in Polen
haben inzwischen deutlich ange-
zogen.
Die Oderstadt Breslau selbst ist
durchaus ein paar Stunden Aufenthalt wert. Um 1400 gehörte sie zu
den größten Städten Europas. Besonders Gotik und Jugendstil haben
schöne Baudenkmale im Zentrum
hinterlassen. Einen bewachten
Parkplatz findet man unter anderem
am Hauptbahnhof (Wrocław
glówny). Für den Einkaufsbummel ist
der Weg von dort bis zum Altmarkt
(Rynek) besonders empfehlenswert.
Zentrum des religiösen Lebens ist
das Gebiet um die Flußinsel Ostrów
Tumski.

Anreise über Wien

Die Anreise über Wien bietet sich
natürlich von Österreich, der Schweiz
und von Süddeutschland aus an. Eine
Alternative dazu wäre, einen
Abstecher über Ungarn zu machen,
um dann beispielsweise über
Szendendre und Vác in Richtung
Zvolen zu fahren.

Autofahren

Alle gültigen ausländischen Führer-
scheine werden akzeptiert. Auto-
Touristen haben die Grüne Versiche-
rungskarte, die Fahrerlaubnis und
den Kraftfahrzeugschein mitzuführen. Eine formlose Vollmacht des
Fahrzeugeigentümers ist erforderlich,
sofern dieser nicht mitfährt.
Kinder dürfen erst ab 12 Jahren vorn
sitzen.
Erlaubte Höchstgeschwindigkeiten
sind 130 km/h auf Autobahnen,
90 km/h auf Landstraßen und
60 km/h in Ortschaften. Fahrzeuge
mit Anhänger dürfen grundsätzlich
höchstens 80 km/h fahren, Motorrä-
der 90 km/h. 30 Meter vor
Bahnübergängen sind nur 30 km/h
erlaubt, oft ist die Überquerung
absichtlich uneben ausgebaut. Weiße

Blinklichter an Bahnübergängen signalisieren, daß kein Zug kommt. Es herrschen absolutes Alkoholverbot, Gurtpflicht und Handyverbot. Es gibt keine Kindersitz-Pflicht, dafür dürfen Kinder unter 12 Jahren nur hinten sitzen. Seit kurzem ist vorgeschrieben vom 15. Oktober bis zum 15. März auch tagsüber mit Abblendlicht zu fahren.

Kann bei einer der wenigen Verkehrskontrollen ein Verstoß nachgewiesen werden, wird an Ort und Stelle ordentlich kassiert. In solchen Fällen sollte man darauf achten, daß der quittierte Betrag nicht unter dem gezahlten liegt.

Autobahnen kosten (mit einigen kurzen Ausnahmen) Benutzungsgebühren. Eine gültige Vignette muß sichbar angebracht werden. Sie ist nicht teuer (150 Sk für 15 Tage PKW bis 1,5 t Leergewicht). Allerdings ist das Autobahnnetz nicht ausgeprägt. Ein gemächlich dahintuckernder Tourist kann es leicht umgehen. Beim Verstoß gegen die Vignettenpflicht ist der doppelte Preis der Jahresvignette fällig. Die wichtigsten für Touristen relevanten Autobahnen befinden sich im Raum Bratislava (demnächst bis nach Žilina), zwischen Ružomberok und Važec (40 km) sowie zwischen Košice und Prešov (25 km).

Ein dichtes Netz von Tankstellen (čerpacia stanica oder benzínová pumpa) bietet die üblichen Sorten. Bleifreies Benzin heißt NATURAL und Diesel NAFTA. Kleinere Tankstellen sind nur wochentags tagsüber geöffnet.

Die Mischung von traditioneller Motorsportbegeisterung und spärlichen Geschwindigkeitskontrollen führt bei einem nicht unerheblichen Teil der slowakischen Autolenker dazu, daß die Grenze zwischen Leichtsinn und Lebensverachtung überschritten wird. Tempo-40-Zonen und Zebrastreifen werden überwiegend ignoriert, auch unübersichtliche Kurven mitunter gefährlich geschnitten. Man kann tags und nachts Laster erleben, die mit 80 km/h durch Dörfer ohne Bürgersteige donnern. Beim wilden Hüpfen durch Sicherheitsabstände wird offensichtlich vorausgesetzt, daß der Überholte Platz macht. Umso wichtiger ist es, große Sicherheitsabstände einzuhalten. Kurven sind wirklich ganz am

Rand zu fahren, dabei muß auf Fußgänger geachtet werden.

Baden

Strandurlaub gehört zu den wenigen Dingen, für die die Slowakei nicht zu empfehlen ist. Die Slowaken selbst baden zwar gern in ihren großen Talsperren, aber ein ausländischer Tourist wird wohl diese kaum zum Urlaubsschwerpunkt machen. Einige Bademöglichkeiten werden von Thermalquellen gespeist, die teilweise sogar ohne Eintrittsgeld benutzt werden können. Abgehärtete Naturen sollten eine Erfrischung in den romantischen Gebirgsbächen nicht versäumen, wobei natürlich das Gelände der Nationalparks tabu ist.

Bahnverbindungen

Jedes Land ist berechtigt, zwei verschiedene Bahntarife festzulegen. In der Praxis unterscheiden diese sich nicht (EU-Gebiet, Schweiz) oder geringfügig (Polen), aber mitunter auch erheblich (Slowakei, Tschechien, Rumänien, Bulgarien). Den billigeren Inlandstarif erhält jeder, der im jeweiligen Land eine Inlandsfahrt kauft. In der Slowakei ist der Fahrkartenkauf am Bahnhof unproblematisch, er ähnelt eher den EU-Gewohnheiten als dem in den GUS-Staaten üblichen Chaos am Schalter. Es kann aber nichts schaden, die Daten der gewünschten Fahrkarte schriftlich zu präsentieren. Übrigens gibt es in Europa fast 200 für Touristen relevante Bahnpreisermäßigungen, über

die nur wenige Bahnkartenverkäufer wirklich Überblick haben. Bei einigen Büros geht die Kundenfreundlichkeit so weit, daß sie gegebenfalls zum Kauf bestimmter Teilstrecken im Ausland raten. Überdurchschnittlichen Service mit kostenloser Fahrkarten-Zusendung ab 50 Euro Umsatz bietet beispielsweise:
Gleisnost am Stadttheater Freiburg, Bertoldstrasse 44, 7 90 98 Freiburg, Tel. 0761/38 30 31. Gleisnost hat auch Büros im Bahnhof Littenweiler und im Bahnhof Schwenningen.
Auch die DB-Agentur von Gottfried Schlegel in Berlin setzt auf Service: Ernst-Grube-Straße (im S-Bahnhof Spindlersfeld), 12555 Berlin.
Züge sind am Wochenende gelegentlich überfüllt. 71 größere Bahnhöfe der Slowakei verkaufen Platzreservierungen. Einige IC-Züge dürfen nur damit benutzt werden. Die Reservierungsfrist beginnt zwei Monate und endet zwei Stunden vor Abfahrt vom Ausgangsbahnhof. Fahrkarten sind je nach Streckenlänge nur ein bis zwei Tage gültig. Außer den Abfahrts-Ankunfts-Plänen findet man auf vielen Bahnhöfen des Landes Kursbuchtabellen auf drehbaren Säulen.
Der Inlandstarif liegt in der Slowakei bei etwa 1 Sk pro Kilometer in der zweiten Klasse. Die erste Klasse ist 50 Prozent teurer. Kinder unter sechs Jahren fahren gratis. Beim Vorauskauf von 2000 Bahn-Kilometern (Scheckheftprinzip) spart man mindestens 10 Prozent. Diese sogenannte Kilo-

meterbank können sich bis zu drei
Erwachsene teilen. Der Familienpaß
mit ungefähr 20 Prozent Ersparnis
gilt für drei bis sechs Personen. Ein
Erwachsener muß und zwei Erwachsene dürfen dabei sein.
Für Mehrländerfahrten ist eventuell
die EuroDomino-Fahrkarte sinnvoll.
Weitere Ermäßigungen gibt es für
Altersgruppen bis 26 sowie ab
70 Jahren.
Fahrradtransport ist in den meisten
Nahverkehrszügen möglich. Sehr
empfohlen werden kann der nächtli-
che Autoreisezug Poprad–Prag. Der
Preis für Fahrzeug und Fahrer ist mit
1400 Sk nur wenig höher als die Ben-
zinkosten für die Strecke. Eine Reservierung für den Autoreisezug ist vom
deutschsprachigen Raum aus leider
nicht möglich (siehe S. 186).
Bei der Tatrabahn gibt es Netzkarten
für drei Tage zu 136 Sk und für
sieben Tage zu 262 Sk. Sie berech-
tigen zu beliebig vielen Fahrten in
diesem Zeitraum.

Berghütten
Einfache Unterkünfte für Wanderer
bieten Berghütten, häufig romantisch
gelegen, für 150 bis 600 Sk pro
Person.

Bauernhöfe
Was man sich im deutschsprachigen
Raum unter Bauernhofurlaub vor-
stellt, ist in der Slowakei unbekannt.
Zwar hat sogar die europaweite Bio-
hof-Organisation ECEAT Slowakei-
Übersichten herausgegeben (die

letzte 1999 auf dänisch), aber selbst
dabei handelt es sich eher um ge-
wöhnliche Wohnhäuser mit Neben-
erwerbs-Tierhaltung. Oft vertreten ist
in dieser Broschüre die Region Liptov,
drei Adressen gibt es beispielsweise
in Kvačany.

Botschaften und Kulturinstitute
Botschaft der Bundesrepublik
Deutschland
Hviedzdoslavovo 10,
81102 Bratislava,
02/54 41 96 40 oder 54 43 57 25,
Fax 54 41 96 34.

Botschaft der Republik Österreich
Ventúrska 10, 81103 Bratislava,
02/54 43 29 85 oder 54 43 29 86, Fax
54 43 24 86.

Botschaft der Schweiz
Tolstého 9, 81106 Bratislava,
02/59 30 11 11, Fax 59 30 11 00.

Slowakische Institute:
Die Slowakischen Institute organisieren Ausstellungen und Veranstaltun-
gen, außerdem verfügen sie über
kleine Bibliotheken (Bücher, Bild-
bände und Zeitungen, größtenteils
slowakisch).

Slowakisches Institut
Zimmerstaße 27, 10969 Berlin,
030/25 89 93 63, Fax 25 89 93 64,
Mo bis Fr 10 bis 17 Uhr,
Internet-Zugang für Besucher.

Slowakisches Institut
Wipplingerstraße 24–26,
1010 Wien, 01/05 35 40 57, mit Fax,
Mo bis Fr 9 bis 15 Uhr.

Weitere Institute gibt es in Prag,
Warschau, Budapest, Moskau, Rom
und Paris.

Karpatendeutsches Kulturwerk
Slowakei im Schloß Karlsburg
Gemeinnütziger Verein, der unter
anderem eine Ausstellung und eine
Bibliothek in Karlsruhe-Durlach
unterhält. Die Ausstellung ist nur
noch an Wochenenden geöffnet, für
die Bibliothek muß man sich
grundsätzlich anmelden.
Pfinztalstraße 9, 76227 Karlsruhe,
07 21/133 42 04, 133 42 28 oder
133 42 10, Fax 133 42 09.

Slowakische Spezialitäten

Camping

Die Autocampingkarte 2001 des
VKÚ Harmanec listet 120 Plätze auf,
24 davon sind ganzjährig geöffnet.
Viele arbeiten von Mai bis
September, einige (vor allem an den
Stauseen) nur im Juli und August.
Die Preise sind günstig, der sanitäre
Standard ist unterschiedlich. Ab einer
gewissen Größe sind Restaurants
zumindest in der Nachbarschaft vorhanden, der wohl bekannteste Campingplatz EuroCamp FICC in Tatranská Lomnica verfügt sogar über
Wohnwagenvermietung und Nacht-
bar. Lagerfeuer sind bei den
Slowaken sehr beliebt, einige
Campingplätze stellen gegen ein
geringes Entgelt vorbereitetes Holz
zur Verfügung.
Campen in freier Natur ist verboten,
aber ein Übernachten im Schlafsack
ohne Zelt wird meistens geduldet.
Ebenso ist es verboten, auf Park- und
Rastplätzen im Caravan oder Wohn-
wagen zu schlafen.

Einkaufen

Eine bewährte Geschenkidee ist es,
den Daheimgebliebenen mit
regionalen Lebensmitteln kulinarische
Reiseeindrücke zu verschaffen. Beim
letzten Lebensmitteleinkauf des
Urlaubs nimmt man besonders reichlich von den Sachen, die man
getestet und für gut befunden hat.

Beliebte Slowakei-Souvenirs sind auch Artikel des traditionellen Kunsthandwerks wie Raumtextilien oder Flechtwaren. Für Kleinkinder findet man folkloristisch gestaltete Malhefte oder Buddelsachen. Die hübschen Maisstrohpüppchen dagegen sind eher dekorative Mitbringsel. Sehr preiswert ist Kristallglas. Auch Kosmetikläden bieten lohnenswerte Besonderheiten, gleiches gilt für Fotochemikalien und Dunkelkammertechnik.

Reserveschuhe sind nicht unbedingt im Urlaubsgepäck nötig, Schwerpunkt der slowakischen Lederindustrie ist seit jeher die Schuhherstellung. Anglerläden sind gut ausgestattet, Campingläden haben dagegen oft

Fabrikverkauf von Kristallglas

eine eingeschränktere Auswahl als in Westeuropa.

Wer sein Auto eher als Gebrauchsgegenstand denn als Prestigeinstrument ansieht, kann bei einfachen Varianten von Ersatzteilen und Zubehör (Sitzbezüge, Felgen und ähnliches) viel Geld sparen. Es gibt sogar Touristen, die den Urlaub mit aufwendigen Werkstattbesuchen kombinieren. (Siehe auch Selbstverpflegung).

Einreisebestimmungen

Touristen brauchen bis zu einer Aufenthaltsdauer von drei Monaten nur einen Personalausweis oder einen Reisepaß. Die Dokumente müssen bei der Einreise noch mindestens drei Monate gültig sein. Für Kinder ist entweder der Eintrag im Reisepaß der Eltern oder ein Kinderausweis mit Lichtbild erforderlich.

Ersatzbeschaffungen bei Paßverlust gehen schneller, wenn eine Kopie der wichtigsten Seiten (die Doppelseite mit dem Paßbild und die darauffolgende Doppelseite) vorgelegt werden kann. Denkbar sind auch Situationen, in denen sich zusätzliche Paßbilder als nützlich erweisen.

Für einen Grenzübertritt mit Haustieren sind ein tierärztliches Gesundheitszeugnis (maximal zwei Tage alt) und eine bescheinigte Tollwut-Impfung erforderlich.

Elektrizität

Die Daten des elektrischen Stromes unterscheiden sich nicht vom deutschsprachigen Raum. Allerdings ist der Schutzkontakt an den Steckdosen in Form einer weit hervorstehenden Nase ausgebildet. Die meisten Flachstecker stoßen nicht daran an. Schutzkontaktstecker benötigen einen Adapter.

Extremsport

Einzelne Reisebüros bieten als ›Adrenalintag‹ solche Sportarten wie Bungee-Jumping und Rafting an. Die Preise für Paragliding beginnen bei 400 Sk.. Ein Fallschirmsprung aus 3000 Meter Höhe kostet 4500 Sk.

Feiertage und Großveranstaltungen

An Feiertagen (im gesamten Staatsgebiet einheitlich) bleiben alle Geschäfte und Ämter geschlossen.In den letzten Jahren sind viele regionale Jahrmärkte und Volksfeste entstanden. Die folgende Übersicht beschränkt sich auf Ereignisse mit landesweiter Bedeutung.

Januar:
1. Tag der Republik, Feiertag
6. Offenbarung Christi, Feiertag

März:
Frühlingsbegrüßung in der Region Liptov

April:
Karfreitag und Ostermontag, Feiertage

Mai:
1. Tag der Arbeit, Feiertag
8. Tag der Befeiung, Feiertag
Skiwettkämpfe um den Goralenhut in Zuberec
Internationaler Wildwasserslalom in Červený Klaštor
Kirchenslawisches Liederfest in Telgárt
Wallfahrt in Šaštín-Stráže

Gruselfestival in Bojnice
Marionettenfestival in Poprad
Dixielandfestival in Banská Bystrica

Juni:
Slowakei-Radrundfahrt
Folklorefestivals in Detva, Heľpa, Myjava, Spišské Podhradie
Folklorefestivals (ukrainisch) in Svidník, Kamienka
Folklorefestival (ungarisch) in Gombasek
Folklore- und Kochfestival (kroatisch) in Devinska Nová Ves
Kulturtage der Zipser Deutschen in Chmelnica
Kultursommer in Bardejov, Sliač
Ökumenisches Kirchenmusikfestival in Trebišov
Schloßspiele in Zvolen (bis Juli)
Juni/Juli/August Sommerfestivals in der Region Orava

Juli:
5. Kyrill und Method, Feiertag
größte Wallfahrt in Levoča (erstes Juliwochenende)
Wallfahrt in Gaboltov bei Bardejov
Kyrill-Method-Fest in Nitra
größtes Folklorefestival in Východná (erstes Juliwochenende)
Folklorefestival in Krakovany bei Piešťany
Jánošík-Fest in Terchová
Open-Air-Rockfestival in Východná
Theaterfestival in Zvolen
Orgeltage in Kremnica
August:
29. Jahrestag des Slowakischen Nationalaufstandes, Feiertag

Wallfahrten in Litmanová, Nitra
Internationales Volksfest in Hnúšťa
Dorffest in Vlkolínec
Festival für historisches Fechten in
  Spišské Podhradie
Orgeltage in Bardejov, Piešťany,
  Trnava

September:
1. Tag der Verfassung, Feiertag
15. Schmerzensreiche Jungfrau
  Maria, Feiertag
Wallfahrten in Šaštín-Stráže,
  Mariánka
Folklorefestival der Roma in Snina
Salamanderfest in Banská Štiavnica
Zamagurie-Fest in Červený Kláštor
Weinfeste in Bratislava-Rača,
  Bratislava-Vajnory, Modra,
  Pezinok, Kráľovský Chlmec
Jazzfest in Bratislava
Orgelfestspiele in Košice
Ethnofilmfestival in Čadca
Bildhauersymposium in Piešťany

Oktober:
Marathonlauf in Košice
Internationale Musikfestspiele BHS in
  Bratislava
Gitarrenfestival in Nitra
Jazzfeste in Bardejov, Trenčín
Festival der Bergfilme in Poprad

November:
1. Allerheiligen, Feiertag

Dezember:
24. bis 26. Weihnachten, Feiertage
Weihnachsbräuche-Fest in Tisovec

Ferienhäuser

Private Wochenendhäuser werden oft nur wochenweise vermietet. Die über 500 Angebote der landesweiten Ferienhausvermittlung Limba beginnen bei etwa 200 Sk pro Nacht und Person. Einfache Hütten für 3 bis 5 Personen auf Campingplätzen kosten um 500 Sk pro Nacht.

Fischfang und Jagd

Angeln hat in der Slowakei eine lange Tradition, viele Gewässer sind fischreich. Eine Wochenkarte kostet etwa 30 Euro.

Einzelne Reisebüros organisieren spezielle Programme für zahlungskräftige Jäger. Ein staatliches Broschürchen listet bei den für die Jagd freigegebenen Tierarten unter anderem Dachs und Dohle auf. In Gehegen dürfen sogar Igel und Bussarde abgeschossen werden. Ziemlich geschmacklos!

Flughäfen

Der amerikanische Geheimdienst nennt die Zahl von 37 Flughäfen im Jahre 2002, allerdings sind selbst unbefestigte Pisten unter einem Kilometer Länge einbezogen. Relevant für Touristen sind höchstens vier davon.

Die mit Abstand größte Bedeutung hat der internationale Flughafen ›General Štefánik‹ im Osten der Hauptstadt (BTS). Sein neuer Tower wurde 1998 eingeweiht und verfügt über modernste Flugleittechnik. Der Flughafen ist unter anderem Sitz der

jungen Dumpingpreis-Fluggesellschaft
SkyEurope. Diese hat sich in kurzer
Zeit zur wichtigsten Airline des
Landes entwickelt. Derzeit beinhaltet
das wechselhafte Angebot Direktflü-
ge nach Zürich und Stuttgart. Vom
Flughafen Bratislava gibt es eine Bus-
verbindung in das Zentrum von
Wien. Ebenso existiert eine
Busverbindung vom Flughafen Wien-
Schwechat nach Bratislava.
Weitere Flughäfen befinden sich in
Košice (KSC) und Poprad (TAT) sowie
Sliač (SLD).

Fotografieren

Filmmaterial sollte in ausreichender
Menge mitgenommen werden. Der
Filmkauf in Souvenirbuden unterwegs kann auch bei ansonsten
bewährten Marken zu unbefriedi-
genden Ergebnissen führen.
Bei Militärobjekten besteht Fotover-
bot. Auch in den meisten Kirchen
hängt unübersehbar ein Schild mit
durchkreuztem Fotoapparat. Bei
manchen Sehenswürdigkeiten
werden relativ teure Fotoberechti-
gungen zusätzlich zu Eintrittsgeldern
verlangt.
Bei Aufnahmen einzelner Personen
sollte man sich durch Gesten die
Zustimmung einholen. Feierliche
oder meditative Stimmungen vertra-
gen kein Blitzlicht.
Analoge Einschränkungen wie für das
Fotografieren bestehen für das
Filmen.
Die Häufung alter Holzkirchen in der
nordöstlichen Slowakei mag den
Gedanken aufkommen lassen, eine
Fotosafari speziell zu diesem Thema
zu unternehmen. Die dunklen Bauten
sind jedoch meistens nicht so freiste-
hend, wie man anhand von Büchern
und Prospekten denken könnte. Man
spart Aufwand und Enttäuschung,
wenn man sich mit den Kirchen in
den Skansen begnügt. Besonders
lohnenswerte Motive dagegen sind
die Burgruinen, zumal sie meistens
malerisch in der Landschaft liegen.

Geld

Die Landeswährung heißt Slovenská
koruna (Slowakische Krone,
Abkürzung Sk). Eine Krone hat 100
halier (Heller, h). 1 Euro war 2004
etwa 40 Sk wert. Man sollte sich
grundsätzlich darauf einstellen, in der
Landeswährung zu bezahlen.
Gelegentlich werden zwar auch
andere Währungen genommen, es
wird aber nie verlangt und Preise sind
immer in Sk angegeben.
Wechselstuben (zu finden unter
anderem an Grenzübergängen, in
Kaufhäusern und Reisebüros) verlan-
gen bis zu zehn Prozent Gebühr.
Trotzdem ist der Kurs günstiger als
bei vorherigem Wechsel im Heimatland. In ländlichen Gebieten wird
abseits der Touristenwege das Netz
an Wechselmöglichkeiten dünn.
In Hotels höherer Preisklasse und in
Banken können Reiseschecks
eingelöst werden. Deutlich zugenommen hat in den letzten Jahren
das Netz von Geldautomaten (Bank-
omat). Dort kann man mit EC-Karten

zu fairen Wechselkursen bis zu
40 000 Sk abheben.

Gesundheit

Kassenpatienten genießen innerhalb
der EU einen gewissen Schutz. Dies
gilt seit 1. Mai 2004 auch für die Slowakei. Denn Deutschland hat mit
allen Mitgliedsländern ein Sozial-
abkommen geschlossen. In diesen
Ländern können man sich im Notfall
mit einem Auslandskrankenschein
behandeln lassen, den man zuvor bei
der Kasse anfordern muß. Allerdings
gibt es in der Praxis immer wieder
Probleme mit Ärzten und Kranken-
häusern, die den Schein nicht
anerkennen. Eine zusätzliche Reise-
krankenversicherung ist deshalb auch
weiterhin empfehlenswert.

Bei privat Versicherten ist in der Poli-
ce meist eine Reisekrankenversich-
erung enthalten, dennoch sollte man
überprüfen, ob Lücken vorhanden
sind und zum Beispiel den Kranken-
rücktransport nachversichern. Die
gesetzliche Krankenkasse bezahlt
generell keinen Rücktransport. Selbst
dann nicht, wenn er medizinisch not-
wendig ist, man sollte also darauf
achten, daß eine Reiseversicherung
den Rücktransport beinhaltet. Der
Autor heuerte einmal für einen
Rücktransport im eigenen Auto bis
zur deutschen Grenze einen Taxifah-
rer an. Es wurde der Preis von 1 DM
pro Kilometer plus Benzin vereinbart.
Die Erstattung der entsprechenden
Quittungen durch die Auslandskran-
kenversicherung war problemlos.

In Touristengebieten sind oft deutschsprechende Mediziner zu finden. Vielleicht kann auch der Quartierwirt
dolmetschen.

Extra-Impfungen sind nicht vorgeschrieben. Zu der früher für Tieflandgebiete empfohlenen Impfung gegen
FSME (Frühsommer-Meningoenze-
phalitis, Hirnhautentzündung nach
Zeckenstich) wird wegen der teilweise
heftigen Nebenwirkungen selten
geraten. Nähere Auskünfte erteilen
die Gesundheitsämter.

Freiverkäufliche Medikamente haben
in der Slowakei mitunter andere
Namen, am schnellsten führt die
Angabe des jeweiligen Wirkstoffs
zum Ziel. Oft benötigte persönliche
Medikamente sollten ausreichend
mitgenommen werden, ein paar Ver-
bandspäckchen und Pflaster können
ebenfalls nicht schaden.
(Siehe auch Versicherungen).

Grenzübergänge

(Hraničny priechod)

Österreich:
Bratislava-Petržalka/Berg
Bratislava-Jarovce/Kittsee
Záhorská Ves/Angern (tagsüber per
Fähre)
Moravský Svätý Ján/Hohenau (nur
tagsüber)

Tschechien:
Kúty/Břeclav
Brodské/Lanžhot
Holíč/Hodonín
Skalica/Petrov

Vrbovce/Veľká nad Veličkou
Myjava/Veľká nad Veličkou
Moravské Lieskové/Stráni
Nová Bošáca/Březová
Drietoma/Starý Hrozenkov
Horné Srnie/Bylnice
Červený Kameň/Nedašov
Lysa pod Makytou/Horní Lideč
Makov/Velké Karlovice
Makov/Horní Bečva
Klokočov/Biľá
Svrčinovec/Mosty u Jablunkova

Polen:
Vyšny Komárnik/Barwinek
Becherov/Konieczna
Čirč/Leluchów
Mníšek nad Popradom/Piwniczna
Tatranská Javorina/Łysa Polana
Trstená/Chyżne
Oravská Polhora/Krzowa
Novoť/Ujsoły
Skalité/Zwardoń
(weitere kleine Übergänge für
Fußgänger, Radfahrer, Skiläufer im
Bereich von Orava und Dunajec)

Ukraine: (mit Visum)
Výsné Nemecké/Užhorod
Ubľa/Malyj Bereznyj

Ungarn:
Bratislava-Rusovce/Rajka
Medveďov/Vámosszabadi
Komárno/Komarom
Štúrovo/Esztergom
Salka/Letkés
Šahy/Parassapuszta
Slovenské Ďarmoty/Balassagyarmat
Kalonda/Ipolytarnóc (nur tagsüber)

Šiatorská Bukovinka/Somoskőújfalu
Kráľ/Banréve
Domica/Aggtelek (nur tagsüber)
Hosťovce/Tornonádaska (nur
tagsüber)
Hraničná pri Hornáde/Tornyosnémeti
Slovenské Nové
Mesto/Sátoraljaújhely
Veľký Kamenec/Pácin (nur tagsüber)

Golfsport

Es gibt vier Golfplätze. Der größte in
Tále wurde erst 2002 eröffnet.
Weitere befinden sich in Bernolákovo
bei Bratislava und im Črmel-Tal bei
Košice. Der kleine Platz in Tatranská
Lomnica wird von der Slowakischen
Golfunion nicht anerkannt.

Hotels und Pensionen

Die Preise sind sehr unterschiedlich,
starken Einfluß hat unter anderem
die Bekanntheit des Übernachtungs-
ortes. Vollpension kostet etwa 150
bis 350 Sk pro Person zusätzlich,
Halbpension und Kinderverpflegung
entsprechend weniger. Einzelreisende
werden oft in Doppelzimmern untergebracht, dabei ist vom halben bis
zum ganzen Zweipersonenpreis jeder
Preis möglich. Häufige Preiskatego-
rien pro Doppelzimmer sind 250 bis
400 Sk (ohne WC und Dusche im
Zimmer, einfache Möbel), 600 Sk
(komplett), 900 bis 1300 Sk (in
Städten und Touristenzentren),
1700 bis 2100 Sk (komfortabel),
3000 bis 5000 Sk (in Bratislava).
Heftige Aufschläge gibt es in der
Regel für die Silvesterzeit, da kosten

manche Quartiere das Doppelte. (Siehe auch Privatzimmer).

Information

Hauptsächlich in Städten gibt es die etwa 40 Informationsbüros von AiCES (Asociácia informačných CEntier Slovenska, Zusammenschluß slowakischer Informationszentren). Der Sitz befindet sich in Liptovský Mikuláš. Touristische Anfragen aller Art werden bei persönlichem Erscheinen freundlich beantwortet. Anfragen aus der Ferne versanden häufig. Teilweise ist auch an Wochenenden geöffnet. Zu den Serviceleistungen von AiCES gehören: Geldwechsel, Unterkunftsvermittlung, Kopier- und Faxmöglichkeit, Gratisprospekte, Landkarten.

Jugendherbergen

Jugendherbergen haben nicht die Dichte und das Niveau von Westeuropa. Die Preise in Mehrbettzimmern beginnen bei 150 Sk pro Person ohne Frühstück. Während der Ferienzeit kann man in manchen Schul- und Hochschulinternaten Zimmer bekommen.

Kinder

Die üblichen Touristenziele der Slowakei sind eher nicht für Ferien mit Kleinkindern prädestiniert. Mit beginnender Wanderlust der Sprößlinge in den ersten Schuljahren steigt die Attraktivität des Landes als Urlaubsziel.
Zoos gibt es in Bojnice, Spišská Nová

Ves, Bratislava und Košice. Puppentheater mit fester Spielstätte haben die Städte Bratislava, Košice, Banská Bystrica, Žilina und Nitra.
Kinder und Familien genießen in slawischen Ländern traditionell ein hohes Ansehen. Öffentliche Spielplätze befinden sich trotz einfacher Ausstattung oft in gutem Zustand. Die sich verstärkende Kluft zwischen vermögenden und mittellosen Bevölkerungsgruppen wird natürlich Auswirkungen auf Familienstrukturen und insbesondere auf Jugendliche haben.

Kletterei und Höhlenexkursionen

Das gute Wanderwegenetz mit auch steilen Passagen und die öffentlich zugänglichen Tropfsteinhöhlen lassen kaum Wünsche offen. Der Eintritt in Schauhöhlen kostet Erwachsene etwa 100 Sk. Bergsteiger und Späleologen dürfen mit Sondergenehmigungen zusätzlich abseits der Wanderwege klettern beziehungsweise in weitere Höhlen steigen. Bei Interesse an Höhlen kann ein Slowakei-Urlaub mit dem Besuch des Mährischen Karstes kombiniert werden. Unweit von Brünn (Brno) befinden sich mehrere öffentlich zugängliche Höhlen nah beieinander.

Konditoreien

Einflüsse der Wiener Kaffeehauskultur beschränken sich nicht nur auf Bratislava. Viele Konditoreien haben Imbißtische. Unbedingt probieren

sollte man einige Sorten der kremge-
füllten Röllchen (Turecké trubičky).

Kriminalität

Die Slowakei ist ein sicheres Reiseland. Gewaltverbrechen sind äußerst
selten. In den letzten Jahren waren
Kriminalitätskennzahlen sogar rück-
läufig. Erhöhte Diebstahlgefahr besteht bei neuen teuren Modellen insbesondere deutscher Automarken
(Audi, BMW, Mercedes). Solche
Autos sollten über Nacht nur auf bewachten Parkplätzen stehen.
Ältere Modelle oder landesuntypische
Marken sind weniger gefährdet.
Sichtbare Sicherungen (Lenkradkralle)
wirken zusätzlich abschreckend.
Bezüglich Diebstahl von Wertsachen
und Gepäck gelten eigentlich
weltweit die gleichen Spielregeln.
Man sollte sich nicht besonders grell
als Tourist kenntlich machen, sich bei
›plötzlich‹ entstehenden Gewühl-
Situationen nicht von seinen Sachen
ablenken lassen, nie bei fremden
Leuten auf der Straße zu einem ›gün-
stigen‹ Kurs Geld tauschen und
Personaldokumente nicht ohne Zeu-
gen aushändigen.
Geld möglichst an verschiedenen
Stellen körpernah verstauen, die
größte Summe in einem Geldgürtel
oder einem Brustbeutel. Manche
Leute haben auch spezielle
Kleidungsstücke mit unauffälligen
Innentaschen, die natürlich nicht
sorglos ausgezogen werden dürfen.
Gelegentlich wird empfohlen, eine
alte Brieftasche mit dem Tagesbedarf

*›Danke für das Nichtbetreten des
Rasens‹*

zum Bezahlen als potentielles ›Klau-
Portemonnaie‹ zu präparieren. Es
kann durch geringwertige Scheine
exotischer Währungen und nichtssa-
gende Papiere mit Stempeln so ergänzt werden, daß es im Ernstfall als
besonders begehrenswertes ›Haupt-
Portemonnaie‹ identifiziert wird.
Von handelsüblichen Verteidigungs-
mitteln (zum Beispiel Tränengas-
sprays oder Stromstoßstäbe) ist eher
abzuraten, sie können erstens von
geschickten Ganoven gegen den
Bedrängten selbst verwendet werden
und zweitens Ärger bei Grenzkon-
trollen verursachen.

Medien

In der Westslowakei können österreichische Rundfunk- und Fernseh-
programme vielerorts mit normaler
Antenne empfangen werden.
Interessantestes slowakisches Radio-
programm ist N-Radio im Raum Nitra
(95,2 MHz). Das Musikprogramm
besteht ausschließlich aus tschechi-
scher und slowakischer Pop-Musik.
Spitze!

Nachrichten und Hinweise in deutscher Sprache gibt es dreimal täglich auf Radio Tatry, in der Region Spis auf 102,5 MHz, in der Region Liptov auf 89,7 MHz.

Ausländische Presseerzeugnisse sind in größeren Städten erhältlich, deutsche Zeitungen meistens am Folgetag.

Öffentliche Internetzugänge existieren hauptsächlich in Universitätsstädten.

Mentalität

Das deutsche Bild von der slawischen Mentalität ist weitgehend vom russischen Bauern geprägt, der als bodenständig und träge gilt. Aber zusätzlich zur individuellen Differenziertheit ist es natürlich nicht sinnvoll, die Völker zwischen Karlsbad und Wladiwostok über einen Kamm zu scheren. Immer wieder verblüfft jedoch, wenn in bescheidenen Verhältnissen lebende Personen mehr Ausgeglichenheit und Lebensfreude ausstrahlen als manche gutbetuchten Touristen. Im ländlichen Raum und in einsamen Wandergegenden werden auch Fremde oft gegrüßt, das sollte man (notfalls deutsch) erwidern.

Slowaken sind überwiegend naturverbunden, tatkräftig und selbstbewußt. Sie verhalten sich zurückhaltend, sogar in Geschäften und bei touristischen Dienstleistern eröffnet der Kunde oft das Gespräch. Auch auf mündliche Preisabsprachen kann man sich verlassen, Feilschen ist höchstens bei Extrawünschen oder Sonderanfertigungen möglich. Bittet man Einheimische im Straßenraum um Auskünfte, sind die Reaktionen meistens freundlich. Beliebtes Freizeitobjekt der Slowaken ist der eigene Garten mit Hüttchen, allerdings hat er nicht mehr eine so große Bedeutung wie zu realsozialistischer Zeit. Da in den letzten Jahren besonders im Bildungswesen und im Gesundheitswesen gespart wurde, sind dort Ansätze zur Korruption zu erkennen. Falls ein enger Kontakt mit der Bevölkerung angestrebt wird, sollte an kleine Geschenke gedacht werden. Wer sich von Einheimischen in geselliger Runde freihalten läßt, muß prinzipiell zur Gegeneinladung bereit sein. Zur Anbahnung von Kontakten kann es hilfreich sein, ein paar Fotos aus der heimatlichen Alltagsumgebung mitzuführen. Es ist üblich, Straßenschuhe vor der Wohnungstür auszuziehen. Bei späteren Postsendungen in die Slowakei sollte man unter 2 kg (Gewichtsgrenze für Päckchen) bleiben, darüber wird das Porto sprunghaft richtig teuer.

Mietwagen und -busse

Mietwagen sind relativ teuer, sie können auch über Hotels der gehobenen Preisklasse bestellt werden, größere Verleihfirmen gibt es in Bratislava und Kosiče. Mietet eine Reisegruppe einen Bus mit Fahrer, so ist das preiswerter als in Westeuropa, ins Ausland dürfen aber slowakische Reisebusse in der Regel nur mit slowakischen Fahrgästen.

Notfälle

landesweite kostenlose Notrufe:

150 Feuerwehr (požiarnica)
154 Straßenrettungsdienst
155 Notarzt
158 Polizei (polícia)
124 oder 123 Abschleppdienst
(odtáhová služba)

Bergrettungsdienst (horská služba):
Zentrale 052/42 50 97 und 42 51 01
sowie 0905/85 91 00 oder 85 91 07
Lawinenwarnungen:
044/5 59 16 95 und 5 59 16 37
Terchová (Kleine Fatra)
041/5 69 52 32
Donovaly (Große Fatra)
048/4 19 97 24
Dolný Kubín (Orava) 043/5 86 31 04
Starý Smokovec (Hohe Tatra)
052/42 28 20 und 42 28 55 sowie
0905/62 48 69
Jasná (Niedere Tatra Nord)
044/559 16 78 sowie 09 05/62 26 22
Tále (Niedere Tatra Süd)
048/6 17 00 26
Čingov (Slowakisches Paradies)
053/4 49 11 82

Öffentlicher Verkehr

Mit Bussen sind praktisch alle
Siedlungen des Landes erreichbar.
Für längere Fahrten sollte eine Sitz-
platzreservierung (miestenka) einen
Tag vorher gekauft werden.
Taxis sind billiger als in Westeuropa.
Man sollte sich in der Regel auf den
exakten Preis des Gebürenzählers
einigen und nicht vorher eine Pau-
schale vereinbaren. Das Netz von
Stadtbuslinien oder gar Straßen-
bahnen ist natürlich in den größeren
Städten am ausgeprägtesten. Eine einfache Fahrt kostet in Bratislava 12 Sk.
24-Stunden-Karten sind für 60 Sk
und Wochenkarten für 200 Sk zu
haben.

Öffnungszeiten

Die Slowakei steht zeitig auf und
geht früh schlafen, ein richtiges
Nachtleben existiert nur in der
Hauptstadt. Viele Geschäfte sowie
Quartiervermittlungen sind montags
bis freitags von 9 bis 17 Uhr
geöffnet, samstags von 8 bis 12 Uhr.
Kleine Läden machen oft Mittags-
pause, meistens von 12 bis 14 Uhr.
Es gibt spezielle Spät-Geschäfte für
Lebensmittel, die mindestens bis
21 Uhr und an Wochenenden min-
destens bis 16 Uhr geöffnet haben.
Sehenswürdigkeiten (Museen,
Schlösser, Höhlen) sind an Montagen
und an Tagen nach Feiertagen
geschlossen. Einige Museen außer-
halb von Stadtzentren sind schwer zu
finden. Auch zu bedeutenden
Museen existieren selten Wegweiser.
Die meisten Kirchen können nur bei
Gottesdiensten besucht werden.
Seilbahnen sind wegen Wartungsar-
beiten im November häufig außer
Betrieb.

Paddeln und Wildwassersport

Verglichen mit den Wasserwanderre-
vieren der Nachbarländer machen die
slowakischen Flüsse einen flachen
und mitunter schmutzigen Eindruck.

Die höchsten Wasserstände werden natürlich im Frühling nach der Schneeschmelze erreicht. Strudel vor Stauwehren haben schon manches Menschenleben gekostet. Am ehesten dürfte sich eine Fahrt auf dem Hron oder auf der Orava lohnen. Künstliche Wildwasserkanäle gibt es in Čunovo und bei Liptovský Mikuláš.

Parkplätze

Immer mehr Parkplätze in Innenstädten und Touristenzentren werden gebührenpflichtig. Das Bezahlen garantiert aber nicht automatisch eine Bewachung. 10 Sk pro Stunde sind ein üblicher Preis. Mancherorts werden 40 Sk pro Stunde verlangt. Bei längeren Standzeiten auf teuren Parkplätzen lohnt sich meistens eine Tageskarte.

An zahlreichen gebührenpflichtigen Parkplätzen sind weder Parkuhr noch Kassierer zu finden. Dann muß man am Zeitungskiosk Stundenkarten kaufen und dort die Ankunftsdaten eintragen. Für die Zeit von 10 bis 12 Uhr legt man beispielsweise zwei Stundenkarten sichtbar nebeneinander und trägt auf der einen 10 Uhr und auf der anderen 11 Uhr ein. Verstöße werden in verschiedenen Städten unterschiedlich streng geahndet. Mitunter wird ein Rad durch eine abgeschlossene Kralle blockiert. Praktischerweise steht auf solchen Konstruktionen dann die Telefonnummer der Ortspolizei.

Preise und Trinkgelder

Die Slowakei ist ein preisgünstiges Reiseland. Nur in wenigen bekannten Touristentreffpunkten ist mit ›gewohnten‹ Preisen zu rechnen. In abgelegeneren Wandergegenden gibt es kaum Gelegenheiten für höhere Geldausgaben.

Bei Übernachtungen sind gelegentlich deutlich verschiedene ›Inländerpreise‹ und ›Ausländerpreise‹ zu finden, was aber zunehmend nivelliert wird und obendrein gegen EU-Recht verstößt. Zeitweise gab es gar eine Dreistaffelung, weil Tschechen als Halb-Ausländer galten. Mitunter hat man den Eindruck, daß insbesondere in kleineren Einrichtungen die Sympathie mit über den Preisansatz bei Ausländern entscheidet.

Trinkgelder in Restaurants werden nicht erwartet, bei guter Qualität sollte aber trotzdem maßvoll aufgerundet werden. Mit großzügigeren Zuwendungen kann man Sozialstrukturen schnell durcheinanderbringen, vor allem darf man Kindern kein Geld geben. Das Problem globaler Gerechtigkeit läßt sich nicht dadurch lösen, daß in ›ärmeren‹ Ländern die Angestellten touristischer Dienstleister besonders gegenüber anderen Berufsgruppen bevorzugt werden. Wer mit längerfristiger Wirkung spenden will, sollte am besten länderspezifische ökologische Projekte (zum Beispiel Naturschutzbund Deutschland, Grüne Liga) unterstützen. Die Erhaltung oder gar Verbesserung der natürlichen

Lebens- und Tourismusgrundlagen ist ein guter Weg, den Einheimischen zu helfen. Außerdem gibt es kleine sympatische Vereine (zum Beispiel Ostwind, Deutsch-Slowakische Gesellschaft), die einen engagierten Beitrag zur Völkerverständigung im Karpatenraum leisten. Sie freuen sich über jedes neue Mitglied, die Verwendung von Spenden ist leicht überprüfbar.

Grob gesagt wird das Einkommen in Osteuropa immer geringer, je weiter nach Osten geschaut wird. Mit einem durchschnittlichen Monatslohn von 350 Euro liegt die Slowakei im guten Mittelfeld, in der Ukraine gibt es unter 100 Euro. Auch innerhalb der Slowakei findet man ein Ost-West-Gefälle, die Gebirge hinter Košice und Prešov gelten als die Landesteile mit dem geringstem Durchschnittseinkommen.

Post

Briefe und Postkarten sind preiswert. Sie brauchen aber mehrere Tage ins Ausland. Briefmarken gibt es nur noch in Postämtern.

Privatzimmer

Es passiert nicht selten, daß Touristen bei der Erinnerung an Privatzimmer besonders in abgelegeneren ländlichen Gegenden ins Schwärmen geraten. Prägend in der Erinnerung ist meist die nette Konversation, die trotz der Sprachbarriere mit den Wirtsleuten zustande kam. Weiteres Argument für diese Quartierform ist

der Preis, er beginnt schon bei 150 Sk pro Person inklusive Frühstück. Vorbestellungssysteme sind in dieser Preiskategorie unüblich, man findet aber oft Schilder auch mit der deutschen Aufschrift ›Zimmer frei‹ am Straßenrand.
(Siehe auch Hotels und Pensionen).

Prospekte

Einige deutsche Informationsschriften für Touristen werden kostenlos verteilt. Zum Teil sind es Werbeblätter einzelner Dienstleister (Reisebüros, Hotels). Es gibt aber auch von Ministerien sowie von der Slowakischen Tourismusagentur SACR finanzierte Broschüren. Darunter befinden sich reich bebilderte Kurzdarstellungen spezieller Themen (beispielsweise Höhlen, Kurbäder, Baustile, Holzkirchen, Volkstrachten). Auf Anfrage schicken auch die bereits genannten Slowakischen Institute sowie SACR Material zu (Slovenská Agentúra pre Cestovný Ruch, Štúra 1, 974 05 Banská Bystrica, 00421/48/4136146, Fax 4136149).
Natürlich findet man eine Auswahl solcher Informationsschriften auch an den Slowakei-Ständen großer Reisemessen wie der Berliner ITB im März.

Radfahren

Da die Slowakei ein gebirgiges Land ist, sind mehrtägige Radtouren unter den Einheimischen wenig populär. Erholsames Radfahren ist natürlich am besten abseits der Hauptverkehrsstraßen möglich, Alternativen zu Hauptstraßen sind aber oft recht kraftaufwendig. Wer das Auf und Ab als sportliche Herausforderung ansieht, findet viele attraktive Routen. Auch bietet das Radeln günstige Ansatzpunkte, mit der Bevölkerung Kontakte zu knüpfen. Einige Reisebüros bieten mehrtägige Radlerprogramme an, die oft mit gleichbleibendem Übernachtungsort konzipiert sind.

Seit 1991 wurde der beliebte Donauradweg über Wien hinaus verlängert. Inzwischen führt er 160 km durch die Slowakei und weiter bis nach Budapest. Eine neue internationale Runde für Reiseradler (Ostkarpaten-Radwanderweg mit der Ukraine, Rumänien, Polen und Ungarn) entsteht seit 1999 (Bardejov, Medzilaborce, Prešov, Gelnica, Rožňava). Teile der Strecke sind identisch mit der ›Straße der Gotik‹. Durch die vielen Schleifen beträgt die Gesamtlänge etwa 1600 km.

In letzter Zeit werden verstärkt Mountain-Bike-Routen ausgeschildert und beworben. Eine entsprechende Informationsbroschüre über die Hohe Tatra stellt 12 Routen vor. Diese sind bis zu 23 Kilometer lang und führen in Höhen bis zu 1665 Metern.

Die letzten Ausgaben der Wanderkarten im Maßstab 1:50 000 des VKÚ Harmanec enthalten Empfehlungen für Radrouten. Dabei wird allerdings von Spezialstrecken für Mountain-Bikes bis zu Abschnitten auf Fernver-

kehrsstraßen das gleiche Symbol verwendet. Im Maßstab 1:100 000 gibt es spezielle Radwanderkarten.

Reiseveranstalter

Zahlreiche Reiseveranstalter bieten komplette Urlaubsprogramme in der Slowakei an. Die Preisspanne reicht von ›wenig Niveau für wenig Geld‹ bis zu Wanderstudienreisen mit

Neubau eines Reiterhofes in traditioneller Holzbauweise

Luxusunterkünften. Der Reisecharakter spiegelt sich natürlich in der Zusammensetzung der Gruppe wider. Spezialisiert auf Kurreisen ist der Veranstalter SATUR: SATUR, Strausberger Platz 8, 10243 Berlin, 030/4 26 20 94, Fax 4 27 47 56; SATUR, Parkring 12, 1010 Wien, 01/512 01 99, Fax 41259 66 16.

Naturnahe Reisen in die Slowakei bietet die Bund Naturschutz Service GmbH, Spitalstr. 21, D 91207 Lauf, 09123/99 95 70, www.service.bundnaturschutz.de. Ebenfalls dem naturverträglichen Osteuropa-Tourismus verbunden ist Urlaub & Natur, Schultheiß-Kiefer-Str. 23, 76229 Karlsruhe, 0721/9 46 36 16. Eine Buchung direkt bei slowakischen Reiseveranstaltern erscheint zunächst günstiger als im Heimatland. Aber erstens fehlen oft Bestandteile eines echten Komplettprogrammes (An- und Abreise, ständig erreichbare Reiseleitung) und zweitens stehen Kunden bei juristischen Meinungsverschiedenheiten hilfloser da. Auch sind die Formalitäten (Buchung, Bezahlung) entweder aufwendiger oder unverbindlicher.

Eine spontane Teilnahme an ein- oder mehrtägigen deutschsprachigen Programmen lokaler slowakischer Veranstalter stellt eine gute Möglichkeit dar, Individualreisen durch das Know-How von Ortsansässigen zu ergänzen.

Von größeren Touristenzentren wie der Kurstadt Piešťany gibt es ein gutes Angebot von Tagestouren per Sonderbus, die Preise sind moderat.

Reiten

Reiten ist in den letzten Jahren als Einnahmequelle im Tourismus entdeckt worden. Einige neue Pferdehöfe mit der Bezeichnung Ranč entstehen derzeit. Das bekannteste slowakische Gestüt befindet sich in Topoľčianky.

Restaurants

Das Preis-Leistungs-Verhältnis der slowakischen Restaurants ist sehr günstig. Für wenig Geld werden schmackhafte internationale und regionale Gerichte seviert. Eine üppige warme Mahlzeit mit Getränk ist meistens unter 200 Sk zu bekommen. Die Beilagen (Karoffeln, Reis, Kroketten, Pommes) müssen oft extra bestellt werden. Werktagsmenüs beginnen bei 65 Sk. In Städten und Touristengebieten dürfte die Suche nach einer warmen Tagesmahlzeit stets erfolgreich enden. Normalerweise sind Restaurants mittlerer Preislage am lohnenswertesten. Man entdeckt auch auf betuchte Touristen ausgerichtete Lokale sowie besonders billige Mahlzeiten in Bahnhofshallenatmosphäre. Rustikale Restaurants heißen oft Koliba oder Salaš. Sie sind im Blockhaus-Stil ge-

Restaurantschild in Tatranská Lomnica

baut und befinden sich auch an Hauptstraßen außerhalb von Ortschaften. Restaurants mit der Bezeichnung Čarda repräsentieren mehr die ungarischen Traditionen mit Weinkeller-Flair und Zigeunermusik.

Rundreisen

Ein Rundreisevorschlag für Touristen ist die 267 Kilometer lange, ausgeschilderte ›Slowakische Straße der Gotik‹. Konzept und Vermarktung dieses Tourismusprojektes wurde mit deutschen Fördergeldern unterstützt (Ausgleichsbank, Bundeswirtschaftsministerium). Die Route führt durch die Regionen Spiš und Gemer: Muráň, Stratená, Spišská Nová Ves, Spišský Štvrtok, Levoča, Spišské Podhradie, Margecany, Rožňava, Gemerská Poloma, Jelšava, Revúca. Eine kleinere Runde bei Stará Lubovna heißt ›Oberzipser gotische Straße‹.

Mit Ausnahme der Ukraine wird auch in den Nachbarländern kein Visum verlangt, so daß man sich kurzfristig für Länderkombinationen entscheiden kann. In Südostpolen schließen sich weitere Wandergebiete (Bieszczady) und alte Kleinstädte an, in Ungarn ist es nicht weit in die Puszta und zu den drei größten Städten des Landes (Budapest, Debrecen, Miskolc).

Selbstverpflegung

Einkaufsmöglichkeiten heißen Potraviny (Lebensmittel) oder Rozličný továr (Gemischtwaren), aber auch Samoobsluha (Selbstbedienung) oder Supermarket (Supermarkt). Auch kleine Dörfer haben meistens einen solchen Laden, dessen Angebot für Selbstversorger völlig ausreicht. Ein Preisunterschied zum deutschsprachigen Raum ist spürbar, aber nicht mehr ganz so auffällig wie bei Restaurants.

Zu den Höhepunkten des Proviant-einkaufes in slowakischen Läden zählen Schnaps, Käse und Waffeln. Von den leckeren landestypischen Sachen kostet ein Liter Schnaps etwa 350 Sk, ein Kilogramm Käse etwa 230 Sk. Die fasrige Käsespirale Parenica und die geflochtenen Käsestreifen Korbáčik schmecken beide würzig, der granatenförmige Oštiepok ist milder. Slowakische Waffeln, den tschechischen sehr ähnlich, werden oft in ideal für Wanderpausen geeigneten Kleinpackungen angeboten, die um 18 Sk kosten. Bekommt man auf privater Ebene Alkoholika aus eigener Herstellung angeboten, so sollte man deren Wirkung zunächst vorsichtig testen. (Siehe auch Einkauf).

Supermärkte

Die größten einheimischen Supermarktketten sind Billa und Prior. Stärkster Konkurrent ist der britische Tesco-Konzern, der sich im Osten Europas schnell ausbreitet. Tesco hat einen größeren Non-Food-Bereich bis hin zu Elektrogeräten und Kleidung, seine Filialen sind rund um die Uhr geöffnet.

Telefonieren

Das Telefonnetz der Slowakei wurde grundlegend modernisiert. Mitte 2001 erfolgte die Änderung aller Vorwahlen.

Die Einwahl vom Ausland für die Slowakei lautet 0 0421. Danach folgen die Ortsvorwahl (ohne vorangestellte Null) und die Teilnehmernummer. Der Anruf ins Ausland entspricht den üblichen Standards (Deutschland 0049, Österreich 0043, Schweiz 0041, Polen 0048, Ungarn 0036, usw.).

In größeren Orten gibt es öffentliche Telefone, sowohl mit Münzen als auch mit Karte. Es ist nicht möglich, öffentliche Telefonzellen anzurufen. Münztelefone geben kein Geld zurück, man füttert sie mit 2 Sk an und wirft weitere Geldstücke erst bei hergestellter Verbindung ein. Das Telefonieren mit Karten wird dadurch kompliziert, daß es erstens auch für öffentliche Kartentelefone verschiedene Telefongesellschaften gibt und zweitens manche Karten nur Inlandsgespräche ermöglichen. Benutzt man Zimmerapparate in Unterkünften, kosten diese oft 60 Prozent Zuschlag. Nach Deutschland ergibt sich ein Preis von etwa 5 Euro für 10 Minuten, in guten Hotels bekommt man eine exakte Quittung dafür.

Telefonauskunft Slowakei 121
Telefonauskunft Hauptstadt 120
Telefonauskunft Ausland 0149
Gebührenauskunft Ausland 0139
Telefaxauskunft Slowakei 02/122

Bahnauskunft 02/52 49 82 75.

Trampen

Das Pauschalargument ›Trampen fördert Kriminalität‹ ist einseitig, es sollte durch ›Trampen fördert Freundschaften‹ zumindest ergänzt werden. Inzwischen ist der Verkehr aber so schnell geworden, daß auf Tramper kaum noch reagiert wird. Eher ist es üblich, Autofahrer auf Parkplätzen anzusprechen. Wer sich im osteuropäischen Raum preiswert fortbewegen will, wählt normalerweise die Bahn.

Versicherungen

Es ist unbedingt empfehlenswert, eine Auslandsreisekrankenversicherung vorher im Heimatland abzuschließen. Diese ist bei vielen Versicherungsgesellschaften für Jahresbeiträge unter 10 Euro zu bekommen, Familientarife beginnen bei etwa 20 Euro.

Verträglicher Tourismus

Die Tourismusindustrie hat den Begriff ›Sanfter Tourismus‹ bereits vereinnahmt und verwässert. Über symbolische Aktionen geht die Umwelt- und Sozialverträglichkeit selten hinaus. Deshalb sprechen Fachleute bei konsequentem Sanften Tourismus inzwischen von ›Verträglichem Tourismus‹. Den mit Abstand größten Anteil an der Energiebilanz einer Reise hat der Transport zum Urlaubsort. Insofern hat die nahegelegene Slowakei bereits gute Karten.

Weitere Kriterien für Verträglichen Tourismus sind:

▶ Zusammenarbeit mit ortsansässigen Partnern und Initiativen, Gewinne sollen weitgehend im Reiseland bleiben,

▶ kleine, fachkundig begleitete Gruppen,

▶ umfassende und ehrliche Beratung vor und während der Reise,

▶ regionaltypische Unterkunft und Verpflegung,

▶ unaufdringliche Einblicke in das Alltagsleben,

▶ kein Motorsport, keine Sportanlagen mit hohem Flächenverbrauch.

Kooperationsstrukturen von Kleinveranstaltern wie das ›Forum Anders Reisen‹ sollen die Vermarktung beim Verträglichen Tourismus verbessern. In ›normalen‹ Reisebüros fragt man meistens vergeblich. Natürlich können sich auch Individualtouristen an den genannten Kriterien orientieren.

Eine Reise abseits vom Massentourismus ist jedoch nicht automatisch identisch mit Verträglichem Tourismus. »Der Tourist zerstört, was er sucht, indem er es findet«, lautet ein legendär gewordener Ausspruch Hans Magnus Enzensbergers.

Wandern

Die Slowakei ist vor allem für Bergwanderer ein lohnenswertes Ziel. Beliebte Wanderwege sind landesweit nach einem einheitlichen System markiert. Diese betreuten Wanderwege sind insgesamt über 12 000 Kilometer lang. Die Markierung besteht aus einem weißen Quadrat mit einem farbigen Strich und wiederholt sich etwa alle 250 Meter. Fernwanderwege (Tatranská magistrála, Cesta hrdinov SNP) sind rot gekennzeichnet.

Bei den landesweit über 70 Naturlehrpfaden wird die ohnehin gute Beschilderung durch erklärende Tafeln ergänzt, die jedoch selten mehrsprachig sind. Naturlehrpfade gibt es in unterschiedlicher Länge, einige sind als Rundwanderungen konzipiert.

Die eindrucksvollsten Wanderwege der Hohen und Westlichen Tatra sind nur von Juni bis Oktober freigegeben. Als Monate mit der besten Fernsicht gelten September und Oktober. Diese Monate sind auch recht niederschlagsarm.

An Weggabelungen und Kreuzungspunkten befinden sich meistens Wegweiser. Diese geben sinnvollerweise statt der Kilometerzahl eine Stundenzahl an. Gerade in Bergregionen verhält sich die Wanderzeit ja oft nicht proportional zur Entfernung. Ein untrainierter Tourist sollte diese Zeitangaben eher noch aufrunden. In diesem Buch wurden die Zeitangaben etwas reichlicher bemessen. Die Slowaken sind ein wanderlustiges Völkchen und ihre mündlichen Auskünfte sollten ungeübte Wanderer ebenfalls mit Vorsicht bewerten. Ebenso sind Angaben zu Wanderlust und Kletterfähigkeit der Kinder nicht problemlos

Mancherorts helfen Seilbahnen beim Auf- oder Abstieg

auf gleiche Altersgruppen von Flach-
ländern übertragbar.
Bei realistischer Selbsteinschätzung
sind Bergwanderungen in der
Slowakei ein Genuß. Viele Wanderwege befinden sich oberhalb der
Baumgrenze, ohne schon in Geröll-
Kraxeleien auszuarten.
Zur Sommerferienzeit herrscht auf
den bekannteren Tatrawanderwegen
Hochbetrieb, während man in
unbekannteren Wandergegenden
selbst dann ganze Bergmassive für
sich allein haben kann. Verwirrend ist
es, wenn geographische Namen

wie die von Bergen doppelt und drei-
fach auftauchen. Das ist gar nicht so
selten, es passiert sogar im gleichen
Gebirgen.
Bei einigen der im Buch beschriebenen Wandervorschläge fehlen
Einkehrmöglichkeiten, es muß also
Proviant für den ganzen Tag
eingepackt werden. Gelegenheiten
zum Auffüllen des Trinkwasser-
vorrates existieren im Quellbereich
von Gebirgsbächen öfter, jedoch
selten in unmittelbarer Kammnähe.
Bei längeren Wanderungen sollte
kein neues, sondern eingelaufenes,
strapazierfähiges Schuhwerk verwendet werden. Wieviel man für
stabile Wanderschuhe ausgeben
sollte, darüber gehen die Meinungen
auseinander. Teure Marken schützen
tatsächlich besser vor Verletzungen,
insbesondere auf feuchten Gebirgs-
wegen sind Alltagsschuhe unzu-
reichend. Regenschutz und Kopf-
bedeckung sollten ebenfalls immer
mitgenommen werden, eventuell
ein Fernglas und einfache Abfall-
beutel. Oft wird man unterwegs gar
keine Mülleimer finden, sondern erst
im nächsten Dorf.
Seilbahnen ersparen stundenlange
Auf- und Abstiege, sie ermöglichen
Gipfelerlebnisse für Menschen mit
gesundheitlichen Einschränkungen.
Aber sie beeinträchtigen auch den
Naturgenuß, erstens kommt es punk-
tuell zu hohen Besucherzahlen in
sensiblen Berglandschaften und zweitens sind Betriebsgeräusche weithin
hörbar. Eine interessante Idee für

tapfere Wanderer mit viel Zeit wäre, einmal genau die Grenze des Verwaltungsbezirkes Žilina abzuschreiten, die oft auf attraktiven Gebirgskämmen entlangführt. (Siehe auch Berghütten).

Wintersport

Daß Wintersport beliebt ist, zeigt schon die saisonale Staffelung der Quartierpreise. Wer ein Ferienhaus mietet, muß im Winter macherorts 40 Prozent höhere Preise als im Sommer einplanen. Die Schneesicherheit der slowakischen Gebirge lockt auch Ausländer an, deren Ziel haupt-

sächlich die Liftanlagen der Tatra und Fatra sind. Es verkehren über 1000 Skilifte, einige Pisten besitzen Beschneiungsanlagen und Beleuchtung. Vielerorts existieren Skischulen und Ausleihstationen, teilweise haben Reparaturwerkstätten sogar nachts geöffnet. Der von der Seilbahnvereinigung LAVEX und der Slowakischen Tourismusagentur SACR herausgegebene Skiatlas stellt 22 Skizentren vor.

Für Anfänger und Familien eignet sich besonders die Umgebung von Ždiar, Entwicklungspotenial besitzen das Arwa-Bergland und der Bergrücken

Čergov. Wintersport ist natürlich auch abseits von Sporteinrichtungen, Loipen und Pisten möglich.
Eine herausragende Bedeutung haben Wintersportarten auch im Profibereich, neben Eishockey sind Biathlon und Skispringen besonders beliebt.
Mehrmals haben sich slowakische Regionen um die Ausrichtung Olympischer Winterspiele beworben, trotz absehbarer Probleme mit dem Naturschutz.

Witterungsgefahren

Im Gebirge sind mit zunehmender Höhe plötzliche Wetteränderungen möglich. Bei unsicheren Witterungsverhältnissen muß zumindest der genaue Tourenverlauf in der Herberge hinterlegt werden. Man sollte sich auch über eventuell am Weg liegende Schutzhütten informieren. Selbst unter günstigen Bedingungen existieren durch das schroffe Profil der Gebirge Stellen mit hohen Windgeschwindigkeiten. Besondere Vorsicht ist im Winter geboten. Lawinengefahr besteht allerdings nur in der Tatra und der Fatra. Dort ist in Gipfellagen Schneefall sogar ganzjährig möglich.
(Siehe auch Wandern).

Zeit

In der Slowakei gilt die Mitteleuropäische Zeit (MEZ) einschließlich Sommerzeit (MESZ). Bezüglich empfehlenswerter Reisemonate gibt es keine Einschränkungen.

Zoll

Die Mitnahme frei konvertierbarer Währungen ist unbegrenzt möglich.
Die slowakische Währung darf genehmigungsfrei bis zu einem Höchstwert von 150 000 Sk über die Grenze.
Verboten sind Drogen und Reinstalkohol, Fleisch, faschistische und rassistische Propaganda.

Zollfrei dürfen folgende Waren ein- und ausgeführt werden: 10 Liter Treibstoff in Kanistern, 200 Zigaretten oder entsprechende Äquivalente (250 Gramm Tabak, 100 Zigarillos, 50 Zigarren), ein Liter Hochprozentiges und zwei Liter Wein, 50 Gramm Parfüm oder 250 Gramm Kölnischwasser, persönliche Wertgegenstände und Medikamente, Campingausrüstung, Wassersportausrüstung sowie Geschenke bis zu einem Wert von 3000 Sk.

Vorschlag für eine Slowakei-Rundreise

Viele Slowakei-Urlauber besuchen das Land wegen seiner Natur. Kulturtupfer werden dabei gern ins Programm einbezogen. Ein gelegentlicher Einkaufsbummel darf auch sein. Viele Touristen reisen im eigenen Auto. Es liegt nahe, hier eine diesen Kriterien entsprechende Rundreise vorzustellen.

Auf dieser Tour lernt man die typischsten und schönsten Facetten der Slowakei kennen. Es fehlen allerdings die Hauptstadt und die ungarisch geprägten Tieflandgebiete. In der Umgebung aller Quartierorte lassen sich schöne Wanderungen durchführen, viele Skansen und Schauhöhlen befinden sich in Reichweite. Gleiches gilt für Schlösser und Burgen. Zu Ružomberok gehört mit Vlkolínec eines der schönsten Volksarchitekturreservate. Ebenfalls bei Ružomberok liegt das große Thermalfreibad Bešeňová. Für Superlative bei den Kirchen sorgt die Region Spiš. Zum Einkaufsbummel seien besonders Banská Bystrica und Košice empfohlen. Aber auch durch Zvolen sowie Kežmarok und Poprad läßt sich gut schlendern. Für die angegebene Runde ist keine Autobahnplakette nötig. Die Gesamtlänge beträgt 5 (das wäre aber schade) bis 32 Tage.

Tage	Quartierort
1 bis 2	hinter Grenzübergang Oravská Polhora,
	unterwegs eventuell Aufenthalt in Breslau
bis 1	Arwa-Bergland
bis 2	Westliche Tatra, Rohače-Massiv
bis 3	Westliche Tatra, Liptauer Alpen
bis 1	bei Ružomberok
1 bis 4	zwischen Donovaly und
	Zvolen
bis 3	Südhang der Niederen
	Tatra
1 bis 3	bei Rožňava
bis 2	bei Košice
1 bis 3	bei Levoča
bis 1	Pieniny
bis 5	Hohe Tatra
1 bis 2	im Autoreisezug Poprad–Prag, eventuell zusätzlicher
	Aufenthalt in Prag

Für die insbesondere unter Studenten beliebten Städtereisen per Bahn durch mehrere Länder sei hier als slowakischer Abschnitt die Route Prag oder

Wien–Bratislava–Banská Bystrica–Košice–Budapest empfohlen. Deutsche Reiseradler wählen für ihre Touren als Ausgangspunkt oft Bratislava und als Endpunkt die Hohe Tatra.

Lesetips

Ein informatives, handliches Buch ist der Slowakei-Reiseführer von Kerstin und André Micklitza (ISBN 3-89392-272-5).

In großen Bibliotheken der Neuen Bundesländer findet man oft noch Bücher über ›sozialistische Bruderländer‹ aus den siebziger und achtziger Jahren. Die von Karl-Heinz Bochow beispielsweise kann man selbst schon als kulturhistorische Dokumente ansehen. Die Tschechoslowakei war das für den DDR-Touristen mit den geringsten Formalitäten erreichbare Land.

Einen völlig anderen Blickwinkel hat der Karpatendeutsche Ernst Hochberger. Zwei der zweifellos besten Slowakeibücher des letzten Jahrzehnts stammen aus seiner Feder. Das ›Große Buch der Slowakei‹ ist ein Lexikon mit 3 000 Stichworten und schönen Zeichnungen (ISBN 3-92188-10-7). Im großformatigen Buch ›Die Wunder der Slowakei‹ (IKAR-Verlag, in Deutschland nur über Slovakia-Online erhältlich) wird seine Auswahl von 100 besonderen Sehenswürdigkeiten durch perfekte Fotos von Karol Kállay ergänzt. Darunter befinden sich viele Innenaufnahmen von Kirchen.

In der Slowakei selbst gibt es eine gute Auswahl an deutschsprachiger Touristenliteratur zu einzelnen Regionen oder speziellen Themen. Handliche Regionalführer bietet der Dajama-Verlag. Das für Freunde historischer Architektur interessante Buch ›Spaziergänge durch die Jahrhunderte der Städte und Städtchen‹ des Priroda-Verlages ist in seinen letzten Auflagen leider zum Werbeträger verkommen. Im gleichen Verlag erschien inzwischen auch ein Kurort-Führer.

Einen reich bebilderten Überblick über Quartiere und andere Dienstleistungen für Touristen bietet der mehrsprachige ›Cestovný informator‹ (Joma-Verlag) von Jozef Čurilla. Natürlich erhebt das Buch keinen Anspruch auf Vollständigkeit. Allerdings wäre bereits der enthaltene Autoatlas des Landes im Maßstab 1:190 000 mit ausführlichem Ortsregister und vielen Innenstadtplänen das Geld wert.

Wörterbücher sind in der Slowakei ebenfalls preiswerter erhältlich. Trotzdem sei hier auf den salopp geschriebenen Slowakisch-Sprechführer des Peter-Rump-Verlages hingewiesen (ISBN 3-89416-272-4).

Spectacular Slovakia

Seit 1996 erscheint jährlich die Broschüre ›Spectacular Slovakia Travel Guide‹ im A4-Format. Sie wird vom Team der einzigen englischsprachigen Wochenzeitung herausgegeben. Neben Hinweisen für Touristen (die Hauptstadt besonders ausführlich) gibt es wechselnde Spezialthemen (2003: Wine & Beer, Castles). Die Broschüre kann beim Herausgeber bestellt werden (Slovak Spectator, Dostojevského rad 1, 81109 Bratislava, 004 21/2/577 89 11-0 oder -3, Fax -1, Kreditkartenangabe erwünscht).

Landkarten

Das Angebot in der Slowakei ist umfassender und preisgünstiger als selbst in Landkarten-Spezialgeschäften des deutschsprachigen Raumes.

Wanderkarten im Maßstab 1:50 000 gibt es flächendeckend für knapp 100 Sk pro Stück. Diesen Satz von etwa 60 Karten wird vom Militärkartographischen Institut VKÚ in Harmanec erstellt. Die Ausstattung der Karten ist vorbildlich. Eine wetterfeste Hülle und in den tatsächlichen Markierungsfarben eingetragene Wanderwege gehören schon länger dazu. Die letzten Ausgaben enthalten obendrein Wanderzeiten (bergauf und bergab) sowie ein minutengenaues Gradnetz für die GPS-Navigation. Der ehemals auf die Rückseite gedruckte Text (leider meistens einsprachig) liegt nun als separates Heftchen bei. Zumindest die Karten der jeweiligen Region sind in Buchläden fast immer zu bekommen.

Belletristik

Einen Eindruck von Hviezdoslavs Lyrik vermittelt die Sonettsammlung ›Mit dem Olivenzweig kehr bei uns ein‹ (Insel-Verlag, 1983). Vom Dissidenten Dominik Tatarka gibt es in deutscher Übersetzung die surrealistischen Romanbändchen ›Korbsessel‹ (Neues Leben, 1965) und ›Allein gegen die Nacht‹ (Wieser-Verlag, 1995).

Iva Pekárkovás ›Truck Stop Rainbows‹ (ISBN 3-492-22291-9) ist einer der wenigen im deutschsprachigen Raum erhältlichen Romane, welche die realsozialistische Endphase in der Tschechoslowakei schildern. Nicht nur inhaltlich, sondern auch stilistisch deutlich an den Roadnovels von Jack Kerouac orientiert.

Für Aufsehen sorgte in den letzten Jahren die Autobiographie des Juden Juraj Špitzer ›I did not want to be a Jew‹ (Dorrance Publishing, 1997). Alexander Dubčeks Autobiographie trägt den Titel ›Leben für die Freiheit‹ (Bertelsmann, 1993) und war zufälligerweise wenige Monate vor seinem Unfalltod fertig. Schwerpunkt ist das ereignisreiche Jahr 1968. Autobiographische Belletristik gibt es auch von Rudolf Schuster. Eines seiner Bücher behandelt die sogenannte Wendezeit 1989/90 und liegt mit dem Titel ›Im Strudel der Geschichte‹ (Hohenheim, 2001) in deutscher Übersetzung vor.

Internet

Die Internet-Auftritte einzelner Städte und Gemeinden können oft, aber längst nicht immer nach dem Muster www.ortsname.sk (Ortsname ohne Sonderzeichen) angewählt werden. Leider haben bei einigen zum Zeit-punkt der ersten Auflage des vorliegenden Buches sehr schön gestalteten Internet-Auftritten die technischen Spielereien zugenommen, manchmal sogar auf Kosten des Informationsgehaltes.

Bei seinen Recherchen hat der Autor eine Liste von über 300 informativen www-Darstellungen über die Slowakei angelegt. Auf seiner privaten Homepage www.f-monzer-co.de ist diese Liste unter www.f-monzer-co.de/easteuro/slovlink.htm zu finden. Hier eine kurze Auswahl:

www.nationmaster.com
Länderlexikon mit umfangreichem Personenregister, nur englisch

www.unesco.org/whc/heritage.htm
die UNESCO-Liste des ›Weltkulturerbes und Weltnaturerbes der Menschheit‹, nur englisch

www.auswaertiges-amt.de
Auskunftsdienst des Auswärtigen Amtes, wird häufig aktualisiert (erforderliche Reisedokumente, Straßenbenutzungsgebühren, eventuell Warnungen vor Unruhen und Kriminalität)

www.inyourpocket.com
fast 70 Städteporträts im Osten Europas, Schwerpunkt Baltikum, aber auch so exotische Länder wie Moldawien und Albanien

www.slowakei-online.info
mit Abstand beste von Deutschland aus betreute Homepage über die Slowakei

www.slovakia.org
Übersicht einer Organisation aus Vancouver, viele Behörden-Links

www.slovensko.com
Presseberichte in englisch

www.pragerzeitung.cz
Prager Zeitung, mit vielen Nachrichten aus der Slowakei

www.government.gov.sk
Homepage der slowakischen Regierung

www.botschaft-slowakei.de
Slowakische Botschaft in Deutschland

www.nbs.sk/INDEXA.HTM
(muß großgeschrieben werden)
Slowakische Nationalbank mit Abbildungen gültiger Zahlungsmittel

www.sacr.sk oder www.slovakiatourism.sk
Homepage der slowakischen Tourismusagentur

www.ssj.sk
slowakische Höhlenverwaltung,
Schauhöhlen mit Preisliste, Fotos und
Höhlenplänen

www.castles.sk
fast 250 slowakische Burgen und
Ruinen, mit Beschreibungen und
Landkarten

www.slovnik.psg.sk
Online-Wörterbuch, die korrekte Eingabe der Häkchen und Striche bei
den slowakischen Buchstaben ist auf
hierzulande üblichen Tastaturen allerdings umständlich

www.travelguide.sk
bestes landesweites Hotelverzeichnis,
Online-Reservierung möglich

www.limba.sk
größter landesweiter
Ferienhausvermieter, Online-
Reservierung möglich

dop.slovakrail.sk/autovlak.html
Fahrpläne der Autoreisezüge

www.liptov.sk oder
www.liptovtravel.com
Region Liptov mit Demänovskaę
dolina

www.horehron.sk
zehn Gemeinden in der Mikroregion
Horehronie (Oberes Grantal)

www.tatry.sk
offizielle Seite der Großgemeinde
Hohe Tatra, war schon mal besser

www.raj.sk oder
www.slovenskyraj.sk
Slowakisches Paradies in sieben Sprachen, sehr umfangreich

Für Martin, Alina und Hanna.
Für Eliška und Jiří, deren Gastfreundschaft in Brumov mir oft Sprungbrett zur Slowakei war.

Über den Autor

Frieder Monzer ist dicht neben der böhmischen Grenze im sächsischen Erzgebirge aufgewachsen. Der ständige Blick auf das Waldsterben in den Kammlagen führte seiner Meinung nach fast zwangsläufig zu ökologischem Engagement. Persönliche Kontakte in slawische Länder gehen ebenfalls bis in die Kindheit zurück, der erste längere Aufenthalt in der Slowakei fand 1974 statt. Nach einem Physikstudium ließ er sich in Potsdam nieder. Er ist Mitbegründer der gemeinnützigen Vereine VCD Brandenburg (umweltfreundliche und sozialverträgliche Verkehrsgestaltung, beispielsweise Alleenschutz) und Ostwind (Projekte im Karpatengebiet). Seine 1996 konzipierte Westukraine-Wanderstudienreise belegte mehrmals vordere Plätze in Wettbewerben von Reiseveranstaltern. Wenn ihm seine Kinder Zeit lassen, liest er gerne historische Reisebeschreibungen.

Danksagung

Die Familie des Autors hat das Buchprojekt mit viel Verständnis begleitet. Eine kritische Kontrolle des Manuskripts erfolgte außer vom Verlagsteam auch durch Jana Tschiedel und Ursula Macht. Einige wertvolle Hinweise sind Ernst Hochberger und Jochen Vielhauer zu verdanken. Die Wanderung in der Kleinen Fatra wurde von Andreas Herrmann getestet und beschrieben. Viele Hinweise und Materialien haben zum Gelingen des Buches beigetragen. Nochmals besten Dank.

Kartenregister

Sach- und Personenregister

Trescher Verlag

Der Osteuropaspezialist

Estland entdecken
Skandinavische Impressionen
im Baltikum, 16.95 €

Litauen entdecken
Europas neuer Mittelpunkt im
Baltikum., 14.95 €

Ostseestädte entdecken
Erkundungen am Schnittpunkt
europäischer Kulturen, 14.95 €

Usedom und Wolin entdecken
Das Inselparadies in der Odermündung,
9.95 Euro

Masuren entdecken
Mit einem Abstecher nach Danzig und
Königsberg, 13.95 €

Das Sternberger Land
Unterwegs östlich von Oder und Neiße.
9.95 €

Das Riesengebirge entdecken
Rübezahls Land an der tschechisch-
polnischen Grenze.
13.95 €

Tschechien entdecken
Unterwegs in Böhmen, Mähren und
Schlesien, 15.95 €

Breslau entdecken
Niederschlesien und seine tausend-
jährige Hauptstadt, 13.95 €

St. Petersburg entdecken
Die europäische Metropole und ihre
altrussischen Nachbarn, 14.95 €

Slowenien entdecken
Unterwegs zwischen Alpen
und Adria, 13.95 €

Flußkreuzfahrten auf der Donau
Unterwegs zwischen Passau und
Kalocsa, 9.95 €

**Trescher Verlag im Internet unter www.trescherverlag.de
mit ausführlichen Infos über alle unsere Bücher und Onlineshop**